企业的品格

彭凯平 [日]后藤俊夫 著
庄宁 杜敏 编译

中国出版集团
中译出版社

图书在版编目（CIP）数据

企业的品格 / 彭凯平，（日）后藤俊夫著；庄宁，杜敏编译 . -- 北京：中译出版社，2025.1. -- ISBN 978-7-5001-8105-7（2025.2 重印）

Ⅰ . F272

中国国家版本馆 CIP 数据核字第 202414HL56 号

企业的品格

QIYE DE PINGE

著　　者：	彭凯平　[日] 后藤俊夫
编译者：	庄　宁　杜　敏
出版统筹：	慕云五　马海宽
策划编辑：	刘　钰　刘　畅　石　萱
责任编辑：	刘　钰
营销编辑：	赵　铎　魏菲彤　王林亭

出版发行：中译出版社
地　　址：北京市西城区新街口外大街 28 号普天德胜大厦主楼 4 层
电　　话：（010）68002494（编辑部）
邮　　编：100088
电子邮箱：book@ctph.com.cn
网　　址：http://www.ctph.com.cn

印　　刷：北京中科印刷有限公司
经　　销：新华书店
规　　格：1230 mm×880 mm　1/32
印　　张：11.5
字　　数：250 千字
版　　次：2025 年 1 月第 1 版
印　　次：2025 年 2 月第 2 次印刷

ISBN 978-7-5001-8105-7　　　　　定价：78.00 元

版权所有　侵权必究
中 译 出 版 社

推荐序

延续 1446 年的传奇企业

多田俊彦 / 金刚组会长

在日新月异的经济形势下,创业、倒闭似乎已成为家常便饭。创业之初,想必创业者都是抱着企业能够长期存续的愿望,运用各种理念、方法、战略、战术来经营公司。然而,实现这种愿望是非常困难的,许多企业壮志未酬就败退了。

在这里,我想和大家讲讲金刚组的故事。金刚组创立于 578 年,截至 2024 年已有 1446 年的历史,是吉尼斯世界纪录认证的全世界现存最古老的企业。金刚组走到今天,遵循先人的教诲,每天埋头工作,不知不觉便度过了 1446 年的漫长岁月。在这 1400 多年岁月中,金刚组以承建佛舍、寺庙等宗教建筑为主要工作,秉持着对建筑的专注和对传统的使命感,留下了大量珍贵杰作。对此,作为金刚组现任会长,我一直深感骄傲。

回顾历史,在金刚组发展的前期阶段(578 年—1868 年),因奉日本皇室之命,领受四天王寺[①]的俸禄,金刚组不断对四天王寺进行维修重建。为满足这独一无二的客户需求,金刚组不断

[①] 四天王寺是 593 年由圣德太子主持建立的日本最早的佛教寺院,是日本最古老的官寺。——编者注

打磨技术，凭借其精湛的手艺，成功将四天王寺打造成日本工艺美术产业的发源地。为了能够更好地完成修缮任务，金刚组在选择经营者这件事情上非常慎重。长期以来，守护金刚家和金刚组的木工头领以及经营者并不只有金刚家的直系亲属。比起血缘，金刚组更加看重能力。在这个阶段，金刚组得以存续的关键原因便是过硬的技术和后继有人这两点。

可惜的是，1868年明治维新以后，在"神佛分离令"引发的"废佛毁释"运动影响下，四天王寺失去了众多领地，无法再给金刚组发放俸禄。于是，金刚组不得不向外谋求生路，扩大客户群体成为这一阶段金刚组存续的首要课题。此后金刚组也遭遇过大大小小的危机，其中主要有昭和恐慌和平成危机。

1929年的昭和恐慌[①]使金刚组陷入极度困难的经营局面。第37代家主金刚治一虽然拥有超一流的木工技术，但没有工作就没有发挥本领的机会，企业也无法维系。治一为此自责不已，饱受压力折磨的他最后选择在祖先墓前自杀谢罪。治一过世后，其妻子金刚芳江果断承担起家业，成为第38代家主。为了保护3个女儿和公司员工，她在丈夫逝世后不久就向四天王寺请求继承"工匠长"[②]的名号。在当时，由女性继承"工匠长"名号是史无

---

① 昭和恐慌是指发生在日本昭和时期（1926年—1989年）的一系列经济危机和金融恐慌。它的起因可以追溯到1929年美国经济大萧条，大萧条波及日本，引发股市崩盘和经济衰退，日本的物价急剧下跌，生产活动减少，失业人数激增。——编者注

② 日语表述为"正大工職"，是对保护四天王寺的木匠的称号。金刚家当家人自始祖金刚重光以来，历代均获得"正大工職"的称号。——编者注

前例的，四天王寺被芳江的决心和热忱打动，认可了她的请求。芳江为了金刚组的经营东奔西走。5年后的1934年，室户台风来袭，摧毁了四天王寺的五重塔。就这样，金刚组接到了重建五重塔的大型工程，重建工程使金刚组恢复了活力。

"二战"后，金刚组一边发挥传统木造建筑的本领，一边开始进军钢筋水泥的建筑领域。这也标志着金刚组的工作重心，从传统寺庙、神社的木造建筑向钢筋、水泥的铁骨建筑转移。虽然这种转移看似符合时代潮流，但也意味着金刚组要从擅长领域走向非擅长领域，而且钢筋水泥建筑是大型建筑公司云集的领域。在非擅长领域扩大业务，又不具备价格竞争力，其结果就是连续的工程财务赤字。等到他们有所觉察时，公司的经营已经陷入僵局，即将破产。这次失败的根源在于将非擅长领域作为主战场，进行了与自身能力不符的业务扩展，这次危机后来被称为"平成危机"。

向金刚组伸出援助之手的是总部位于大阪的高松建设。高松建设表示："如果让金刚组就这样倒闭了，将是整个大阪的耻辱。"其实从当时金刚组的财务状况来看，整个公司已经处于濒死状态，仅从经济合理性来判断，完全没有援助的必要，然而高松建设不计得失，为了保住金刚组的历史、传统、技术，做出了可谓超越常理的决断。

在接受了高松建设的援助后，公司明确划分了作为象征的金刚家和负责经营的金刚组的职能，重返漫长历史中金刚组不断积累的原点，专注于传统寺庙神社建筑，恢复了稳健的经营发展。

以上我简单回溯了一下金刚组的历史。对于金刚组为何能存续 1400 多年，后藤教授曾进行过细致的调查和研究。他认为最大原因是金刚组一直践行第 32 代工匠长金刚八郎喜定留下的遗训，这份遗训内容包括选择继承人看能力不看血缘关系、抱有中庸精神、尊敬从事建筑技术的匠人等。而经营恶化的最大原因在于插手不擅长的领域，偏离祖训。对此，我也深表认同，并引以为戒，更加审慎地经营企业。我将金刚组一路以来的历程分享出来，正是希望能给大家警示，若能有微末帮助，我将深感荣幸。

企业想要实现存续，总是需要各种各样的条件相互配合。时代背景、社会环境、经济形势等外部条件固然重要，但我认为更加重要的是，贯穿企业本身的精神理念以及企业经营者自身的卓越领导力，这构成了一家企业的内核。

后藤俊夫教授与彭凯平教授二人伟大的跨界研究，通过对长寿企业经营内核进行分析，与积极心理学结合，发现并总结出具有普遍适用性的企业传承重要规律，揭示了企业保持旺盛生命力的秘诀。这样的研究非常稀少。企业经营者天然在意效益或者股价，其注意力总是更容易被这些短期成绩所吸引。两位教授的研究，是给容易陷入经济陷阱的现代企业经营者看清本质的提示，也是给想实现存续的公司指明前进方向的路标。

我向各位推荐这本专业书，相信它是一本能够给世界各国的企业经营者带来良好启发的指南。

自序一

君子之道与企业长寿

彭凯平

2021年开始,我和后藤老师开始讨论长寿企业、长寿企业经营管理人员的品格、文化等诸多话题。历时3年多,本书终于问世。

在研究的过程中,我们发现长寿企业,特别是长寿企业经营管理人员的品格在很多方面,符合中国传统文化提倡的"君子之道",其突出特征是定心、慎心和仁心。

"内不欺己,外不欺人"的定心

古语云:"心定则神全。"清代金缨的《格言联璧·持躬》中有这样一段文字:"心不妄念,身不妄动,口不妄言,君子所以存诚。内不欺己,外不欺人,上不欺天,君子所以慎独。"做一个君子,首先就要有能力识别并且控制由错误的思想引发的妄念、妄动、妄言等不良行为,也就是能抵制住各种诱惑,这是需要大定力的。

对一个企业来说,判断是否有定心的标准是能否不被欲望和情绪左右。诱惑越多的地方,也是最容易让企业崩溃的地方。孔子曾对弟子强调，正人君子要像颜回那样"不迁怒，不二过"。我们社会科学也强调理性与情感的结合。因此，长寿企业，一定既饱含感情又秉持理性。以真诚作为人生的基础，时刻警醒自己，才能完美实现立德、立志、立身、立命、立功、立业的人生逻辑。所以，定心很重要。

"放情者危，节欲者安"的慎心

三国时代魏国的智囊桓范曾经说："俭者节欲，奢者放情。放情者危，节欲者安。"这句话很好地阐述了控制好心性并培养智慧的道理。桓范认为，放纵自己性情的人是危险的，节制自己欲望的人是平安的。虽然当下与1000多年前的三国时代大有不同，但是桓范的这句话对今天的人来说，仍然具有意义。面对越复杂的社会环境与物质精神选择，就越需要谨慎与良知。不然，一步走错，就可能遗恨终生。节制是人类十分重要的品格与美德，也被当作一种积极天性中的大智慧。经营长寿企业更是需要具备这种品质，保持审慎严谨的心态。

"怒不过夺，喜不过予"的仁心

仁者爱人，其本质是利他，懂得利他、成人之美。这其实也是商业的本质。和气生财，让他人满意，让他人开心，自己才能发财。懂得感恩也是在为自己积攒财气，心怀感恩的人，容易得到别人的支持，我们常说"爱出者爱返，福往者福来"，这个道理同样也可以反映在企业长寿和持续经营中。

另外，我们也发现长寿企业不逞强，善于用自己的优势壮大自己，并且不忘帮助别人。对企业而言，员工相对是弱势的，但是我发现长寿企业的企业家更懂得尊重和爱惜自己的员工。我曾在《事业继承》杂志上看到一位日本企业家的演讲内容，他的企业有350名员工，加上员工背后的家庭有1000多人，这位企业家认为，他首先要为这1000多人负责。这种站在高位上依然怀有感恩之心且充满责任感的心态，值得其他企业家学习。

近年来，越来越多的企业家找我咨询企业家心理韧性、企业家精神层面的内容，以及如何从心理层面解决领导力的问题。我发现越来越多的企业家开始意识到，传统商学院定义的领导力更偏向于雇佣关系框架内的管理者领导力，而不是所有权权责框架内的领导力。我注意到创新企业家非常渴望了解那些历经几百年历史的长寿企业领导力。当我开始接触海外的长寿企业，接触研究长寿企业的专家，发现他们在培养接班人时，并没有把培养领导力作为一个十分重要的话题，而是更强调精神、文化、利他等内容。这恰好与《大学》所主张的一样，"物有本末，事有终始。知所先后，则近道矣"。无论是经营企业还是做学问，我们始终都在寻找本末始终的道理。但是，欲速则不达，为了管理的管理、为了领导力的领导力并不能让我们更快地达到理性的高度。

将心理学与长寿企业结合的跨界合作研究是第一次。我们发现，随着长寿企业研究的不断深入，这已经不是一个学科的几个人能做的事情，而是需要不同学科、不同领域的专家齐心协力，从不同角度挖掘长寿企业的价值，发现可能遇到的问题，提供教育学术界能提供的帮助。在这本书里，作为一名心理学家，我认为，第一，心理学研究应该创造更多机会为企业提供必要的支持；第二，企业家需要在管理学之外丰富心理学方面的专业知识。

在此，非常感谢后藤老师与我一起做这样的研究。感谢光尘和中译出版社为此书出版提供的支持和帮助。感谢愿意接受我们采访、为我们的书出版提供帮助的企业家朋友。感谢编译者庄宁、杜敏对本书所做的贡献。

自序二

探寻长寿企业的道与术

后藤俊夫

人类将 125 岁左右认定为自身寿命。尽管企业没有寿命的物理极限，但事实上很多企业经营不满 100 年就"关门大吉"了。为什么企业有寿命？怎样做才能让企业长寿？这就是我最开始观察长寿企业时思考的问题。企业，特别是家族企业，其创始人成功将其传给第二代的概率很低。"富不过三代"不仅限于中国，很多国家都有类似的说法，被誉为长寿企业大国的日本也不例外。

因此，我研究企业长寿性的目的，不仅是取得理论成果，更重要的是服务社会。我从 1999 年开始研究长寿企业，至今已经整整 1/4 个世纪了，随着研究的深入，企业长寿的主要原因越来越清晰。以日本长寿企业为例，我在书中分析了企业能长期经营的原因，比如利他精神、与地方社会共存共荣等。在持续的研究中，我们发现研究长寿企业已然不是一个学科的事情，需要心理学、社会学等更多学科参与。

我非常有幸与清华大学心理学系彭凯平教授合作，从心理学角度来观察分析长寿企业，是长寿企业研究中的首次尝试。全球化的步伐加快，地缘政治、军事威胁、科技与社会的颠覆式创新、人类物质财富的快速增长等诸多力量，使人类面临的心理挑战有增无减。如何在这种现代化的颠覆性变革中始终保持理性与平静，对历经风雨的百年企业来说是一个新的挑战。

百年企业在长期的经营中沉淀了大量的资源，也经历了各种天灾人祸，而技术革新给这些企业带来的可能是机会，也可能是毁灭性的打击，这取决于大家站在什么角度看待这个问题。越来越多的企业家已经意识到，在这个瞬息万变的时代，企业若想永续发展，除了把握机遇之外，更要培养应对危机的能力。在这场危机中，除了市场因素外，还有两个人们容易忽略的非常重要的因素，那就是企业精神和创业者自身的心理因素。因此，本书提出的新研究方向今后必然会越来越重要。大量历史事实与我们的长期研究表明，众多长寿企业在长达百年甚至千年的历史中，面对战争、自然灾害、外界诱惑、技术更新迭代可能带来的自然淘汰，如若没有稳定、积极的心态，断然不能持续发展至今。

在这本书中，我们希望通过跨学科的研究和探讨，和大家分享相对普通企业，长寿企业的经营者有哪些不一样的认知，以及从传统走向现代的长寿企业，在不同文化背景下，在高科技和新轴心的世代更迭中，在人类心灵探索方面有哪些目标。我们通过将积极心理学应用到企业管理、企业可持续发展的研究领域，为企业家提供更多思考视角。虽然这是两个完全不同的领域，但我们的愿望是一致的，那就是探索企业永续经营的道与术，解决企业可持续发展面临的困境。

非常感谢我的合作伙伴彭凯平教授,他给我们提供了诸多思考问题的方向,也让长寿企业研究又上了一个新的台阶。

感谢帮我们翻译、联络的杜敏女士、庄宁博士,感谢光尘和中译出版社所有编辑老师为之付出的努力。

感谢 20 年来陪我一起研究长寿企业的企业家朋友。未来还有很长很长的路,祝福天下所有企业都能长青、长寿!

目录

序　章　探寻企业的长寿秘诀 / 001

　　从管理时代迈向心理时代 / 005

　　长寿企业的经营密码 / 012

　　积极心理品质建构长寿企业的精神动力 / 021

第一章　心理时代的两大标志 / 031

　　用泪水拯救公司 / 033

　　大数据透露的秘密 / 037

　　标志一：情绪成为"主角" / 040

　　标志二："高感性"成为企业家的必修课 / 045

第二章　心理时代什么最重要 / 053

　　有准备的创造力 / 056

　　情感化的故事力 / 064

　　深入他人的共情力 / 073

跨越时代的设计感 / 080

意义至上 / 088

娱乐精神 / 093

第三章　长寿企业的经营密码 / 105

实现永续经营的日本企业 / 108

密码一：长远规划 / 119

密码二：量力经营 / 123

密码三：核心能力 / 126

密码四：共存共荣 / 132

密码五：风险管理 / 138

密码六：继承意志 / 144

为什么日本的长寿企业如此之多 / 150

第四章　长寿企业的心理品质 / 159

从管理领导力到积极心理领导力 / 161

积极心动力一：积极心态 / 174

积极心动力二：福流感受 / 179

积极心动力三：意义感 / 190

积极心动力四：认知健康 / 201

积极心动力五：意志品质 / 208

积极心动力六：品格优势与美德 / 213

第五章　长寿企业的生存基因 / 221

　　警惕失败的陷阱 / 223

　　追求持续的繁荣 / 254

　　基因一：长期主义 / 264

　　基因二：工匠精神 / 278

　　基因三：利他主义 / 291

　　基因四：创新不竭 / 299

　　基因五：文化坚守 / 316

　　基因六：领袖精神 / 326

附　　录　你应该了解的 50 多个积极心理学网站 / 339

序章
/
探寻企业的长寿秘诀

没有任何一位企业家不希望自己的企业能够长青，哪怕是做小本买卖的生意人，也希望自己的小生意能够长长久久地做下去。否则，斯坦福大学商学院的柯林斯教授与杰里·波拉斯所著的《基业长青》一书，就不可能从20世纪90年代初至今一直雄踞畅销书排行榜的前列。后藤教授在中国出版的《继承者：日本长寿企业基因》一书也不可能获得上海交通大学出版社颁发的"最具影响力奖"了。

不过，希望企业长寿与做到企业长寿是完全不同的两件事。希望企业长寿，更多是一种积极的心理暗示；而做到企业长寿，需要的则是经得起时间检验的系统化耕耘。

短暂的成功比较容易，长期的成功则很难。一家企业要想获得长期的成功，必须具备一系列关键的企业资源与企业品质，二者缺一不可。如果说企业资源更加侧重企业生存发展所需的各种物质财富，那么企业品质则更加侧由价值观、文化、领导力等形成的各种心理财富。前者受内外部环境的影响，不断挤压企业；后者受企业心理价值影响，不断锤炼企业。两者结合就成为企业能走多远、能走多久的系统力量。

本书是积极心理学与长寿企业研究的一次跨界碰撞，尝试为渴望企业长寿的企业家提供两个方面的思考：一个方面是总结成功的长寿企业富有价值的经营经验与启示，另一个方面则是揭示长寿企业保持长期成功的重要心理价值。

现在我们要请各位企业家暂时放下手中的事情，坐下来，想一想，你的企业获得长期成功或者成为一家受人尊敬的长寿企业需要具备哪些要素。

你可以将想到的所有内容写在一张 A4 纸的左侧，几条、十几条、几十条都没关系，而将这张 A4 纸的右侧空白部分留给我们。我们将在书中列举我们认为对企业及企业家至关重要的因素，并通过一系列真实案例，阐释我们选择这些要素的理由。

现在，你手边可能已经有了一张相当重要且有价值的 A4 纸，那上面写着你对企业长青最深刻的体会与期望。无论你是企业的所有者，还是管理者，或者一个职位并不算高的员工，我们都希望你认真对待这张纸上的内容，把它收藏好。因为在你读完本书后，我们还需要你把这张 A4 纸重新拿出来，在右侧填上本书提供的内容。通过比较，我们相信，你一定会有新的启发与灵感。

A4 纸右侧的"回答"是我们及身后科研团队与商业实践合

作者多年的经验与体会。我们两个人分别来自中国和日本，一位专注于积极心理学与跨文化沟通的研究，另一位研究的是长寿企业及其传承秘诀。当团队提出这个合作建议时，对长寿企业的好奇心以及对积极心理学的浓厚兴趣，促使我们碰撞出了"长寿企业的心理传承"这一新颖且令人兴奋的研究主题！特别是在当前全球化面临重大挑战、企业经营环境不确定的背景下，无论是来自东亚、美洲、欧洲还是全球运营的企业，都面临着同样的时代挑战。同样，无论企业存在了一年、十年、一百年还是一千年，都需要适应新的时代变化。

长寿企业无一不是在时间的洗礼中，在不同历史时期的挑战中顽强存活下来的，它们是相当坚韧的组织。每个时代都有其独特的资源特征，为企业带来了不同的资源与价值禀赋。我们研究过去的成功案例，不是为了简单地模仿与复制，而是希望从中找到一些可以跨越时代的恒久的特质。就如同人类基因一样，无论一个人是生在东方还是西方，无论出生地是寒冷还是温暖，只要拥有某些基因，那些关键特质就能通过基因代代传承。企业也是这样，适应时代变迁是为了生存，生存是为了更好地发展，更好地发展是为了更有意义与更有价值地活下去。

今天的企业要想活下去，就必须在了解时代的基础上找到能让基业长青的方法。本书阐述的观点是我们研究、分析后的结论，并不代表所有企业都要如此。当然，如果我们的工作能够启发大家思考，那么这份努力就很值得了。

从管理时代迈向心理时代

今天，几乎没有人会否定，在商业世界里，传统业务正在发生深刻的改变，新兴技术的飞速发展强力塑造着新的商机与服务，商业模式层出不穷，让人眼花缭乱，线上与线下，实体经济与虚拟经济交相辉映……这一切都显示着一个与以往截然不同的新时代正在我们面前徐徐展开。

的确，科技与信息时代迅猛地来到我们身边。令人意外的是，不久之后，谷歌、脸书（已经更名为"Meta"）、苹果、亚马逊、优步、阿里巴巴、腾讯、京东、美团、小米等为代表的新兴互联网与信息公司迅速成为新的焦点。我们还没来得及适应以软件为核心的商业巨头的崛起，就立刻被拽进互联网的新世界。不出所料，很快又有一批新的商业公司崭露头角，特斯拉、SpaceX、ChatGPT、抖音（国际版名为"TikTok"）等瞬时成为新的翘楚，它们代表的是更前沿的人工智能与深度社群价值。更让人震惊的是，人们心目中的老牌传统企业，居然也在不知不觉中入局人工智能，成为行业前沿力量，甚至让人们隐约看到了星际时代的端倪。

行业风起云涌、发展迅猛，已经无法用"不是我不明白，这世界变化快"这句歌词来形容了。事实上，对绝大多数人来说，这就是"就算我能明白，我也跟不上"的节奏了。

不过，本书探讨的并不是上面某家公司的故事，本书的主题恰恰与上面这些公司的故事相反——我们要探讨的不是新兴公司的爆发，而是长寿企业的历久弥坚。之所以在开篇提及这些创新公司，一方面是因为这些公司为全球商业、企业的发展提供了良好的借鉴；另一方面是因为我们想通过这些公司的变迁，揭示一个惊人的事实：农业—制造业—服务业—信息科技—互联网—移动互联网—人工智能—星际探索……这一浪高过一浪的潮信正是所有企业身处的磅礴大海。传统业务在改变，新兴技术在飞速发展，变幻的商业模式让人眼花缭乱；而这背后，是一个又一个新时代的轮番登场。

在人类社会，政治、经济、文化、科技、宗教等外部环境永远是一片汪洋大海，企业只是在这片海洋里生存的鱼群中的一员。企业能够改变的更多的是它们自身的"骨骼""皮肤""血液"和"神经"，以适应变化的海洋温度与洋流走向。因此，对于一家想要长期经营的企业来说，能否在这片汪洋中活得更久，完全取决于它通过"坚持什么"与"变革什么"来适应海洋。企业长青，意味着能够在不同的时代获得生存空间，并且能够在下一个时代到来之际迎头赶上。其中，那些更优秀的企业，当然是更能适应海洋环境的物种。不过，除了适应之外，我们还需要积极和主动。优秀的企业对时代的适应一定是积极主动、不墨守成规的。这种积极的适应远胜过消极或被动的适应，它代表着远见、主动、富有创造力、懂得进退与取舍得当，并且能做出有效的战略、运营、财务、人才、利益相关人合作等诸多具体决策。时代的大背景与大环境，永远是长寿企业最重要的外部环境价值载体。

序章 探寻企业的长寿秘诀

2006年，著名未来学家丹尼尔·平克出版了《全新思维》一书，在这本书中，平克为我们贡献了"概念时代"这个新词语。平克认为，传统的线性思维、逻辑能力以及精密的制造能力已经不再是基础工作的原则，虽然他们依然相当重要且必不可少，在概念时代，这些传统的竞争优势将被新的原则替代。这些原则是以创造力、故事力、共情力、设计感、意义感与娱乐精神为核心的新时代的交互能力。在我们看来，这些力量对新时代的企业与企业家来说，是一种超越了传统组织管理与行为的综合的心理能力。

当对"长寿企业与积极心理学"这个课题进行思考时，我们对平克提出的"概念时代"这个词产生了兴趣。通过谷歌大数据，我们发现，平克定义的这个"概念时代"的具体开始时间比《全新思维》这本书要早至少十几年。严格来说，虽然每个时代都有平克在书中提到的那些基本因素的影子，但它们作为完整的、专门的趋势开始显现大约是在20世纪90年代，并以迅雷不及掩耳之势席卷全球。在我们看来，平克在书中为大家展现的"概念时代"，是人类对心理、情感价值的一次极大觉醒。伴随着20世纪80年代到90年代全球发生的诸多重大事件，人类不知不觉地在各个领域中把心理价值放在更重要的位置上。回顾这段历史，作为本书的作者，我们突然意识到，我们曾经在不同的地点、用不同的方式强烈地感知到这个大变化来临的气息，但在当时我们并不知道那意味着什么。

1994年,我(彭凯平)和密歇根大学心理学系的师兄迈克尔·莫里斯在《人格与社会心理学杂志》(*The Journal of Personality and Social Psychology*)上发表了"文化与归因"一文,这使我有幸成为全球文化与跨文化沟通心理学的早期研究者之一。那篇文章的成功很大程度上是由于我们关注到了长久以来被学术界忽视的跨文化心理的真实差异,以及这些差异对东西方不同文化背景下人类生活的重大影响。我在这个领域的研究也促成了我与积极心理学的缘分,并在随后的30年引导了我的学术与教学生涯。

积极心理学改变了心理学诞生100多年来的基本范式,它把焦点集中在人类的幸福与成功,而不是心理疾病的治疗上。它关照世界上不同文化心理人群所共有的品格优势与美德,而不再强调弥补技术性的能力劣势。

事实上,无论是跨文化沟通心理学还是积极心理学,在心理学学术领域都是一股强劲的新势力。与以往不同的是,这两个领域都具有颠覆性。我当时的疑问是,心理学有这么多细分领域,为什么偏偏是这两个学科成为当时乃至未来30年内的大热门?

在我即将于密歇根大学心理学博士毕业之际,我意外地收到了福特汽车公司的工作邀请。当时,我很是不解:为什么一家汽车公司要招聘一个心理系专业的毕业生?我从来没有任何与汽车行业相关的工作经验,也没有向福特公司投过简历。但在好奇心的驱使下,我还是与福特公司的人聊了聊。我这才知道，当时福特公司已经开始注意到汽车的设计、销售与人们的行为偏好、心理习惯、消费心态、文化感受等"人本化"要素之间的关系。他们希望有心理学专业背景与实验基础的研究者加入公司，帮助他们在建立客户心理与行为偏好价值模型上提供帮助。我没有选择去福特公司，但是我很感谢这家公司当年的邀请——它让我第一次知道心理学专业毕业生的就业方向不仅仅是当教师或在研究所里做实验，还能进入跨国公司。并且在当时，通过这件事，我隐约感受到一股说不出来的大变革的气氛正在悄然蔓延。

与此同时，在日本又是另一番景象。

我（后藤俊夫）正兴致勃勃地对计算机里成千上万条日本长寿企业的调查数据进行分析。在全球商业舞台上，20世纪90年代是日本企业的高光时刻。当时全球市值排名前十的公司里，日本企业占据了八家（包括六家银行、一家通信公司、一家汽车公司）。即便是商业霸主美国，入围的也仅有排名第八的国际商业机器公司（IBM）和排名第十的美孚公司。大崩溃（1990年）前的日本极其疯狂，所有日本人都相信自己发财了，而且坚信未来会更好。

当时，在东京的时尚氧吧，有大量上班族坐在里面吸氧，他们认为这样有助于放松身心、减轻疲惫，吸3分钟就要花费100日元。1990年，中国职工月平均工资为178元，日本职工月平均工资为 1 0000 日元（当时 1 0000 日元约合 300 元人民币）。一切看上去都是那么美好，但是到 1990 年 8 月，一切戛然而止——股票暴跌，不到一年，房价开始下跌。到 2000 年，全球市值前十的公司里仅剩两家日本企业。20 年后，日本企业完全消失。日本从此陷入漫长的 30 年经济寒冬。

许多人说是"广场协议"摧毁了日本的灿烂前程。但我一直认为，摧毁日本经济的还有其他关键性力量。"广场协议"是刺破泡沫的那根所有人都看得见的针，而人们未察觉的是一个大时代的悄然登场。直到几十年后的今天，当我与彭凯平教授相遇后，我才知道这个大时代就是"概念时代"。

的确，20 世纪 90 年代的日本很富有、很疯狂、很有野心，不缺管理经验和成熟的技术。当时的日本公司完全没有意识到，商业创新与价值居然会不以日本人最擅长的精益制造与准时化生产的方式呈现。整个世界都跟随微软、思科、朗讯、苹果，以及后来的亚马逊、谷歌、脸书、奈飞、阿里巴巴、腾讯等企业的脉搏跳动着。向来保守的日本人在一个以网络开放文化而著称的新时代下被无情地甩在了身后。

今天，积极心理学已经成为"积极心理学之父"马丁·塞利格曼教授说的"人类第二个轴心时代"的核心，人类的品格优势与美德、真实的幸福、情绪价值、文化的力量、积极的心态等心理价值要素正在取代程序员电脑中的代码和银行大客户经理案头账目的核心地位。企业若想在这个时代取得成功，势必要做出一些准备与变革。

并不是简单持续做同一件事企业就能长寿，这可能是很多人都存在的一个误解，尤其在媒体断章取义的误导下。事实上，当我们审视多家长寿企业的成功传承史时，我们会发现，能够跨越时间长河的企业，无一不是积极顺应时代、勇于变革的弄潮儿。它们坚持的并非其做的那件事，而是坚持做那件事的精神与价值观，而它们变革的恰恰是人们感知中他们坚持做的事情。例如，你觉得雅马哈是做什么的呢？乐器、摩托车、体育用品，还是厨房卫浴用品？它好像什么都做，但其实它只做一件事，那就是"开辟式设计"。对长寿企业来说，正是坚持与创新、传承与发展构成了一个流淌在时间长河与空间长廊中澎湃生存的故事！

正如上文提到的，在日本经济从疯狂增长到如火箭坠空般迅速下滑后，一些百年老店也站在崩溃的边缘，甚至从此消失，但绝大部分的老店都挺了过来，并用一种与以往不同的生存方式坚持了下来。它们的发展历程值得我们深思。对大量的中国企业来说，这样的历史转折也值得我们深思。肆虐全球的新冠疫情和混乱的世界秩序对中国经济与社会生活产生了巨大影响，大量企业家对此感同身受。但正如中国古老思想阐述的那样，"祸兮福所倚"。当我们认清一个新时代，了解它，理解它，拆解它，我们相信，富有创造力与进取心的企业家会找到新的办法，冲破经营管理的冰河，构建一个新的高价值组织。

变革必然会发生，因为变革已经在酝酿。

长寿企业的经营密码

我（后藤俊夫）于 57 岁投身日本长寿企业研究，2004 年在丹麦哥本哈根的学会首次发表了关于长寿企业的研究报告。在报告中，我提到，截至 2004 年，日本有 25 321 家百年以上的企业，位居全球第一；第二是美国，有 11 735 家；然后是德国 7632 家，英国 3435 家，瑞士 1747 家，意大利 1472 家，法国 1319 家，奥地利 1086 家，荷兰 1060 家，加拿大 828 家。

根据日本帝国数据银行统计数据，截至 2023 年 9 月，日本有 260 万家企业，其中百年企业有 43 631 家，超过企业总数的 1%。日本企业的平均寿命是 52 岁，美国是 24 岁。日本百年企业中，持续 200 年以上的企业有 3939 家，300 年以上的有 1938 家，500 年以上的有 147 家，超过 1000 年的企业有 21 家。从长寿企业的经营范围来看，日本排名前五的为酿酒、旅馆、工艺品、和果子、食品（除和果子之外），这些行业的企业数量占到了总数的 58%。近代以来，药品、机械/金属、化妆品/化学类等企业数量逐渐增加。

日本到处都有创业百年的企业或商店，我从记事起就一直与其商品接触——小时候的和果子、长大后的日本酒，衣食住行各方面均有交集。我工作 33 年的日本电气股份有限公司，创立于 1899 年，是日本电脑、半导体、通信设备领域的代表性企业，也是长寿企业代表之一。但是，当时我并没有意识到长寿企业是一个值得研究的课题。

转到大学教书后，我加入了日本经营学会，与结识的研究人员一起撰写并出版了《顾客价值经营》一书。"顾客价值"是指顾客眼中的企业价值，以及企业为顾客提供的商品和服务价值。在讨论顾客价值高的企业的过程中，我开始关注长寿企业，从而开启了长寿企业研究之旅。

日本研究长寿企业并非完全从我开始，"二战"初期就有学者研究了，并已经积累了一定的研究成果，但是研究对象仅限特定的地区和企业，没有对整个日本超百年的企业进行俯瞰式研究，自然也未留下任何数据。缺乏数据的研究是很难开展的，但我选择迎难而上。最终统计表明，日本的百年企业覆盖了所有都道府县，无一例外。我从地域、行业、年龄等各个视点进行了分析，在这一点上，我可以自豪地说这是一个划时代的统计研究。现在，各个研究机构做这项研究时基本都采用我的统计数据。

大约在2004年，我开始逐步了解日本长寿企业的概况，并尝试做一些长寿企业的国际性比较，这在当时被认为是一种鲁莽的尝试，因为当时世界各国并没有可供参考的数据统计，也找不到相关的既存研究。于是，我决定建立自己的数据库，并开始反复试验，经历了各种失败。仅日本一个国家的数据统计就花费了我大量的时间和精力，以世界各国长寿企业为对象进行调查的困难程度不言而喻。特别是在语言不通、信息来源千差万别的情况下，难度非常大。在我们的努力下，最终发现全球有136个国家存在百年企业。在调查过程中，百年企业受到了更多国家研究者的关注，因此我们展开了合作研究。我曾参与过中南美洲、德国、丹麦、哥伦比亚、波兰、中国香港等国家和地区的研究，与中国内地的合作研究也在启动。事实上，日本长寿企业和工匠精神都是学习中国的。企业要为社会做贡献，这才是工匠精神的精髓，所以中国长寿企业的经验非常值得研究。

在这个过程中，我逐渐意识到对企业长寿性的研究不能仅注重挖掘传承理论成果，更重要的是揭示这些企业为什么能生存如此之久，它们与社会之间互相提供的有意义的核心价值到底是什么。正如彭凯平教授提出的"鱼和海洋"的比喻一样，企业是鱼，社会是海洋。不能适应社会的企业和不能适应海洋的鱼一样，都是活不久的；而鱼和海洋能够和谐共生，它们一定有互惠互利的重要价值。企业能在变化的社会中活这么久，其与社会之间也一定具有微妙而韧性十足的价值连接。

随着研究的深入，企业长寿的主要原因越来越清晰。一些海外学者认为，日本之所以盛产长寿企业，是因为日本是一个岛国，内忧外患很少，但我并不完全认同这一说法。虽然日本是一个岛国，历史上战争和内乱的确相对较少，但不能忽视的是，日本是一个自然灾害频发的国家。1923年关东大地震，大火烧了三天三夜，东京的基础设施几乎全部被破坏；2011年大地震引发的海啸，同样给日本带来了巨大的损失。

事实上，与中国的老字号企业相比，日本企业没有特别注重家族内部财富的公平分配，他们更在乎公司的延续。日本家庭中，几乎所有的资产都由长子或长女继承，在其他子女看来，这也很正常，不会因此引发家庭矛盾或分裂，而是会在长子或长女的带领下继续维持家族事业的兴旺发达。对许多日本长寿企业来说，家族财富的存在意义不在于家族成员能分得多少钱，而是把事业一代代地做下去。这在全球来说也许都是一个很特别的继承现象。此外，利他精神与工匠精神也是日本长寿企业最突出的精神特质。我将日本企业长寿的原因总结为以下六个方面。

第一，长远规划。在收集数据的过程中，曾有一位长寿家族企业的经营者说："短期10年，中期30年，长期百年。"这句话非常有道理。10年，是决定后继人员的准备时间；30年，是作为经营者行使自己责任的时间；百年，是为后代做长远计划。所以日本长寿企业在治理企业时，总在考虑整个家族的代际传承，而不只考虑自己这一代，并会进行切实的规划，在公司内部对家族成员进行梯队培养。

第二，量力经营。量力经营意味着不追求短期利益，也不追求短期的快速增长。对企业而言，扩展业务和基业长青哪个更重要呢？作为企业的掌舵人，必须做出这方面的判断，如果期待业务能够永久传承，就需要在机会和风险之间寻找平衡点。在日本，长寿企业几乎都是家族企业，经营的最大目标就是将家族事业传承下去。日本有一个很有趣的概念，叫作"等身高经营"，意思就是企业不要超出自己的能力去追求过度发展，应该根据自身能力和资源合理地拓展业务。用中国话来说就是"量力而行"。

很多日本长寿企业都认为，短期的飞速发展，其实是缺乏韧性和持续力的。这和彭凯平教授提到的积极心理学中"多巴胺脑"的道理一样。对一个人来说，即刻的极乐可能很刺激，但短暂的激情后反而是深深的空虚。"多巴胺脑"带来的就是这样的生理反应。很明显，对长寿企业来说，像"多巴胺脑"这样的事业与财富一定是不可取的。一般来说，企业成长越快，其生命越短。尤其在企业上市后，如果股东要求短期利润回报，企业就必须达成这个目标，因此维持长寿将更加困难。我不否认上市的重要性，但是作为经营者，一定要意识到上市可能带来的风险。所以，从企业长寿角度出发，应该以企业的持续发展与繁荣为目的去经营，不能只追求短期利益，尽管这极具诱惑。

第三，核心能力。近些年来，许多企业从欧美引进了以构建并发挥自身强项为核心竞争力的经营策略。其实，在中国和日本的百年企业里，这一策略几百年前就已经付诸实践了。在东方文化背景下，企业构筑自己的强项并非为了竞争，而是为了竞合。在长达百年的经营过程中，企业面临着社会政治、经济、技术、文化和顾客需求等多方面的变化。如果只是为了竞争而竞争，这样的长寿企业是寥寥无几的。东方文化更注重的是做好自己的事情，帮助更多的人，实现更大的社会价值，即"独乐乐，与众乐乐，孰乐"的问题。西方企业可能认为"独乐乐"好，但是对中国企业和日本企业来说，还是更倾向于"与众乐乐"。

著名的管理学家安索夫提出过一个"安索夫矩阵"理论，即技术和产品为横轴，市场为纵轴。按照这个模型，我们可以大致了解日本百年企业的多角化战略。在这些企业中，有大约49%的企业围绕技术或产品的周边领域进行多样化发展，大约32%的企业在技术和产品领域进行多样化发展，技术和产品一直没什么变化的企业仅约 19%。

以任天堂公司为例，它最初是生产纸牌的，发展到现在，它的产品已经变成了电子游戏硬件。任天堂的掌舵者说他们从来没有改变"让人们玩得开心"这个核心理念，他们改变的只是开心玩耍的方式与工具。可以说，任天堂是坚持价值主张，但又不拘泥于创业时的产品及市场。在全新领域进行多样化发展的经典案例。与之类似的是美国 IBM 公司。这家创立于 1911 年的公司最初是做打孔卡的，后来持续转型做大型计算机、个人电脑、企业资源规划（ERP）、网络信息化服务、智慧地球、价值商务、人工智能等。尽管主打产品一直在变，但是 IBM 公司认为自己百年来都只在做一件事，那就是"数据处理"，至于用什么方式处理，则要根据时代发展做出及时的调整。

所以，企业为了适应环境变化，首先需要认清并确定自己的核心能力，再从自己的核心能力出发，拓展相关的周边业务，并不断创新。外部的因素固然重要，但企业内部的核心价值主张必须坚定，为此所进行的创新也更加珍贵。竞争是过程，不是原因，也不是结果，更不是目的。这一点，我们与西方管理学家迈克尔·波特等主张的"企业经营首先考虑竞争"的观念有所不同。西方政治家、社会学家、企业家都需要理解东方文化中"合而不同""共同繁荣"的非零和思想。正如清华大学费孝通先生所说："各美其美，美人之美，美美与共，天下大同。"如此，这个世界上便少了很多纷争与痛苦。

第四，共存共荣。长寿企业经营通常都很重视与利益相关者的长期关系。日本的家族企业有一个特点，那就是祖孙三代都在同一家公司长期工作，这使员工与企业更容易建立亲密深厚的关系。除此之外，长寿企业非常重视员工、顾客、供应商、地区、社会之间的利害关系，强调建立信任关系，这也是企业能够长寿的原因之一。同时，长寿企业即便牺牲自己的利益，也要保护合作伙伴的利益。例如，在发生地震、海啸等灾害时，很多企业家会牺牲自己公司的利益，免费为客户和供应商提供便利。在中国流传过一个丰田公司与下游供应商紧密合作的故事。大致是说在企业突逢变故后，丰田公司的一位商务代表向一家合作多年的下游供应商承诺"只在我在，你就在"，两个人抱头痛哭了一场。具体情节可能有出入，但这种情况确实是存在的。日本企业很重视与合作伙伴的长期关系，其核心是彼此信任与价值让渡，而不是压价与盘剥。它们强调的是"在生存基础上的共存共荣"，因此每年与供应商之间的交流都是公司最重要的一项日程。

在现实中，很多企业能"共荣"，但不能"共损"，就像"夫妻本是同林鸟，大难临头各自飞"这句谚语一样。这样的经营理念当然是不可能成就长寿企业的。即便在日本，经营百年的企业占比也仅为 1.2%，但其中有 688 家上市公司。做到这一点其实非常难，它挑战的不仅是商业利益，而且是人性与文化中那些丑陋的东西。

第五，风险管理。没有风险管理，企业肯定无法长久。懂得风险管理的企业，在财务上会高度重视充实资本；在经营管理上，则体现为确保企业的独立性。这样的企业不会把利益全部分配给股东，而是尽可能地将利益多留在企业内部，以保证未来的投资资金。如果向金融机构贷款或让企业上市，企业就会从属于并受制于别人，所以家族企业一般都尽可能避免贷款。日本企业中流传着一句老话——时刻为自己准备一袋过冬的米，意思是要为企业留下足够对抗最致命危机的资产。

当然，并不是上市后企业就一定不能长久。日本上市企业有3800多家，我调查了其中上市后仍能持续百年的600多家企业，发现它们之所以能够长久存续，都有一个共同点，那就是懂得风险管理。

企业经营面临的最大风险往往来自经营者本身。现实中，很多经营者往往意识不到风险，面对巨大的商业诱惑，很少有企业能够抵挡，就像赌徒或者炒股、炒房、炒数字货币的心态一样。大起大落的变化对个人来说还可能承受，但对企业来说，则是最大的风险。企业规模庞大，涉及的人员与事务繁多，还有大量的合作伙伴与客户，因此保持品牌声誉至关重要。长寿企业不能使用像"坐过山车"这样刺激的经营方式，否则企业将无法承受风险。

第六，继承意志。在意大利，家族企业一旦获利，往往倾向于尽快卖掉自己的企业。在朝鲜半岛（主要是韩国），受儒家轻商思想的影响，很多人认为企业经营得太久是一种耻辱，所以他们也不会长期专注于发展家族企业。然而，这种情况在日本几乎没有。相比其他国家的经营者，日本企业家有更强烈的传承意志，这也是日本长寿企业相对较多的最重要的因素。这种传承在很大程度上与三种思想体系的影响相关：佛教、儒教、神道教。其中，佛教与儒教都来自中国，神道教是日本本土的宗教。这三种思想融合后的文化造就了日本人的传承精神。

除了上述六个原因，利他之心对长寿企业也相当重要，这一观念其实来自中国。日本文化深受中国文化，特别是中国传统文化影响。某种程度上说，日本文化是中华文明在他国的继承与延伸。日本企业从中华文化中汲取了许多养分，但是两国之间还有很多不一样的地方。对于利他精神，我们从"利"与"他"的角度分别分析，日本企业和中国企业的侧重点有所不同。

在"利"上，中国企业讲究的是平分遗产，而日本则一般是由长子或长女来继承。当然，这也不是绝对的——上百年的历史中，不可能企业家的每一代都刚好有合适的长子、长女来继承家业，其养子、女婿、儿媳妇都有可能成为继承人。

在"他"上，中国企业很重视家族血缘，但是日本更重视公司的血缘。

在"利他"上，日本的长寿企业形成了首先考虑社会利益的习惯，重视社会公益性，并因此获得了非常广泛的民众支持。

日本的长寿企业把"利他"与"精进"紧密结合起来，甚至可以说二者是一体的。"精进"代表的工匠精神与"利他"代表的公益精神共同作用，成就了日本企业长久不息的生命力。上面提到的企业长寿的六点原因，其实都是以工匠精神与公益精神为基础的。

当然，"精进"与"利他"之所以能够成为日本企业的座右铭，是有其历史渊源的。日本从16世纪至19世纪中叶，有相当长的时期处于封建社会，在此之前则是漫长的奴隶社会，明治维新后，日本进入了资本主义与现代化时代。在这种社会制度嬗变的条件下，对日本社会来说，最大的挑战是如何让自己的文化与生活保留本色地延续下去；而对日本企业来说，最重要的就是家业的存续。如果你来到日本，会看到日本有很多老铺[①]，也能看到日本在现代化社会中保留的传统文化氛围与文化生活内容，这也成为企业长期存续的一个最重要的历史、社会与文化原因。

本书的第三章将详细介绍上面提到的这些内容，供读者参考。

积极心理品质建构长寿企业的精神动力

根据我（彭凯平）的调研，中国将长期经营的企业称为"老字号企业"，政府商务部门对这些企业进行认证。根据《中华老字号示范创建管理办法》，"中华老字号"是指历史底蕴深厚、文化特色鲜明、工艺技术独特、设计制造精良、产品服务优质、营销渠道高效、社会广泛认同的品牌字号、商标等。根据中国商务部2024年2月1日发布的消息，第三批中华老字号认定了

[①] "老铺"（しにせ）的日语读音源自日语"仕似せる"，意思是模仿、效仿。在江户时代，它开始表示继承祖辈代代相传的家业，进一步演变为长期经营家业积累财富，赢得客户信任的意义。

382个品牌，加上之前的两批，中华老字号数量达到1455个。中华老字号企业主要分布在制造业、批发和零售行业、住宿及餐饮、租赁、商务服务业等与人们生活息息相关的行业领域，其中与餐饮相关的就超过了整体数量的1/3。对比后藤俊夫教授的调研，中国百年企业总体数量相对较少，但位居世界第八位。

根据清华大学长青研究团队的样本调研结果，近半数的中华老字号企业总资产在6537万元以下，老字号中有1/4的企业总资产在1586万元以下。这种分布特点与世界百年企业规模分布也基本一致，即中小型企业占主导。在这份报告的最后，研究人员认为，各国百年企业均是各国文化底蕴下的百年企业，欲为百年企业，离不开地方文化的基因。

关于中国有多少家百年老字号企业，社会上存在诸多不同的意见。我并非这方面的专家，无法做出评判。但大体上有三种主流观点，在此为大家列举如下。

第一种：中国有百年企业，而且还不少。

第二种：中国的百年企业为数不多。这是因为中华人民共和国成立后，企业经历了公私合营的浪潮，许多老字号企业虽保留了名称、品牌和一些技术工艺，但其余方面已发生了巨大变化。

第三种：中国大陆的百年老字号企业不多。但港澳台地区出于历史原因保留了相当一部分的百年企业。

这三种声音各有各的道理，读者对此也尽可仁者见仁、智者见智。

客观来说，如果严格按照现代企业和公司的定义去界定，真正可以称得上"长寿企业"的中国企业的确不存在。但是按照这个标准,可能全世界也没有多少家百年企业了,因为现代企业制度的建立也就100多年。所以,为了避免这样钻牛角尖的"较真",我们可以用"老铺"一词作为长寿企业的称谓。做小本买卖与做企业本质上是一样的。作为全球研究长寿企业第一人,后藤俊夫认为,评价一家企业算不算老铺,只要它的品牌(名字)与技艺能够保存下来,至于它是否真的在创始人家族手中,企业规模是否足够大、是否具备现代企业惯例制度等条件虽然重要,但不是必要条件。各方面都能够完整保存下来的老铺,在中国大陆数量的确有限,但这并不影响我们对中国百年企业的界定。后藤教授的观点很明确,评判老铺不仅要看企业的存续期有多久,还要看它的核心价值观或者说企业基因是否得到有效传承,品牌与技艺是其中最重要的两项内容。

几年前,我的学生王海宁找到我,希望我担任他论文的指导老师。王海宁是一家创新公司的首席执行官,彼时正在做关于"创业者领导力"的研究,其报告调查的样本来自他在商学院的同学。虽然他调研的企业并非百年老铺,而是新兴的创新企业,但这份报告的目的是考察一家创新公司成长为一家长寿企业究竟需要哪些关键领导力。

当我接到这位同学的来电时,我其实很困惑——我是一个心理学教授,怎么能够指导以企业领导力为主题的论文呢?这位同学解释说,商学院的传统领导力研究大多聚焦于高级职业经理人,对既担任首席执行官,又是原始创始人的企业领导者的领导力研究相对较少，且研究时仍习惯性地参照职业经理人领导力模型。如果将职业经理人领导力定义为一种"侧重雇佣关系框架内"的管理者领导力，那么创始人兼首席执行官的领导力则更接近"侧重所有者权责框架内"的创业者领导力。管理者领导力长期以来的核心是管理者的职业技术能力，如战略、组织、协调、沟通、资本运作等，而创业者领导力更多地体现在创业者的价值愿景、认知边界、心理力量、品格优势以及战术抉择的积极心动力上。这部分内容在商学院的管理学与创业学中被长期忽视，反而是心理学中关于这方面的内容十分丰富。因此，他决定找我担任他论文的指导老师。

通过这位同学的描述，我也想到两个基本事实：**第一，心理学研究应该为企业提供更多支持；第二，企业家需要在管理学之外吸收大量心理学专业知识。**

的确，商学院的学生学习了丰富的管理学或创业学知识，但这些技术层面的知识往往无法全面解释创业者复杂的心路历程，以及其企业所形成的独特文化和管理方式的情感根源，更无法解决创业者在创业过程中面临的种种来自外在并作用于内在的巨大压力。"这些压力表面上看起来属于商业范畴，但本质上都是在考量创始人兼首席执行官的心理力量。这些心理力量外显出来的'领导力'必然包含多个方面，而这些方面赋予他们与众不同的复杂能力：一方面作为所有者，一方面作为管理者，一方面作为底线守护者，当然还包括创业成功后分享最大成就的利益获得者，和创业失败后'打光最后一颗子弹'的最后殉道者。"这位同学在论文中如此写道，这也让我意识到企业家多么需要心理学的帮助。

的确，当代企业家除了面临商业环境的诸多挑战之外，还面对来自人类心理的挑战。这个挑战可能比外部的商业环境带来的不确定性与压力更难应对。现代心理学所遵循的来自启蒙主义思想的理性、科学、人文主义和进步精神如何更有效地帮助企业成就百年经营，是我特别想在本书中表达的内容。

我们团队进行过一项独立的长期调查，通过大数据分析来检验人们提到"企业家"这三个字时，脑海中出现的第一个词语。经过多年的调查研究，我们发现了一个十分有趣的现象：总体来说，每几年就会有一次比较明显的关键词转换。这项调查从某些方面似乎为心理学如何为企业家服务提供了一些启发。

调查结果如下。

- 15年前，人们在提到"企业家"时，脑海中想到的关键词主要集中在"领导力""决策""并购""投资""国际化""操盘""战略"等。
- 8年前，这些关键词变成"成功人士""变革""大佬""有钱人""老板""风险""创业"等。
- 最近两三年，这些关键词又集中在"躺平""内卷""焦虑""压力""挑战""求生存""颠覆式创新""哲科思维""社会责任""传承"等上。

有没有发现什么规律?

十几年前的关键词主要集中在企业经营管理领域,8年前的关键词主要集中在身份认同方面,而如今的关键词则主要集中在企业家的情绪、认知、品格与生命状态上。

从关注经营管理,到关注身份认同,再到关注品格、认知、情绪与生命状态,近20年的时间,"企业家"这三个字所代表的含义随着时代的发展发生了重大的变化。这个变化告诉我们两个可能的事实。

第一,我们的社会正从物化社会迅速地走向多元社会。

第二,人们对企业家的人格定位与期待,也已经从物理化的人,经由社会化的人,变为心灵化的人。

那么一个心灵化的人需要具备哪些重要的心理特质呢?

具体来说,一个心灵化的人需要具备以下六点重要的心理特质。

- 积极心态
- 福流感受
- 意义感
- 认知健康
- 意志品质
- 品格优势与美德

积极心态是一种正面而阳光的心理状态。它促使个体把注意力更多地放在那些让生命与社会更加美好的事物上，并对这些事物予以肯定和投入。这种心态强调积极的感受、积极的情绪、积极的接纳、积极的回应、积极的判断、积极的认知等，体现了人类认知、情感、意志共同构成的心理过程的强烈存在感与自我觉察。一门心理学科以这个词命名，可见其对人类发展的重大意义。

福流感受是一种全情投入、物我两忘、形神合一、心花怒放到极致的幸福体验。也是我这么多年来在积极心理学教学与科研中极力推荐的一种深度的意义沉浸感。人类的大脑是一个神奇的组织，它分泌的奖励激素达到一定程度时，就会激发出人们充沛的福流感。其中包括类似极乐、安全、自信、完美、超脱、坚毅、松弛、幸福等多种身心体验。拥有澎湃的福流本身就是一件特别幸福的事情。

意义感是指人们通过追求自己认为有意义的目标和价值，获得满足感和成就感的心理动机，即心理学定义的人们学习与行为背后的内在动机。在学习中，我们通过探索和理解知识，不断扩展自己的认知边界和认知结构，并将其应用于现实生活中，实现自我成长和价值。在这个过程中，我们会对自己的能力和成长产生巨大的满足感和成就感。意义感不是天生的，而是后天习得的。这种感受是基于个体的价值观和人生经验建立起来的，需要学习者自主探索和认知。因此，有意义的人生意味着归属和致力于某些超越自我的东西，并能在这一过程中找到乐趣与自身的价值。

认知健康是现代心理学领域十分关切的一项内容。脑科学与认知神经科学技术的飞速进步，已经能够在很大程度上揭示人类认知的某些重要生物机制。对人类来说，认知是个体在社会学习中积累的知识与经验、个体思维能力的结合，体现为对事物的系统感觉、逻辑判断、定义与归因等。一个健康且持续发展的认知，能在系统性、维度性、理解丰富性等方面实现全面提升，它是人类理性价值的集中体现，对人们的幸福有重要的作用。

意志品质在心理学中体现为个体为了解决"怎么办"或"实施什么行为"的问题所投入的心理能量，即针对事物的特性以及每一特性对个体的价值，个体将选择最合适的行为，以便能够充分有效地利用事物的价值特性。所以，意志的本质是个体对自身行为关系的主观反映。如果说人类的心理过程是由认知、情感与意志三者构成，而哲学上人类认识世界的基础是理性、美、伦理，那么意志就是那个通向伦理（意义感）的桥梁。

品格优势与美德，这个不用多说，大家一看就知道与人格相关。人格是科学心理学中相当重要的一个领域，也是人们日常生活中相当看重的内容。不过，积极心理学中的人格与弗洛伊德学派所说的潜意识、力比多[①]不太一样。积极心理学强调的人格是个体的品格优势与美德，是正向的个性与身份认同，包含6大要素、24项普世的品格内容。

以上这6点，就是被我称为"心灵化的人"的6个积极的

[①] 力比多（Libido），是精神分析学派中的一个核心概念，由西格蒙德·弗洛伊德提出。在弗洛伊德的理论中，力比多指的是人的性本能和生命力能量，是推动个体发展的基本动力。力比多不仅与性欲相关，也被认为是创造力的源泉，以及个体追求快乐和满足的驱动力。

心理动力，它们也是积极心理学最重要的 6 根支柱。到目前为止，积极心理学几乎 90% 以上的研究内容都是建立在这 6 根支柱上的，它们之间紧密相连，相辅相成，共同构建起一个健康、强大、正向、富有魅力与感召力的积极的心理环境。积极心理学多年的研究表明，拥有强大的积极心动力，事业、婚姻、家庭、人际关系、财富、健康、寿命等，都会得到极大的提升。如果用玄学来解读，那就是"积极的人总是好运连连"。

当我将这些心理财富与后藤俊夫教授关于老铺的传统秘诀对照后，我们惊讶地发现，6 个积极心动力与 6 个长寿企业的经营密码之间竟然有着惊人的联系，似乎是为彼此量身定制的一样！

在这里多说一句。就在本书的书稿即将完成修订之际，中国第一代杰出的民营企业家，娃哈哈集团的创始人宗庆后先生与世长辞。娃哈哈成立于 1987 年，起初只是一家小小的饮料厂，生产矿泉水和果汁等饮品。但宗庆后凭着创新精神和敏锐的商业眼光，很快便使娃哈哈成为一家颇具规模和实力的饮料生产企业。凭借其优质的产品和良好的口碑，娃哈哈在国内迅速崛起并出口海外。如今，娃哈哈已成为中国最大的饮料生产企业，其品牌价值雄踞中国国产饮料第一名。

宗庆后的离世，引起了中国社会民众的强烈怀念。人们寄托怀念的方式除了发文章、去宗先生生前生活与工作过的地方纪念之外，还有大量购买娃哈哈品牌产品，以至于短时间内娃哈哈公司因订单激增而供不应求，不得不在网络上发出官方通知，劝说大家理智消费。人们细数了宗庆后先生终生朴素、善待员工、利企利民、大爱天下的诸多事迹，并且用实际的消费行动表达了他们对这位爱国爱家爱民的可敬的老派企业家的怀念之情。可见，在社会层面，对宗庆后优秀品格的怀念也同时映射到了这家公司，这种现象反映出当代的中国人对企业家应该是一个什么样的人的深切期待。而且，感动的价值是巨大且超乎想象的，它可以变成实实在在的行动与财务支持。

回过头来看，在上述这些人们怀念的几点中，没有任何一点与宗庆后先生如何管理企业或如何制定企业战略等方面相关。当然，没有被人们提及并不代表宗庆后先生没有为后人留下值得称道的企业管理经营财富，只是从社会与大众层面，对于一位与人们日常生活息息相关的民族品牌的创建者，大家最想记住也最能记住的，反而是他留给世人的人格财富与心灵财富，以及他留给这个世界的所有感动。宗庆后的离世，加深了中国人对这家已经存活了37年的优秀企业能否成为百年老铺的担忧与期待，客观上也加深了企业家对永续传承的沉思。

百年老铺来自时间长河与空间长廊的点滴沉淀，积极心动力来自科学心理学百年积累与实证在新时代的厚积薄发。这可能就是冥冥中的所谓机缘，当百年老铺与积极心理学相遇，它们迸发出的光芒是我们始料未及的。

第一章

心理时代的两大标志

人类的大脑天生就有两大主要功能，主管情感与理性。主管情感的大脑结构被称为"情绪脑"或"感性脑"，主管理性的大脑结构被称为"理智脑"或"分析脑"。理智脑擅长逻辑思考、运算与顺序思维活动，其核心是信息与数据管理；情绪脑则更擅长审美、情感发酵与寻求意义感，其核心是情绪体验与意义觉察。

很长一段时间内，人类一直被理智脑主导，然而，从20世纪90年代起，一系列具有重大里程碑意义的变革使情绪脑开始逐渐取得主导地位。这些变革并非偶然，而是人类物质财富积累与心理建设达到一定程度的必然结果。从那时起，人类似乎进入了一个新的启蒙时代，这次启蒙的主导者不是科学、理性、人文与进步，而是在这些基础之上的"高数据"与"高感性"的深度结合。这成为塑造并推动一个大时代最根本的力量。

对于长寿的公司或希望长寿的公司来说，必须充分意识到这种时代变迁及推动时代变迁的高数据与高感性两种力量的颠覆性影响，以便在未来能够继续顽强地生存下去。很多时候，企业并非做错了什么，而是在面对新的社会生态与企业生存范式的改变时，由于认知屏障而无法跃迁。

用泪水拯救公司

2008年的某一天，退休8年之久的霍华德·舒尔茨重新出任星巴克的首席执行官。在这之前，星巴克在前两任首席执行官的管理下，经历了一次过山车般的业绩曲线。8年中，星巴克在全球范围内疯狂扩张，完全不考虑可能发生的经济周期风险，似乎多开店成了公司战略的唯一选择。星巴克逐渐变得更像一家普通的咖啡店，其作为生活方式象征的氛围日益淡化。当2007年全球经济下行，这家急速打造出来的"咖啡帝国"开始迎来严重的扩张后遗症。到2008年，星巴克的日销售额急剧下滑，无论是员工还是客户都抱怨颇多。

舒尔茨对星巴克有特殊的感情，他丰富的商业经验、稳健的行事风格、特立独行的个性与高瞻远瞩的视野，让人们对他当"救火队员"这件事予以厚望。最关键的是，舒尔茨是将这家名不见经传的公司变成全球知名企业的人。

1971年，杰拉德·鲍德温、泽夫·西格和戈登·鲍克合作在位于西雅图市中心的派克鱼市场旁开了第一家星巴克咖啡用品店，主要出售高质量的咖啡豆和咖啡器材（这家店至今仍然存在）。之后，星巴克开始卖咖啡、茶饮、三明治、糕点等。1981年，在某瑞典家居公司任职的霍华德·舒尔茨发现，一家来自西雅图的星巴克咖啡从他们这里采购了大量的滴滤咖啡壶，采购量甚至超过梅西百货。出于好奇，舒尔茨决定前去一探究竟。之后，舒尔茨花了一年的时间游说星巴克的老板聘用他。1982年，舒尔茨成功加入星巴克，成为市场营销总监。1987年，舒尔茨筹集资金买下了星巴克，同年在加拿大温哥华开拓门店，将星巴克打造成美国版的意大利咖啡屋。

舒尔茨并不是星巴克的创始人，但他是让星巴克成为超级公司并走向世界的人。他最大的功劳是把这个品牌变成美式生活的一种象征，没有人比他更了解星巴克的文化细节。舒尔茨深知，这次回来的担子不轻松，他不仅要扭转这家庞大公司的业绩，还要挽回人们心中日渐淡化的情怀。

离回归的日子越来越近，舒尔茨紧张得彻夜难眠。他要让这个超级公司成千上万的员工重拾信心，只有这样，他接下来的种种想法才能得到最有效的落实。舒尔茨想了很多，包括回归后的第一次讲话应该用什么方式、如何措辞才能达到这个目的。战略阐述在这个时候显得苍白，那么企业的愿景与使命呢？别开玩笑了，谁不知道星巴克卖的是什么？员工在这个时候最想要的是保住工作，而不是听老板畅谈未来。

那一天清晨，舒尔茨早早离开家来到办公室。他脑子里全是公司过去 8 年的发展轨迹，以及那些让他忧心忡忡的事情。没有人喜欢回忆痛苦的经历，他当天的任务就是让员工忘记痛苦。他是怎么做的呢？

美国策略与设计顾问利兹·福斯利恩与莫莉·韦斯特·达菲在《情绪的力量》一书中忠实地记录了舒尔茨当天的表现。

> 那一天，当舒尔茨走上演讲台时，他深知，作为员工信赖的领导者，自己需要展现出脆弱的一面。员工理应知道公司的真相，因此舒尔茨选择摘下职场人的面具——这在首席执行官中更是稀奇。他抛开了职场中的"规则"，潸然泪下。

是的，舒尔茨展现了他的"脆弱"。舒尔茨没有选择冗长的战略演说，他的发言言简意赅、情真意切。无论这是事前策划，还是触景生情，结果是，他的泪水感染了员工，并且得到了大家的理解。随后，他请员工为他的振兴计划提建议与意见。当月，舒尔茨收到了 5000 多封邮件，员工在邮件中提出了无数有见地的好主意，并表达了对他的感谢。不出所料，2010 年，星巴克终于走出低谷，股价连创新高，品牌价值大幅提升。

在职场中，企业的最高领导者极少会展现自己脆弱的一面，这似乎是一种潜规则。首席执行官在众人面前必须时刻充满信心、时刻精神饱满，但是舒尔茨反其道而行之，并且取得了奇效。这是为什么呢？

心理学研究表明，哭泣可以帮助我们更好地理解他人的情感。这种情感共鸣让人们更加敏感和富有同情心，从而更加关注他人的需求和感受。例如，看到别人哭泣时，我们会更加关注他们的状况，乐于帮助他们解决问题。另外，哭泣也可以让人们更加深刻地体验自己的情感，从而关注自己的需求和感受。在面对艰难困苦和挫折失败时，通过哭泣来释放自己的情感是一个好方法。

中国有句古话："同是天涯沦落人，相逢何必曾相识。"这句话的意思是，即使是完全不认识的人，如果产生了情感共鸣，也能给予彼此抚慰。舒尔茨的哭泣在士气低落的员工间引发了一种默契的同理心。大多数人都低估了职场中情绪的波及范围。情绪的变化会影响上下级关系，也会影响个人的积极性、健康状况、沟通交流、决策等。然而，许多人并没有重视情绪的价值及其破坏力与影响力。人们普遍认为职场风范应该是专业与理性的，绝对不能表现出脆弱，因此，人们的本能反应就是压抑自己的情感。但这并不完全正确。

有这样一个故事：一位战士战死，有人将他的尸首带到他妻子面前。这位妻子只是麻木地站在原地。有人说："她必须哭出来，否则她会死的。"但试过很多办法后，妻子仍然无法哭出来。后来一位聪明的奶娘将她的小孩带到她的眼前，她终于流下了眼泪，她说："我亲爱的孩子，我要为你而活。"哭泣缓解了妻子因突如其来的严重打击而产生的高度紧张心理，使她避免了不幸的后果。由此可见，在悲痛时放声大哭一场，往往会产生积极效应。在情绪心理学中，这种积极效应被称为"哭泣效应",它能缓解情绪压力,让我们心情舒畅。人在痛苦的时候往往想要哭泣,这便是自我保护的一种方式。

此外,大量实验证明,情绪对寿命也有很大的影响。女性的平均寿命普遍比男性长,除了生理和激素等方面的优势外,女性更加感性也是一个重要原因。把情绪释放出来,有助于人们在生物层面达到肌体平衡。尽管情绪的发泄不能解决问题,但它提供了一个释放压力的途径。情绪能够告诉我们在某种情境下是否感到舒服,基于这一前提,理性才能帮助我们判断决策是否正确。因此,感性是理性的指挥棒,理性是感性的执行者。

大数据透露的秘密

谷歌公司有一款名为"Google Books Ngram"的语料库,用户可以查看特定短语或单词在语料库中的出现频率和变化趋势。这个语料库收录了2000多万本图书内容,覆盖多种语言。当我们在Google Books Ngram(以下简称Ngram)中输入短语时,它会以图表的形式,显示这些短语在选定年份中的出现频率。比如谷歌公司对Ngram进行功能介绍的宣传单中,就引用了其利用Ngram搜索从1950至2015年,"kindergarten"(幼儿园)、"nursery school"(托儿所)和"child care"(儿童保育)三个关键词的出现频率和变化趋势。X轴表示年份,Y轴表示用英语编写并在美国出版的书籍样本中该关键词所占的百分比。人们一眼就可以发现,"儿童保育"一词的使用量在20世纪60年代末开始上升,在1973年左右超过"托儿所",在1990年后不久达到顶峰,此后一直稳步下降。

也就是说,通过这个语料库,我们可以查阅任意一个英文短语在过去某一个时段内在书籍中的出现频率,进一步推测这些词语在人类生活中所占的比重趋势。基于此,我们的科研团队查询"情绪"相关短语,结果如下。

首先,我们对英文"feeling"(感受)在1500至2020年间的变化趋势进行了考察。我们看到,在这500年间,这个英文词的查询结果出现了3个明显的波峰:第一个波峰大约出现在16世纪中叶,那是文艺复兴时代;第二个波峰大约出现在18世纪中叶,那是工业革命时代;第三个波峰则是现在,其开端是20世纪90年代初。

接着,我们对"emotion"(情绪)一词的变化趋势进行了研究。大数据显示,"emotion"一词的使用频率主要呈现两个波峰。第一个波峰在1850年前后,即现代心理学诞生的时代(1879年,德国莱比锡大学的威廉·冯特创建了人类历史上第一个科学心理学实验室)。第二个波峰自20世纪80年代初开始,在人类书写语言中出现的频率呈现爆发式增长。而1980年,正是微型计算开始迅速发展的时期。

对于"emotion value"(情绪价值)一词的变化趋势,我们查询时在"emotion"后加入了词语"value"(价值)。因为通常来看,"value"一词多用于经济学、管理学。大数据显示,

第一章 心理时代的两大标志

"emotion value"（情绪价值）一词自 20 世纪 80 年代末到 90 年代初在人类书写语言中的使用开始呈现爆发式增长。这个时期正是互联网开始兴起的时间。

当我们将"value"一词输入 Ngram 后，可以观察到，从 1500 到 2000 年，这个词在英文书写语言中出现的两个高峰期分别在 16 世纪中叶和 20 世纪 30 年代。前者的标志性事件是地理大发现，后者的标志性事件是全球经济危机。这不难理解，地理大发现是西方走出欧洲、走向世界的起点，激发了无数人的财富梦想。经济危机则正相反，全球经济危机使得无数人的财富梦想破灭。这两个重大事件的确与"value"息息相关。

不过，值得注意的是，"value"的书面使用在 20 世纪 30 年代达到高峰后便一直呈缓慢下滑的趋势，进入 21 世纪后开始加速下滑。难道是"价值"不重要了吗？显然不是。那为什么"价值"被人们使用的频率越来越低了？这可能意味着一件事——在新世纪，事物的价值不再仅仅依赖自身的使用属性或功能属性，它需要与其他事物结合，才能获得意义。例如，当"value"与"emotion"结合起来后，故事就变得完全不一样了。有趣的是，当我们把"value"与"technology"（技术）两个词进行组合后，发现这个组合词的使用频率从 20 世纪 90 年代开始爆发式增长。

那么问题来了，为什么"价值"一词本身"风平浪静"，与"情绪"结合起来，就"波澜壮阔"了呢？

标志一：情绪成为"主角"

在心理学中有一个专业名词——晕轮效应，又称"光环效应"。晕轮效应最早是由美国著名心理学家爱德华·桑戴克于20世纪20年代提出。他认为，人们在评价他人时，往往只从局部信息出发，进而形成对其的整体印象，即以偏概全。如果一个人被标记为"好"，他就会被一种积极肯定的光环笼罩，并被赋予一切美好的品质；如果一个人被标记为"坏"，他就被一种消极否定的光环笼罩，并被认为具有各种不良品质。这就好像大风前夜月亮周围出现的圆环（月晕），其实圆环不过是月光的扩大化而已。近几年，晕轮效应越来越多地被应用于企业管理，它对企业管理的负面影响主要体现在各种组织决策上。

心理学家戴恩做过一个实验。他给被试看了一些照片，照片上的人有的很有魅力，有的魅力中等，有的则毫无魅力。然后，被试需要从其他方面评价这些人。结果表明，被试赋予了有魅力的人更多理想的人格特征，如和蔼、沉着、好交际等。

晕轮效应不但经常表现在以貌取人上，还经常表现在通过服装判断他人的地位、通过初次言谈判断他人的性格与品德等方面。在对不太熟悉的人进行评价时，这种效应尤其明显。

现在，让我们设想一个场景。

一位企业家在路边同一位女士聊天，这时跑过来一个小孩，急促地对企业家说："你爸爸和我爸爸吵起来了！"女士问:"这孩子是你什么人?"企业家说:"是我儿子。"

现在,请你迅速回答:这两个吵架的人和企业家是什么关系?

你的答案大概率是错误的。事实上,相关实验证明,在100名被试中,答对的成年人寥寥无几,反而是小孩子回答的正确率要高一些。

答案是,企业家是位女性,吵架的二人是企业家的丈夫,即孩子的爸爸,以及孩子的外公。

这么简单的问题,为什么如此多的成年人回答得反而不如孩子呢?这是因为定式效应。基于经验,我们在听到企业家后,头脑中的第一反应往往是男性,尤其是这位企业家正与一位女士聊天,这更加强了我们认为这位企业家是男性的直觉。因此,从男性企业家这个心理定式去推想,自然找不到答案。而小孩子没有这方面的经验,也就没有心理定式的干扰,因而很容易就找到了正确答案。

定式效应是指有准备的心理状态能影响后继活动的趋向、程度及方式。随着定式理论的发展,我们不仅可以用"定式"这个概念解释人们在感觉、知觉、记忆、思维等方面的倾向,也可用其解释人们在社会态度方面的倾向。与仪表、相貌相关的定式效应主要表现为刻板效应和晕轮效应。

事实上，无论是晕轮效应、定式效应还是刻板效应，都是"主角光环"的习惯意识所致。回到 Google Books Ngram，"情绪""价值""科技"等词语在语言中也存在"主角光环"。一段时间内，当人们更多地使用这些词语时，这些词语产生的"主角光环"就会被社会放大，这是一种文化共振现象。当这些词语不再流行时，其"主角光环"自然就开始消退，表现为人们使用这些词语的频率开始下降。

语言与文字是人类思想的武器，也是人类思想最直观的体现。在某一个时代，使用频率高的词语，一定反映着时代对这些词语背后代表的生活内容、社会现象、价值诉求的集中关切。我们在 Google Books Ngram 中查询了"情绪""科技""人工智能""共情""创新""幸福""全球化""审美"等词语，发现在 20 世纪 90 年代前后，这些词语呈现出一条极为相似的迅猛上升曲线！

基于此，我们大致可以猜测，以这些关键词为代表的一个新时代在 20 世纪八九十年代开始，大刀阔斧地替代了之前的那些时代。

我们可以把过去几百年的人类历史看作一场多幕剧。

第一幕是启蒙时代。以科学、进步、理性与人文为核心的启蒙思想，经过地理大发现、文艺复兴、工业革命将人类从神学的精神枷锁中解放出来。现代社会开始形成，传统的农业社会遭到巨大的挑战。

第二幕是工业时代。彼时，推动世界发展的是经济与工业制造。无数工厂与工人登上时代的舞台，成为新的主角。体力、劳动与个人毅力是这个时代的基本特征。

第三幕是信息时代。以欧美为重心的新一代通信、信息、互联网、知识经济占据了世界的核心舞台。知识与脑力工作者首次超越体力工作者成为引领时代发展的先锋。

第四幕是心理时代。当人类的物质财富充裕到相当丰富的程度，全球化浪潮席卷世界，时代的主角发生了巨大的变化。人工智能、技术进步、移动互联、5G等代表的"硬件主角"，与同理心、归属感、积极、情绪、幸福代表的"软件主角"，共同构成了这个时代的主导特征。在这些主角光环下，人类的注意力、价值主张与生活方向都不由自主地被这个新的概念时代裹挟。适者生存的道理在此时对所有身在其中的企业和企业家提出了巨大的挑战。

原来，不是我不明白，这世界变化快。我们的科研团队又将"management"（管理）和"business administration"（工商管理）进行了查询。结果显示当人们还在为进入商学院学习"工商管理"而绞尽脑汁、大把花钱时，其实早在20世纪90年代初，管理与工商管理就已经开始走下神坛，至少从目前看，其在人类书写语言中的使用频率还没有回升的势头。虽然这并不意味着管理与工商管理的终结，但至少说明了一点，管理，特别是工商管理，没有以前那么重要了！

可是，当我们在"管理"前加上"情绪的"后，这个曲线就变成了昂扬向上的陡峭山峰。

可能有人会说,"emotional management"这个词指情绪的管理,而不是管理中的情绪,所以,这个图表并没有什么说服力。不要紧,我们可以尝试用"leadership"替换"management"。在企业中,领导者是相当重要的,并且传统管理学一直认为,企业领导者在某种程度上代表着企业战略。于是,我们查询了"emotional leadership"(情绪领导力)的数据表现。

果不其然,同样的事情又发生了:一条昂扬向上、几乎成垂直状态的爬升线,起始的时间点仍然是1990年。情绪领导力这条曲线向我们传递出一个相当明显的信号——无论如何,我们已经无法忽略情绪的心理价值对我们的影响。

这充分说明,新时代的企业与企业家,需要重新梳理自己的认知。那些曾经写在墙上或放在抽屉里,体现着企业心理价值的企业愿景、使命与价值观,需要我们重新审视;那些体现管理逻辑与方法的战略、业务模式、组织、流程、项目管理、人力资源、市场营销与客户服务等功能性结构,也需要重新定位。它们是不是正在远离新的时代?它们与员工、合作伙伴与客户的心理联系是不是越来越少?严密的组织逻辑是不是变得越来越不尽如人意?年轻员工的工作热情与工作态度是不是越来越让管理者难以捉摸?

这些问题都需要重新深入思考,正如管理学大师德鲁克所说的那样:"一个人的学习能力,才是他的核心竞争力。"一句话,新时代的企业家需要重新学习。学习什么呢?

标志二:"高感性"成为企业家的必修课

数据将统治未来。

——［美］比尔·盖茨

情绪本身并不会帮助或阻碍人们有效地思考,但情绪的确会影响我们思考问题的方式:情绪状态不仅会影响大脑的计算功能,还会迫使我们对客观数据或外部环境加以判断。此刻,我们需要关注的不是情绪究竟有益还是有害,而是情绪在我们大脑分析信息时究竟发挥着怎样的作用,又会给我们带来什么意义与价值。

——［美］列纳德·蒙洛迪诺

什么叫作内心强大?能够和那些坏的东西和平相处,却不同流合污;坚持为美好的东西而努力,不为失败或得不到的东西而焦虑。

——［英］图灵

许多人认为,企业的经营,最重要的是确立经营的战略。但是我认为,最重要的是那些看不见的公司风气和员工的意识。也就是说,如果每一位员工都能够为自己的公司而自豪,都能够发自内心地为公司服务,那么这家公司就一定会发展得很好。

——［日］稻盛和夫

在过去的几百年里，人类创造了比过去几百万年都要多的物质财富与生活内容。但是从20世纪中叶开始，人类创造财富的方式开始发生了改变，这种改变随着电脑、互联网与人工智能等科技的飞速发展愈加明显。看一看沃尔玛、亚马逊、苹果、脸书、微信、7-Eleven等公司的标志以及它们在创新与价值上的巨大成功，我们发现，人类的梦想、希望、意义等情感要素在财富创造中所扮演的决定性作用比以往任何时候都要显著。如果说21世纪有哪些事情最值得人们关注，那么"心理价值"无疑是一个最不容忽视的事实。

可以预见的是，人类在未来相当长的一段时间将成为"双栖人"，社会也将成为"双栖社会"。"双栖"有几层含义。第一层含义是人类将生活在"物理空间"与"虚拟空间"中；第二层含义是因为物理空间与虚拟空间的存在，人类也就拥有了"物理身份"与"网络身份"；第三层含义是人类将通过这两种身份形成"现实生活"与"虚拟生活"两类社会生活方式；第四层含义是因为上面这些情况，人类将成为"数据人"与"心灵人"的融合体。因此，尽管平克所定义的概念时代有许多细节变化，但最根本的变化来自"人类生活的全面数字化"与"人类的心灵家园"这两个最关键、最核心、最基础的单元。对于任何组织，包括商业组织在内，都将在这种"双栖人"与"双栖社会"中寻找自己的立足之处。

我们认为，推动人类在新时代的生活与命运的，除了经济与科技之外，另一个看不见的手是"高感性"。正如我们在前文讨论的那样，以同理心、归属感、积极、情绪、幸福等为代表的心灵情感与心智将决定着人类的未来。

回顾过去500年世界经济的快速发展和社会变迁，高数据与高感性已经成为主导人类社会的基因。以美国的医学院为例。医学院本是一个精英云集的地方，里面都是成绩优异、得分最高、分析能力最强的学生。但从20世纪90年代后期开始，美国医学院发生了深刻的变革。医学院的学生开始学习"叙事医学"，这在之前医学院的课程中从来没有出现过。因为新的研究表明，电脑诊断虽然十分强大，但是诊断中很重要的一环就是患者对自己病情的陈述。于是，耶鲁大学医学院的学生努力在校园艺术中心训练其观察力，因为学习过绘画的学生能更敏锐地发现患者病情的细微变化。加州大学洛杉矶分校医学院甚至成立了"医院过夜项目"，大二的学生可以扮演一名病人，在医院过一夜。角色扮演的目的是什么呢？学校称："是为了提升学生对病人的理解能力。"还有一些大学通过开发及衡量"共情指数"来提高医生的能力。

同样地，归属感也越来越流行。斯坦福大学心理学教授杰弗里·科恩在其著作《归属感：建立联系和弥合分歧的科学》（*Belonging: The Science of Creating Connection and Bridging Divides*）中讲述了一个关于学校的故事。

> 我有一位在加州低收入地区长大的朋友。他告诉我，他当年所在的高中有很多学生总是在课堂上吵吵闹闹，扰乱教

学秩序。不过，有一位老师却声名远扬，因为他能够让学生甚至那些"捣蛋鬼"都能安静地听讲、认真学习。我的朋友认为，这位老师的成功在一定程度上源于他与每位学生建立起了一种仪式感。他在称呼学生时总是用敬语而不是直呼其名，比如"加西亚先生"或"卡斯特罗小姐"。我朋友认为，正是这种仪式感传递了一种被称为"尊重"的重要信息。

杰弗里·科恩认为，这位老师的仪式感表达便是心理学中的"情境设计"，即便是用看似最不起眼的方式，也能塑造一种情境来培养团队成员的归属感。事实上，一个小手势或一句体贴的评语，就能极大地改变情境或人们对情境的看法，进而缓解紧张的氛围，让人们感到被欣赏和被包容。杰弗里·科恩在书中强调，归属感与情境的关系是一门古老却常被忽视的科学，并且它也是一门艺术。作为全球最顶尖的归属感情境理论的研究者，他的目标是运用科学的方法来探索并创造一个更新、更好的世界，通过塑造艺术性的情境来解锁人类向好与向善的潜能。

人性与潜能，是积极心理学的立宗之柱。积极心理学是20世纪90年代中期在心理学领域产生的一次新革命，它提倡和研究人类的积极心理功能，以提升人的健康、成就、幸福和人生意义。积极心理学相信人类的进化过程选择的是积极美好的人性，是良知与良行。如果说传统心理学倾向于将得分"-6"的人向"-2"提升的话，那么积极心理学则致力于把一个"+2"的人提升到"+6"。积极心理学虽然并不拒绝人们的消极面，但它更关注人们的积极面。并且，经由实验证明，如果负面与消极是可以习得的，那么积极与乐观也一定可以习得。也就是说，积极健康的人格与心理是可以培养的，没有人是天生的阴暗者。即使因为种种原因，我们的生活与心理变得一团糟，积极心理学家也明确地告诉我们："你可以变得更好。"

多年来，积极心理学领域大量科学实验证明了很多类似的观点，例如，积极的心态在大脑及神经系统中的作用；积极乐观的人更长寿，积极乐观的人免疫力更强、更健康；积极乐观的人收入更高、家庭更和谐、成就更高；积极乐观的学生成绩更优秀等。同时，积极心理学在"造就精英"的认知、行动、心智模式等任务与目标上也进行了大量卓越的研究与实践。

情绪是积极心理学的一个重点研究方向。情绪作为一种独立存在的人类本质和生活内容，其价值逐渐被人们认识。积极情绪是积极心态的一个关键指标，它体现在语言、行为、认知、意识活动等多种心理活动和生理活动上。积极情绪的研究内容包括"情绪的生理机制""人类的9种积极情绪""情绪智力""积极情绪的资源""如何管理消极情绪""如何锻炼积极情绪"等。

"情绪智力"，就是"情商"（EQ）。很多心理咨询机构与咨询师都通过"情商"来判断一个人的社会性智慧与能力。但在"情商"这一说法诞生前，很多人不知道还有一个叫"情绪智力"的指标。从某种意义上来说，"情绪智力"是比"情商"更科学的表达。

1991年，美国耶鲁大学的著名心理学家、现任耶鲁大学校长彼得·沙洛维教授和新罕布什尔大学的心理学家约翰·梅耶教授首次提出一个观点:"人类有一种社会智力,它与我们如何处理与别人的关系有关。有些人特别善于理解别人的心情,也对自己的情绪有比较敏锐的理解。这些人知道如何调动情绪来帮助自己思考问题、做出判断和决策,也能够理解各种情绪的意义,能够监控自己的各种情绪。情绪智力高的人,其人际关系更好、生活更积极、体验更幸福。"他们将这种能力称为"情绪智力"。

"情绪智力"包括自我认知的能力、自我控制能力(自律精神)、自我激励能力、认知他人的能力(同理心)、处理人际关系的能力。其中前三个能力涉及对自己情绪的认识、管理、激励和约束,所以是一种随时随地认识、理解并妥善管理好自身情绪的能力;后两种能力则涉及对他人情绪的认识、理解和妥善管理,即知道别人如何想,通过管理他人的情绪来达到人际关系的和谐。情绪智力高的人在认识自我、控制情绪、激励自己和处理人际关系方面通常表现得更加出色。

最后,让我们来看看幸福。积极心理学被认为是对幸福投入精力最多的心理学分支。它在帮助人们寻找幸福、发现幸福、构建自己获得幸福的能力、让他人幸福、向善向美等方面产生了积极作用。关于幸福,积极心理学最大的发现是,幸福不是虚幻的,不是盲目的,更不是心灵鸡汤。幸福是一种有意义的快乐,是人类对美好生活的终极追求。但是数据表明,在工业与技术突飞猛进的时期,人类的幸福感下降得很严重。从 Google Books Ngram 我们能看到,自 19 世纪中叶之后,人类的幸福感一直在下落。重拾幸福的起点则发生在 20 世纪 90 年代初。又是这个时间点！人类懂得了重拾幸福本身是一件特别值得记录的大事件。因为一个心灵干涸的人是毫无幸福可言的，一个心理干涸的社会也是毫无幸福可言的，一个心灵干涸的文明更是毫无幸福可言的。幸福的重新崛起，本质上是人类心灵的再发现。我们相信，这条幸福曲线将在未来很长的时间段里持续走高。

除此之外，积极心理学还对感恩、升华、意义、投入、专注、毅力、心理韧性等许多课题进行了研究。从某种意义上来说，如果人类进入互联互动的数字时代是20世纪末最重要的大事之一，那么1998年心理学家正式创立积极心理学就算是另一件大事。积极心理学冲破了现代科学心理学自1898年正式建立以来的方向，从解决痛苦转向创造丰盛。积极心理学之父马丁·塞利格曼教授认为，人类下一个纪元就是以积极心理学为核心的"人类的第二个轴心时代"。

今天，许多领域都在运用心理学的原理与科学结论，包括医疗、教育、企业管理、社会治理、政府管理与科技开发等。而积极心理学的崛起，更让这个世界充满了温情与灵性。用一句话来说就是，在这个新的时代，我们成了数据的载体，但是如果有什么还能让我们意识到自己真实生命的存在，那就是我们的心灵与世界的共鸣。

第二章

/

心理时代什么最重要

心理学研究发现，当人们没钱时，钱财对人们幸福感的提升的确有显著作用。但是当一个人月收入超过 35 000 美元时，金钱的增长不仅不会给人们带来更多幸福感，反而会降低幸福感。这在心理学上被称为"幸福拐点"。不仅个人如此，社会层面也是这样。

我们曾经对中国某个超大城市进行过长达 8 个月的社会情绪大数据统计与分析。分析发现，某城区在经济规模、收入水平、商务活跃度、人口密度、公共服务等多项指标上均位居第一，幸福指数却排名倒数第一。为了解释这个异常现象，我们的科研团队对该城区不同年龄段的居民进行了随机走访。调查发现，这个城区的居民之所以幸福指数较低，是因为在幸福指数的 5 个维度（情绪、投入、意义感、社交与人际、成就）上表现得很不理想。该城区因为教育质量高反而十分内卷，因为人口密度大所以交通状况也不太好，因为商务公司云集所以绿化空间少，因为工作忙碌所以休闲时间被挤压得厉害。这些看似优势的资源反而成为人们焦虑不安、烦躁失意，甚至痛苦压抑的原因。一句话，人们感到不幸福，也失去了赢得幸福的空间与心气儿。事实上，这个城区已经到达了"幸福拐点"。

当经济收入增长到一定程度后，物质财富的丰富与满足已经无法填补人们空虚的心灵。于是，人文关怀在这个时代变得越来越重要。事实上，当人们为基本生存而打拼时，经济与物质财富的确是最重要的。一旦过了生存阶段，人们就想要活得更好，也意味着他们进入了生活阶段，此时，人们需要的就不仅仅是干巴巴的物质，他们还想要艺术、体育、娱乐、休闲、健康、社会交往这些新的存在方式。到了更有意义的生活阶段，人们更重视生命层次，于是会继续寻找道德、超然、灵性、慈爱、感恩、意义与价值等更加玄妙的存在感。不同的历史阶段有不同的重要内容。农耕时代，种植养殖最重要，传宗接代最重要；工业时代，生产制造最重要，精益管理最重要；信息时代，通信交互最重要，网络价值最重要。那么，在心理时代，什么最重要呢？

我们已经看到了这种趋势。从20世纪90年代开始，人类对心灵关怀的需求成为塑造社会的新力量，形成了一种新的社会范式。其中，创造力、故事力、共情力、设计感、意义至上与娱乐精神对新时代的企业家来说，尤其需要重点关注。

有准备的创造力

> 真正的创造力从来都不是突然的灵感，不是那种随机闪过黑暗的一道光芒，而是数年艰苦工作的厚积薄发。
>
> ——［美］米哈里·契克森米哈赖

生物科学研究表明，大多数有趣的、重要的、人性化的事情都是创造力的结果。人类的基因中有 98% 与黑猩猩相同，但语言、思维、审美、价值观、艺术创作、社会生活、发明与制造复杂的工作等，则让我们完全有别于黑猩猩，这些都是人类创造力的体现。人类善于发挥创造力，且创造力也得到了人类的认可与赞赏，成为我们日常生活中的一部分。我们可以问问自己：如果没有创造力，我们与黑猩猩又有何区别？

积极心理学家对人类发挥创造力时的心理感受做了大量研究。他们发现，当人们从事创造性工作时，常会觉得自己的生活更充实、更快乐，也更有意义。画家在创作时，不喜欢重复自己过去的作品，也不喜欢印刷品式的创作。画家追求独一无二的创作。作曲家也一样，他们接受不了同样的旋律在每首歌中重复出现，哪怕这些旋律确实很优美、很有感染力。设计师总是绞尽脑汁地想出别出心裁的创意，作家笔下的每个故事都希望描绘出不同的情节。

第二章 心理时代什么最重要

米哈里·契克森米哈赖是全球研究创造力的心理学权威之一。早在20世纪70年代,他就发表了许多关于创造力的研究成果。在其研究中,他曾列举了一个特别好的例子来说明什么是创造力。

维拉·鲁宾是一位杰出的天文学家,主要研究银河系动态关系。鲁宾曾指出,银河系的星星并不是按照相同的方向转动的——在同一个银道面上,它们的行动轨道有的顺时针转动,有的逆时针转动。就像科学界的很多发现一样,鲁宾的这个发现并非她研究计划的一部分,而是在观察光谱线时无意间注意到的。这一发现对于星系天文学研究来说具有重大的意义。

首先,鲁宾是一位幸运的科学家,因为她使用的观察光谱的技术在当时是最先进的。在产生这一新技术之前,星星的运动轨迹是无法被观测到的。同时,鲁宾也是卓越的,因为她对星星的运行细节已经深入研究多年,并成为她工作的全部内容。她对星星充满了好奇心,也充满了爱。因此,这个发现的机会就正好落到了她的头上。

契克森米哈赖对鲁宾这种发现新鲜事物的洞察力十分感兴趣。他采访了鲁宾,深入地了解鲁宾与她的工作。鲁宾的一些话给契克森米哈赖留下了极为深刻的印象。

> 成为一名研究型科学家是需要很大勇气的,你需要把你自己、你的生活和时间全部投入进去,最终却可能一无所获。而且,有可能你辛辛苦苦做了5年的研究,在发表前却

发现是错误的，或者正好有人在你发表前也发表了相同的研究成果。这种情况时有发生。我刚参加工作时，我的任务就是搜集可能有价值的数据。事实证明，很多情况下，这些数据的意义不止于此，工作的价值也不止于此。

在我观察星系团时，我发现我真的特别喜欢它们，我喜欢观察它们的细节，就像是观察一个个生命体的呼吸。而且，我对星系团中的星系更加感兴趣。我发现很多这类星系的中心都发生着非常奇怪的现象——迅速旋转、小小的圆盘以及各种各样有趣的事情。我完全沉浸在其中。进行了相关研究与测量后，我试图采取程式化的方法来解释这些情况。但我意识到，有些数据更有趣，于是我决定先详细记录有趣的中心特征（这与我最初启动这个项目的原因无关，纯粹是出于好奇与喜爱）。

其中有一个星系特别有意思。1989年我第一次拍摄了它的光谱图，1990年拍了另外一张。直到1991年，我没有再对它进行过测量。一开始我不理解这个星系为什么这么有趣，只知道它与我以前见过的不太一样。要知道，在银河系、螺旋星系或圆盘星系中，几乎所有的星星都围绕着中心的平面旋转。最后我发现，在这个星系中，有些星星朝着一个方向转，有些星星向着另一个方向转！但是当时的光谱技术还不够先进，我没有办法更清晰地观察并验证我的推论。

1992年春天，我决定拍摄另一张光谱。当时，我有了一个想法，因为光谱图中存在一些非常特殊的点，我决定试着解释所观察到的现象，我坐在电脑屏幕前，和这些光谱图做"游戏"。数月后的一天，我正在拼命地画图，突然一切都豁然开朗！发现一些新东西真的非常有趣！夏天，我在哈佛大学做了一次演讲，并且在演讲中加入了我的这个发现。两天后，一些天文学家也证实了我的发现，他们之前也有这个星系的光谱图，但不知为什么，没有人对它们进行过分析。

契克森米哈赖不是天文学家，尽管他能够理解鲁宾的讲述，但对于其中涉及的天文学术语和知识并不精通。然而，心理学家有其特殊的分析问题的方法。契克森米哈赖对鲁宾的谈话录音进行了全面的整理，不放过任何一个词汇。他发现鲁宾的谈话里有一些词汇重复了好多次，如"有趣""兴趣""观察""好奇""沉浸""有意思"。这些多次重复的词汇显示了鲁宾对事物强烈的好奇心与兴趣驱动。（心理学家用词频分类法来研究人的心理价值偏好，一个人的语言在某种意义上代表了这个人对事物的态度与认知，也代表了他们思考问题的思维方式与价值取向。）

强烈而持久的好奇心、对揭示奥秘的渴望与惊叹、无意中找到解决方法的喜悦——这些美妙体验弥补了原本单调沉闷的工作，还揭示了创造力的不可或缺性！契克森米哈赖最后补充说，即使没有成功，富有创造力的人依然能够在工作中找到乐趣；即使没有得到公众的认可，他们也认为学习本身是有益且快乐的！

今天，早期积极心理学家开发的词频分类法与大数据分析，为理解创造力提供了更加丰富的视角。通过分析论坛、贴吧、微博、微信等各种社交软件上的图片与文字，心理学家可以查看人们的情绪与心态，并根据对积极词汇、消极词汇或中性词汇的匹配来探索人类的能力偏好。尽管目前的结论与20年前相比变化不大，但今天的分析更具实证性和可靠性，那就是创造力是改变人类文化某一具体领域的关键，也是人们发现新事物和新规律的积极意愿、情绪与行动力。

对于成年人来说，创造力主要来自三个要素的组合，即"包含符合规则的文化""给某个领域带来创新""在该领域中能够被认可、被证实"。对于儿童来说，创造力则表现为"对事物有强烈的好奇心""对事物有强烈的探索意愿""主动尝试的内在生命冲动"，它们是建构成年后创造力的基础。

所以，作为企业的经营者或所有者，当你想打造百年老铺时，我们强烈建议你认真思考上面这些关于创造力的核心要素。

在概念时代，为创造力赋能的第一要务就是保持对事物的好奇心。

我们通常认为，好奇心无非是人们被新鲜事物吸引时所产生的感觉。比如，看到街边的新广告牌、新店铺时会忍不住驻足停留，看到街边聚集的人群会想过去一探究竟。或者，是小孩子把闹钟拆开，把米袋子里的米弄得满地都是，甚至在墙角的小洞里挖来挖去等。所以，如果按照这样的理解，那企业家的职业创造力就是为公司及客户创造更强大的吸引感。让我们先来看一个例子。

索尼公司曾经有一款相当出色的产品——AIBO机器狗，它是索尼于1999年首次推出的电子机器宠物。AIBO机器狗的问世标志着机器宠物时代的到来，它不仅具备了人工智能技术，还向生活娱乐的方向发展。在产品命名上，索尼也是费尽了心思，AIBO这个名字拥有几重含义：AIBO是日文"同伴"的发音，并且与"有眼睛的机器人"（Eye-Robot）英文发音一样。同时，AIBO中A、I两个字母又是人工智能（Artificial Intelligence）的缩写。

在AIBO机器狗的体内，有一片极小的晶片，就是它赋予了机器狗智慧，使它能像真狗一样做出各种有趣的动作，如摆尾、打滚，还能理解主人的呼唤和责备。芯片中设定了它的成长过程，使其能够通过与主人的互动来记住主人的声音、动作和外貌。如果主人精于计算机编程，还可以为它设计一些新的动作，如挠痒解闷、摇尾乞怜等。

2017年11月1日，索尼公司发布了新一代AIBO机器狗，其性能大幅提升，不仅能支持高达180条的语音指令，还提高了图像识别能力，嵌入了模式识别功能。新一代AIBO机器狗能够识别15种"AIBO卡"上的命令，如"拍照""移动方向"和"充电"等，并能通过CMOS摄像头执行这些指令。此外，它还具备自动充电功能，能识别充电器上的标志并自行前往充电。面部配有28个四色发光二极管，通过不同的闪光模式表达高兴与忧伤等情感，内置64和弦的集成声卡以丰富音响效果，并支持无线局域网，用户可自行下载个性化数据和游戏内容。

索尼公司设计生产这只机器狗的初衷是为了探索下一代人工智能技术，但结果，AIBO 不仅成为一个高互动性的电子宠物，还成为一个价格低廉的人工智能研究平台。索尼甚至为此发布了专用的程序员工具包，让用户可以为他们的虚拟宠物创造更加复杂的反应动作。

尽管在全球人工智能领域蓬勃发展的今天，索尼公司不再像昔日那样辉煌，但是这一创意探索值得被记录。AIBO 机器狗是伴随着高数据与高感性时代来临而诞生的一款代表性产品，它精准地捕捉了被数据围绕的人们对陪伴感的需求，创造性地将复杂的人工智能技术应用到日常生活中。当然，另外一款更具代表性的产品，就是苹果手机。

可能有人会奇怪，苹果手机都已经发展到第十几代了，是不是会有审美疲劳了呢？这是一个好问题，也是企业家需要学习的一个重要知识。

人们普遍会有一个这样的观点，即一旦某个事物在日常生活中变得司空见惯，我们就失去了探索新知识的机会。当某个事物变得熟悉并且可预知时，我们就不再重视，并渐渐地对它熟视无睹。

但事实上并非如此。

在中国浙江省，有一家名为贝玛教育的机构，在他们的"万能工匠"幼儿园玩教具中有一款玩教具十几年一直很受孩子们的欢迎。尽管公司内部认为这一教具已显陈旧，但它们的需求却依然旺盛。与此相反，公司信心满满推荐给幼儿园的新款玩教具，尽管园长和老师们认为非常适合孩子，但不久后却收到反馈，孩子们并没有像老师们预期的那样放弃旧款。面对这个问题，公司感到很困惑，不知道到底是什么原因让孩子们如此"恋旧"？

美国杰出的心理学家托德·卡什丹被誉为"好奇心研究第一人"，在他的著作《好奇心》中我们能找到答案。卡什丹认为，"好奇心之所以常常被人们忽略，还有一个原因就是，它在我们欲望的表象下运作。好奇心并不像'积极思考、乐观开朗、感激之情、善良仁慈或感觉良好'一样简单明了，它与我们的思维和感觉有关。**好奇心不是指人们是否注意到当前所发生的事情，而是指如何对这些事情加以关注**"。

回到教具公司的例子，孩子们不喜欢新产品，并不是因为它的教辅功能有问题，也不是因为其产品说明与安装不够"孩性化"，更不是因为研发人员不了解孩子的喜好——真正的原因在于，孩子们更擅于或者喜欢在自己热爱的事物中寻找新的知识与经验。因为熟悉，所以他们觉得安全与可靠，这种安全感促使他们与某件事物建立起稳固且长久的"友谊"。同时，这种"友谊"让孩子们能够更好地发掘这些事物潜在的功用和与其兴趣的契合点，而这一点只有孩子自己才能感受到。

对于经营企业的管理者来说，企业的创新是无时不在、无处不在的，创新成为企业文化。每个人都是天生的好奇者，但人们的好奇心更加倾向于关注而非简单地注意。创造关注与引起注意有着很大的区别。比如，你走在街上，看到一个知名网红正在直播,这是注意。而如果你愿意挤过人群,近距离地观察这个网红,并打开手机拍照记录,甚至对拍出来的图片进行美化与修饰,在社交平台上分享等,这才是关注。

好奇心并不是一时的心血来潮,而是有备而来。正如鲁宾一样,她是一个充满好奇心的天文学家,但如果你仔细看她对自己工作的描述,就会发现,她的好奇心是建立在一种有计划、有准备、有习惯的注意之上的。换句话说,关注是有计划、有准备、有习惯的注意。

这正是概念时代下,所有企业家都需要学习的新知识。这项来自心理学领域的研究,能够为企业家带来成功的设计、高效的管理与丰厚的回报。正如AIBO机器狗、苹果手机等创新产品,它们不仅是技术的结晶,更是创造力的产物。通过深刻理解用户乃至整个时代的需求和情感,创造出具有高度互动性和情感共鸣的产品,企业才能在竞争中脱颖而出。这种创新不仅体现在产品功能上,还体现在用户体验、品牌价值和市场影响力上。对于企业家来说,学会培养和利用这种创造力,才能够在复杂多变的市场环境中占据有利位置,获得长久的成功。

情感化的故事力

> 每个人都有自己的故事,人人都是其个人生活的策划者。一定要倾听别人的故事。让人类生存下去的不是食物,而是故事。
>
> ——[美]丹尼尔·平克

现在,我们来做一个小测试。

在序章中,我们提到了一些有趣的话题,现在请你不要翻书,立即回答下面两个问题。

问题一:在日本有很多长寿企业,那么超过1000年的企业有多少家?

问题二:哪家企业因订单激增而供不应求,不得不在网络上发出官方通知?

事实上,除非你有过目不忘的记忆力或对数字特别敏感,否则大多数人很难回答出来第一题。然而,对于第二题,更多的人可能会给出正确答案。为什么呢?因为第一题,你回忆的是一篇文章中十分不显眼的数字;而第二题,你回想起来的则是一个关于娃哈哈的故事。

研究表明,尽管我们很想记住孤立事件,但我们的大脑更容易想起那些明星、政客、企业家的八卦故事。这并不代表我们的记忆力不够好,也不是我们太过粗心大意,这只能说明我们的大脑更偏好以某种方式工作。人类大脑的记忆主要分为两种:短期记忆和长期记忆。短期记忆是指信息在一分钟内的加工与编码;而长期记忆则是指信息经过反复强化,进入长期存储的过程。当我们遇到一件事情时,大脑首先会将信息储存在短期记忆中。如果这个信息在未来一段时间内得到反复强化,比如我们不断地回忆、思考,那么它就很容易转化为长期记忆,从而在我们大脑中形成一个较为牢固的记忆。相较而言,故事比孤立事件更容易记忆,娃哈哈的故事显然比长寿千年的企业数量更容易在我们的头脑中建立印象。就像网络上许多英语老师教我们背单词一样:一个孤立的英文单词很难记住,但老师通过联想记忆法,将一系列单词编织成一个有情节、连贯性的故事,那么你就能在很短的时间内记住更多的单词。这比逐个背诵的效率高多了,而且这些单词的记忆可以持续很长时间。

美国心理学家罗格·尚克说:"人类生来并不能很好地理解逻辑,但是能很好地理解故事。"故事力是人类经验中不可或缺的重要组成部分。在与人沟通时,我们很容易谈论到某些故事。当我们讲故事时,自己的注意力与别人的注意力都更容易被吸引和聚焦。

为什么我们对故事有如此反应呢?

首先,人类天生就更容易理解和记住故事。我们的祖先通过讲故事来传递知识和经验,这种天性至今仍然存在。故事能够以更自然和生动的方式传递信息,让我们更容易接受和记住。而且,故事能够触动我们的情感,无论是喜怒哀乐,故事中的人物和情节都能让我们产生共鸣,相互共情。这种情感联结让我们对故事更加投入和关注。

其次,故事通常具有一定的娱乐性。在人类文化中,事实是用来阐述与记录的,而故事则多用于消遣。即使是在严肃的哲学书、历史书中,故事化、隐喻性的内容也比纯粹枯燥的分析或纪实更让人爱不释手。中国的《庄子》《史记》和日本的《五轮书》

第二章 心理时代什么最重要

《菊与刀》都具备这样的特点。

最后，这与信息传递与获取方式密切相关。在今天这个信息爆炸的时代，我们能够非常轻松、低成本地获取过去需要付出巨大努力才能获得的知识和信息。只要在谷歌或者百度上打几个字，点击回车，人们就可以在电脑或手机上查看到最新的股票行情、最劲爆的体育比赛精选、最吸引人的时装秀与最完整的某个机构的成员名单。当然，如果再稍微付出一点点费用，各种报刊、影视、付费频道、学术资源、博物馆馆藏的电子出版物等海量资源就会在几秒钟之内跑到你的终端设备中来。这给人们的生活方式带来了颠覆性影响，但也因为信息的触手可及，其价值相对降低了。因此，现在越来越重要的一种能力是，把信息置于某一种情境中，使之具备某种情感冲击力，从而建构起人们对这种情境的归属感与存在感。这就是故事力的本质，即情感化的情景，连接归属感与存在感的媒介。

如同一部影视作品，无论演员阵容多么豪华，特技效果多么炫酷，导演多么出名，但如果故事编得烂、情节太牵强，让人没有代入感，那么这部影片大卖的可能性一定会大大降低。反之，就算没有出名的演员、大手笔的特效投入，或者知名导演的加盟等，但如果故事好、有趣味、有悬念、情节起伏且自然流畅，那么它也很有可能成为热门大片。多年前一部仅投资百万元的电影《疯狂的石头》，上映后票房出人意料得强劲，这就是最好的佐证。

同样的情况，也发生在文学作品、行为艺术作品、时装秀场、自由搏击赛场、足球赛、网络视频与直播带货等领域。从严格意义上讲，在人类生活的任何一个领域，故事都能发挥其巨大价值。心理学教授杰弗里·科恩在其著作《归属感：建立联系和弥合分歧的科学》一书中，第一章的标题就开宗明义地写道"情境的潜力：情境如何塑造我们，我们如何改变情境"。当你翻看整本书后，会发现，即便是这样一部心理学学术专著，里面也处处充斥着实验故事。

唐纳德·诺曼在《那些让我们变聪明的本事》(*Things That Make Us Smart*) 一书中说道："故事力能够精确地捕捉到正式决策方法忽略的因素。逻辑能力着重于归纳和演绎，通常需要脱离特定的情境，不带任何主观因素来做出决策。然而，故事力能够捕捉情境和感受，这是一种关键的认知行为，它能够对信息、知识、情境和感受进行整合。"正如我们所看到的那样，人工智能日益繁荣，与各类生活应用交互渗透，大量常规工作被精简成简便的规则，人们的工作场所与工作方式也因为信息化、网络化、移动化而改变；传统的组织管理模式正在瓦解，传统的组织连接方式也在迅速变迁。人类的整体财富在提高，但也开始面临幸福拐点的挑战。故事力的价值愈发凸显，我们需要故事力，我们需要设计故事、创造故事、传播故事——无论是自己的故事还是别人的故事；无论是一个文明的故事，还是另一个文明的故事。

当然，对于企业家群体来说，故事力更是相当重要的必修课。企业自身、企业的产品、企业的服务与营销都需要更加强大的故事来传递价值主张。很多百年老铺都是讲故事的高手。但需

第二章 心理时代什么最重要

要注意的是,这里说的"讲故事的高手"是懂得把事实转化为吸引人的故事的能力,而不是编造不实的剧情。这两者有本质的区别。我们提到的故事力是真材实料的情境创造力,而不是坑蒙拐骗的撒谎术。我们可以通过一个做食品的百年老铺的案例,来体验一下故事力的魅力。

森永制果创立于1899年,总部位于东京都港区,是日本有名的食品制造厂,森永制果和森永乳业是兄弟公司,二者组成了"森永集团"。公司创立不久,森永便邀请松琦半三郎作为合作伙伴共同打理公司业务,从此,森永家和松琦家交替担任社长,这个习惯一直沿袭至今。(与众不同的创始人轮值制度的故事。)

森永制果的创始人森永太一郎于1865年出生在日本佐贺县伊万里市,家中经营一家有田烧①陶器店。6岁时,他的父亲病逝,太一郎便离开母亲被送到亲戚家抚养,一直未曾上学,到12岁都不会写自己的名字,经常被同伴欺负。后来,他前往美国学习制作洋果子。转眼12年过去,1899年,太一郎抱着"想让日本人也能吃到既美味又营养的洋果子"的想法回到日本,在东京赤坂溜池开了一家名为"森永西洋果子制造所"的小店,开始制作洋果子。这家只有2平方米的小店,便是森永制果的前身。(草根创业的故事。)

当时的日本对洋果子的认可度不高,但太一郎没有放弃,开发了很多新产品。功夫不负有心人,之后洋果子终于得到了大家

---

① 有田烧是指在日本佐贺县有田町及其周边地区生产的瓷器。

的认可。后来，太一郎便邀请松琦半三郎参与经营，在二人的努力下，森永制果逐渐壮大起来。为了让更多人能吃到美味又健康的洋果子，必须扩大生产。于是，他们从海外引进了最先进的机器，力争实现洋果子制造现代化。（从粗放走向精细的故事。）

1905年，森永制果为了同低品质的相似商品区别开，推出了象征"美味、快乐、健康"的天使商标。这一商标的灵感源自创业初期，店内的代表商品棉花糖的别称——天使的食物。而且，森永将所有产品都进行独立包装，这样虽然会增加成本，但确保了产品品质，客人吃着更放心，这一形式沿袭至今。这种对品质的极致追求也成为森永制果的品牌信念。（品牌故事。）

1914年，为了向日本人推广营养价值高的牛奶太妃糖，森永制果在味道上进行了改良，并尝试了很多种包装设计，以使其产品既便宜又便于携带。如今，牛奶太妃糖成为森永制果最受欢迎的产品之一。1918年，森永制果生产了日本第一块国产牛奶巧克力，并投入量产。（包装改良故事与细分市场第一企的故事。）

此外，森永制果在员工待遇和企业文化方面也走在时代前沿。1904年，森永制果为员工定制了制服。1919年，公司引入8小时劳动制，在职场环境整治方面成为业界先驱。森永制果非常重视员工培训，实行"月薪+福利"制度，强化卫生管理，巩固经营者的主导地位。公司还大量投入广告宣传，利用新闻广告、大型海报、音乐宣传等多种创新方式提升公司及产品的知名度。（综合管理质量保障的故事。）

1923年关东大地震时，森永制果本部和芝田町、大崎两家工厂幸运地未受损害。森永太一郎和松崎半三郎连夜召集公司管理人员,决定举全司之力进行救灾活动。次日清晨 6 点,公司组织救援队前往日比谷公园和芝公园两大紧急避难所,为避难群众发放小饼干和太妃糖,随后源源不断地免费提供炼乳、牛奶、各种点心和大米。森永制果还打出一则温暖人心的广告——"如果你有困难,请来森永制果,我们会为你提供牛奶"。这则广告不是为了宣传,而是为了赈灾。在地震发生后的一周内,森永制果为 30 万人提供了牛奶,捐赠的物资有饼干、糖果等 6 万袋、大米 87 石 8 斗(约 13 170 千克)、小罐炼乳 1.5 万罐。之后,还将整卡车的面包圈分发给在日比谷公园和芝公园避难的群众,并给婴幼儿提供免费的奶粉,向政府捐赠大米并配合发放。(公益、社会责任的故事。)

1928 年,在零售商店崛起的背景下,森永制果也开设了直营零售店,且每家店都由公司指派促销员。从此,森永制果走上了生产销售一体化道路,并逐渐发展壮大。(走向规模化的故事。)

森永太一郎少年时期颠沛流离,辗转被寄养于亲戚家中,万幸的是,正是这些经历,对太一郎创业者精神的形成起到了至关重要的作用。森永太一郎曾被寄养在经营陶器店的叔父山崎文左卫门家中,那时叔父经常向他灌输商业道德。叔父曾对他说:"如果你将来想从商,就必须遵守以下四点。第一,无论什么时候,都要卖且只能卖正当的商品。第二,不要只顾眼前的利益而忽略商品的质量。第三,不要随意降低物有所值的产品的价格。

第四,事业上切勿急躁,要以10年为一个目标,脚踏实地地走好每一步。"(企业家精神的故事。)

太一郎始终将叔父传授的这四点铭记于心,并付诸实践。太一郎在叔父的教导下长大,是叔父给了他学习的机会。太一郎深知学习机会的珍贵,因此全力以赴地投入工作和学习中。1888年,年仅23岁的太一郎已经成为一名能够独当一面的商人。在一个偶然的契机下,太一郎决定将九谷烧带到美国销售。尽管当时美国对黄种人存在严重的种族歧视,但太一郎依然决定冒险一试。这个决定看似荒唐,但正是这个荒唐的决定,让太一郎从一名陶器商一跃成为"东洋的制果王"。(传承的故事)

以上就是森永制果这家百年老铺的发展历程,现在我们将其中的故事总结提取出来。

- 与众不同的创始人轮值制度的故事
- 草根创业的故事
- 从粗放走向精细的故事
- 品牌故事
- 包装改良故事与细分市场第一企的故事
- 综合管理质量保障的故事
- 公益、社会责任的故事
- 走向规模化的故事
- 企业家精神的故事
- 传承的故事

我们学习到了什么呢？

第一，百年老铺一定会有上述这些故事的发生，并且不局限于此。总之，企业的发展历程就是一部故事史。

第二，如果只是看上面的总结，你一定不会有什么深刻的感受，因为在教科书或商业案例中都有过类似的理论表述。但你之所以印象深刻，是因为这些条目后面都有着一段鲜活的故事。故事引发了我们的回忆，引发了我们的同理心，引发了我们的想象，也引发了我们对自己企业历程中点点滴滴的思考。

第三，无论是企业家还是企业本身，在处理具体事务时，必须秉持一定的信念或价值观，且不仅限于关注企业内部事务。更关键的是，要将企业置于更广阔的外部环境之中，成为那条在海洋中游弋的美丽的鱼，与周围环境和谐共存。

深入他人的共情力

> 你永远也不可能真正了解一个人，除非你穿上他的鞋子走来走去，站在他的角度考虑问题。
>
> ——［美］哈珀·李

如果你在路上看到一个小朋友在哭，你会做什么？

30年前，萨提亚·纳德拉在微软公司面试，一位面试经理问他这个问题。萨提亚的回答是："我会叫警察。"经理对他说："你需要培养自己的同理心——在路上看到一个小孩哭，你应该做的第一件事是把他抱起来。"

这场面试改变了萨提亚一生的命运。进入微软后，萨提亚用22年的时间做到了这家科技巨头公司的首席执行官，并被认为是微软最聪明的工程师之一。他上任后第三年，微软市值翻番，达到了17年来的历史新高。萨提亚认为，自己取得的成绩很大程度上要归功于同理心。他在员工大会上不止一次讲过这件事，提醒大家掌握工具和信息时，怎么能够设身处地地为用户着想。

萨提亚用同理心刷新了微软的企业文化，他与比尔·盖茨最大的不同之处是，盖茨不是那种会说"嘿，做得好"的人，他经常说"我来讲讲你们今天做错的20件事情"；而萨提亚则是"在烂泥潭里发现玫瑰花瓣"的鼓励者。这就是同理心的力量。萨提亚曾说："对于合作和建立关系来说，感知别人的想法和感受是一种至关重要的能力。"

无论是微软首席执行官萨提亚，还是星巴克的首席执行官舒尔茨，或是森永制果的创始人森永太一郎，他们都有一个共同的宝贵品质：同理心，也叫作"共情力"。

共情力，指的是能够设身处地地理解和体验他人的情感和心理状态的能力。研究发现，一岁的孩子就能感受到别人的痛苦而去安慰他人，两岁半的孩子就能猜测别人的心理。共情力是我们社会关系的基础，是道德的心理基础，也是文明的象征。能够理解别人的感受，人就有了自知之明与自控之心，能够自觉控制自己的欲望冲动和本能。有了这样的能力，人的道德心随之而来，就能自觉做到"己所不欲，勿施于人"。这就是共情力的价值，它是良知的基础。

共情力是一种深入他人思想与立场的能力,这种能力可以帮助我们从他人的角度体验不同的世界。这些年,我们(彭凯平与后藤俊夫)接触到许多企业家与创业者。我们发现,这一类人群有一个比较明显的特点,就是"强自我"。"自我"这个概念对人们来说并不陌生,就算你不知道它的心理学定义,但从生活常识角度也知道它指的是什么。但是,最新的对自我的认知观念可能会出乎大多数人的意料。斯坦福大学商学院教授、美国社会心理学家布莱恩·洛厄里在其新书《无我:社会如何塑造"你"》(*Selfless: The Social Greation of "You"*)中认为,我们所知道的"自我",即"你头脑中的声音",实际上是一种社会建构,它是经由我们的人际关系和社会互动被创造出来的。我们之所以是独一无二的,是因为我们个人的关系模式是独一无二的。我们之所以改变,是因为我们的关系改变了。我们的自我不只是我们自己,它与我们周围的关系与互动紧密相连。洛厄里特别用书名中的"Selfless"(无我)来表达他对自我的观点。

在一个更加多元与复杂的社会里,关系模式比以往任何时候都更加重要。这就与共情力有了紧密的联系。如果我们缺少共情能力,那在这样复杂的关系中,我们又将如何立足呢?自我固然需要,但过于强烈的自我意识就容易把周围的情境拉入自我的小圈子中,会影响我们共情外界、发现事实、感受情感和表达沟通等。一个强自我的人最典型的特征就是"听不进别人的话"。其实,这背后的心理机制是"听不到别人的话"。听不进别人的话,意味着至少有一个听到但不同意的认知加工过程；听不到则代表别人说了什么根本没走脑子，也就是根本没有进入认知加工的过程。这是一种潜意识的信息干扰与排除的心理机制。强自我的人这种信息干扰与排除的心理机制比较敏感，所以，会自然而然地把那些不在自己认知范围内的信息过滤掉。这非常不利于建立共情力，更容易破坏人与人的沟通，更不要说建立良好的情绪价值关系了。

也有一些观点认为，共情与共情力并不一样。共情是人的一种天性，不需要学习就能获得；而共情力是一种能力，需要经过社会学习与锻炼才能形成。天性与能力当然是两个不同的内容，所以，这种观点我们也是赞同的。我们认为更恰当的表述是：共情力是一种能力，它有先天的基础，但需要后天不断地强化学习。共情力不同于人类天性中那种自然流露的同情或惋惜，而是要与他人产生共鸣。共情力是一种假想性的行为，是虚拟现实的最高境界。

共情力也是解决冲突的入口。心理学家发现，无论在人际交往中发生什么问题，只要你将心比心，尽量了解并重视他人的想法，就有可能找到问题的解决方法。尤其在与他人发生冲突和误解时，当事人如果能够把自己放在对方的处境中想一想，或许就可以了解对方的立场和初衷，进而求同存异、消除误会。有了共情力，我们将不会处处挑剔他人，抱怨、苛责、嘲笑、讥讽也会大大减少，取而代之的是赞赏、鼓励、谅解、扶持。这样一来，人与人的相处就变得愉快、和谐。在未来，人工智能可能取代很多人的工作，但拥有共情力的人，必能以出色的沟通和斡旋的能力，在竞争中获得不可取代的优势。

共情力的形成是人类社会化的一个重要环节，而社会化是一个人发展与成功的前提。研究表明，共情力较强的孩子更善于解决问题，且往往表现出积极的社会行为，如互相分享、互相帮助等。而共情力较差的孩子则倾向于出现反常的、不可控的激进行为。美国杜克大学和宾夕法尼亚州立大学曾经针对共情力做了一项持续20年的研究，他们跟踪和记录了750个孩子的成长过程，发现在幼儿时期就更有共情力的孩子，成年后大多考入了一流学校，顺利毕业，并且获得了较好的工作。

心理学家发现，人类大脑中有两种不同的共情机制："情感共情力"和"理性共情力"。情感共情力是在感受到他人情绪时产生的。情感共情力丰富的人观看恐怖电影时会感到恐惧，看到悲伤场景也会忍不住流泪。理性共情力，则侧重于对他人情绪状态的推断和理解，而不必然伴随着情绪的直接体验。理性共情力使个体能够客观地理解和评估他人的情绪状态，未必要亲自经历这些情绪。实证研究发现，强劲的领导者的理性共情力往往较高，而其情感共情力相对较低。

这两种共情力都可以为我们的生活赋予意义，但如果使用不当，它们也会造成很大的伤害，导致我们陷入共情力的陷阱，无法帮助到那些真正需要帮助的人。社会心理学家丹尼尔·巴特森曾做过一个实验：一个名叫谢里·萨默斯的10岁女孩患有一种致命疾病，医生将谢里列入了一个等待名单，等待一种可以减轻她的痛苦并有可能延长她生命的治疗方法。

想象一下这种感觉,以及它将如何影响谢里的生活。如果你有机会把她排到名单的第一位,让她不再等待,你会怎么做?

在实验的被试被告知这个(虚构的)故事后,他们的共情力被激发了,3/4的人都把她从名单上前移,好让她能更早地接受治疗。然而,这样做意味着名单上本来排在她前面的每一个孩子都要等待更长的时间,其中许多人的情况可能比她更紧急。

这就是心理学家所说的"可识别受害者效应",指的是当受害者变得具体且可辨认时,人们提供帮助的行为就会增加。尽管需要帮助的人很多,但是人们经常着迷于具体的、可辨别的受害者信息。简单来讲,我们会对一个不幸的人充满怜悯,却对一堆需要帮助的数字无动于衷。

生活中,我们会把大部分共情力用在亲近的人身上。选择性地使用共情力可能会被视作袒护行为。在美国西北大学凯洛格商学院管理与组织副教授亚当·韦茨与芝加哥大学教授尼古拉斯·艾普利合作的研究中,研究者考察了参与者如何对待恐怖分子这一社会评价极为负面的边缘群体。他们将参与者分成两组,一组参与者与朋友坐在一起,从而激发共情力;另一组参与者与陌生人坐在一起。

对恐怖分子进行描述后,研究人员询问参与者在多大程度上同意将恐怖分子视为次等人并对其实施水刑,以及是否愿意对其进行电击。结果显示,与朋友坐在一起的参与者,明显更愿意对恐怖分子进行惩罚。

研究人员表示："虽然这项研究中的情境较为极端，但生活中常有类似现象。"我们对下属和同事的同情，可能会激发对他人的攻击性。更常见的是，内部人根本不想对外人怀有共情力，对"自己人"的共情力可能损害一视同仁的公正心，从而使我们失去跨部门或跨组织的合作机会。

那么，企业家该如何明智地使用共情力呢？

第一，学会换位思维。比如，建立一个跨文化沟通的机制，了解员工、合作伙伴和客户的真实感受和需求，并及时调整管理和服务策略，求同存异。

第二，建立情绪价值感。"喜怒哀乐愁，欢仇悲欣忧"是全人类共通的情感。共情力并不是要企业家迎合别人的情感，而是能够理解和尊重别人的情感，在处理问题或做出决定时，充分考虑到别人的感受以及这种感受可能引起的后果。

第三，勇于表达自己的感受。共情力并非单向的，它需要双方的互动才能实现，所以能让别人理解自己也很重要。千万不要认为让别人理解自己就是对方的共情力，而非自己的共情力——这就是理解不到位了。注意，"让别人理解自己"强调的是"让别人"，所以，能做到让别人理解自己正是个体共情力的体现。

事实上，这种共情沟通的能力，是每个人成功的软实力，且不仅限于企业家。一个人、一个地区，甚至一个国家，最重要且最稳定的影响力就是感动、感化、感召他人的能力，绝不是吓唬、震慑、强迫他人的能力。

另外，培养共情力还不可缺少文学与艺术的熏陶。法国著名作家罗曼·罗兰曾经说过："艺术的伟大意义，基本上在于它能显示人的真正感情、内心生活的奥秘和纷繁的世界。"理解这种情感、行为和社会生活，能够潜移默化地提升我们的共情力。在企业中植入艺术审美不仅是为了提高公司员工的文化水平，更重要的是提升员工的共情力，从而培养员工的社会责任与情绪价值。很多企业不太注重企业形象识别（VI）和企业文化识别（CI）的重要性，即便有，也往往流于形式，这都是不可取的。没有认识到共情力在企业文化建设中的科学心理学作用。一个充满自然艺术气息的工作场所，会让人感到舒服，而感到舒服或不舒服是人类情绪价值中最基本的心理动机。

跨越时代的设计感

> 当我在解决一个问题时，我从不考虑美感，但当我完成后，如果解决方案不美，我就知道它是错的。
>
> ——［美］巴克敏斯特·富勒

"一切都是经过设计的，"美国艺术中心设计学院理查德·科萨莱科说，"设计师就是未来的炼金师。"在概念时代，一个国家的繁荣与个人的幸福在很大程度上取决于其艺术发展水平。这里包括艺术内容、艺术表现、艺术氛围、艺术家与艺术传播等，归结起来就是一种丰厚的艺术文化。某种程度上，高数据与高感性最直接也最有魅力的表现形式就是通过艺术。

艺术家与设计师有着很大的不同：一位艺术家有可能不懂设计，但一位设计师一定懂艺术。所以，我们没有将"艺术感"作为概念时代的基本要素，而是选择了"设计感"。因为设计感更加直接作用于我们的具体生活场景，生活中的一切都需要设计，也必须设计。

人们往往把设计看成一种装饰工作或者美化工作。与设计所服务的工作内容本身相比，设计不过是一种辅助行为。这是大错特错的。设计相当重要，甚至可以成就一家百年老铺，并成为企业的长寿基因。

在日本，有一家与众不同的公司，它的名字叫"雅马哈"。这家公司创立于 1887 年，是一家非常奇特的百年老铺。雅马哈的员工异常勤奋且脑洞大开，他们精通乐器、摩托车、音响、厨房用品、木艺、建筑、高尔夫球配件……因此雅马哈在这些领域总能做到世界领先水平。这家公司目前是全世界最大的乐器领域制造商，也是设计发动机最强的企业。在视听产品、信息技术、新媒体业务、家具、汽车配件、特种金属、音乐教育以及度假村等商业领域，雅马哈也一直处于世界领先地位。当然，除了上述这些，雅马哈还生产全球车迷为之疯狂的摩托车。

和其他品牌不同，雅马哈是一家起家于设计的公司，公司标志是三只交错排布的音叉，很多人说它象征着用音叉连接音乐与机器。其实，这个标志不只是简单的物与物的连接，它更多地反映了人心与美的连接。雅马哈最著名的企业座右铭是"和世界人民一起创造感动",并且将其作为公司的长期目标。在公司创立伊始,他们就是通过设计来实现这个理想的。

雅马哈的公司创始人山叶寅楠("山叶"英文译为"YAMAHA",雅马哈是其英文的中文音译)出生在日本滨松这个小小的县城。但这个小县城相当具有传奇色彩,大名鼎鼎的本田公司创始人本田宗一郎和铃木摩托车创始人铃木道雄都来自这里,而本田、雅马哈、铃木也是目前日本排名前三名的摩托车制造与销售企业。

山叶寅楠从年轻时就熟悉西方的科学技术,他最初以修理医疗设备为主业。有一天,一台风琴坏了,山叶心想:"我连高端的医疗设备都能修,要不我也试试修风琴?"一来二去,风琴修好了,山叶也掌握了风琴的结构和发声原理。出于对行业前景和自身能力的绝对自信,1887年,山叶寅楠创建了雅马哈风琴公司。不久,察觉到日本民众的娱乐需求,他带领研发人员开始研制电子琴。1900年,公司又生产出日本第一台钢琴,并得到了海外消费者的认可。此后不久,整个日本就不再从国外进口钢琴了。

随着公司的发展,雅马哈凭借其一直秉承的前沿技术、卓越设计和精湛工艺,在更广范围内的产品和服务领域进行了多元化投资。与很多坚守某个行业的老铺不同的是,雅马哈从创立之初就不停地创新并涉足不同领域。20世纪50年代,日本政府委托雅马哈为其维修飞机螺旋桨,修好之后雅马哈就借了一台飞机发动机来进行测试,但是这个发动机总是出故障。多次维修后,雅马哈公司的技术人员终于掌握了发动机制造技术。有了发动机这个核心部件的研发能力，雅马哈便开始设计生产摩托车。

那么，一家以乐器制造闻名的公司，如何迅速进入摩托车市场，又快又好地做出有竞争力的产品呢？

事实上，日本公司起家很多是从模仿开始，雅马哈也不例外。不过，雅马哈做的是"设计式模仿"。当时，雅马哈选择了当时全世界评价极高、制作工艺精湛的德国大众公司的名车"RT125"作为模仿对象。但在实际制造过程中，雅马哈在模仿的基础上对摩托车进行了更优越的性能提升，包括将引擎从三段变速提升至四段变速，将控制踏板和脚踩启动踏板同轴化。这样，就算在切断离合器的情况下，无论变速齿轮在哪个位置都可以发动引擎。历经无数次的实验失败，雅马哈最终成功完成了新轴轮的开发。

全世界都知道雅马哈的工程师是一群"疯子"，而是他们的老板也是一个更疯狂并且执着的"疯子"。

仅仅 8 个月，名为"红蜻蜓"的雅马哈摩托车就问世了。当时，日本的摩托车根本不注重外观和设计，都采用黑漆漆的颜色。但是，雅马哈公司特别强调设计和美感，着力打造了外形符合空气动力学的油箱，整车造型紧凑简洁。雅马哈将制作钢琴和家具时注重的美感、舒适性和个性等设计理念融入摩托车中，赋予了这些钢铁机器以生命。在竞争激烈的市场上，雅马哈从来不打价格战，而是忠于自己的内心，为人们创造感动，并且用实力来说服市场。这个观念成为这家公司百年来不变的企业内涵：

"我就是我,我不接受动力被随意阉割,不接受作品被随意更改,即使你不让我卖!"

雅马哈之所以能长盛不衰,核心就在于其精湛的技术、强大的学习能力、创新能力与卓越强大的设计能力。其中,设计能力是雅马哈最为重视的,因为他们坚信,任何技术和创新都必须通过能让人产生感动的设计体现。事实上,在全球范围内,大多数车厂里的设计师和工程师的思维都截然不同,并且互相看不上彼此。有些品牌可能设计师占据主要话语权,比如 PSA 集团;有些品牌可能工程师拥有主要话语权,比如雪佛兰。无论哪方占主导,最终推出的产品一定是有偏向的。但是在雅马哈,即使是工程师也非常注重设计和审美,每个人都力求让摩托车手能享受摩托车的美,这个美既包含性能又包含外观。强大的性能和独特纯美的外观,让雅马哈在全球市场上独树一帜。这种精神也造就了商业时代中一股清流:不完全向市场妥协,坚守内心的执着。

雅马哈的故事让我们很受启发。就本质而言,设计感是人类的一种积极天性。它代表着人类以史无前例的方式塑造和改善我们所处的环境,以满足自身需求,并使生活充满意义。设计感是一种跨时代的思维,也是概念时代最重要的品质之一。它是实用性与意义感的结合,是艺术创作与工艺技术的融合,是审美与创造力的统一,也是同理心与行动力的知行合一。

在对人类积极天性的研究中,我一直提倡"ACE+"理论。A 是 Aesthetic(审美感),能够看到别人看不到的东西,领悟别人领悟不到的东西;C 是 Creative(创造力),能够分析问题、解决问题和创造新概念新事物；E 是 Empathic（共情力），能够敏锐地感受并影响其他人的感情。这三项能力组合起来就是人类认识世界、参与世界、理解世界的全部内容。而"+"代表着以 ACE 为基础的人类其他品格优势与美德的补充，如人道、公正、谦卑、审慎、感恩等。我认为在概念时代，"ACE+"理论有着无可估量的价值。我们之前介绍了概念时代 6 个基本要素中的"创造力""共情力"，而本节的"设计感"也相当于"审美力"了。那么这三个根本要素之间的关系又是如何呢？

先来说审美感。从生物学角度，当一个人刚刚出生时，他还无法建构起概念与内容的思维范畴，只能通过基本的感官去接触世界，包括用眼睛看物、耳朵听声、鼻子舌头闻尝味道，还有用触觉感知环境等。这些感官刺激了大脑中相应的神经元，从而让我们能够建立起对环境和人（包括自己）的最初印象，这属于生存的最低要求。

哲学意义上的审美并非简单的美丑判断，而是一种基于生存的生物自然选择偏好。美，首先意味着"活下去的更好选择"，或者更有利于"存在"。甜的、红彤彤的苹果意味着成熟的果实，直觉上这种成熟的果实对生存更有利。又小又涩的青苹果，是不成熟的果实，让人没有想吃的欲望。于是在原始的意识中，形成了青苹果不如红苹果"好吃"的概念。事实上，这种偏好是生物天性中趋利避害的自然反射，是"活下去的更好选择"。同理，高大坚硬的物品会让人感觉安全，因为这意味着可以躲避或攻击野兽；窄小封闭的空间会让人感觉安全，因为可以用藏匿的方式达成类似的生存目的。这是人类对于生存安全感的自然反射。

审美，在最初就是这种东西。美，首先是让人们产生安全感，这种美会让人不自觉地在心理上产生亲近感。随着时间的推移，这些与生存和繁衍紧密相关的"安全感"逐渐发展为对美丽、性感、结实、健壮等生活特征的审美评价。所以，审美首先是生存选择，其次才是生活品位。而能够把最美好的事物表现出来的，唯有艺术与设计。

接下来是共情力。人们与世界的接触有两种方式：第一，信息以最直观的感官体验进入我们的情绪与心灵，让我们产生舒服或不舒服的判断；第二，信息经过大脑的理性加工与学习，形成知识与经验。无论是哪种方式，想要达成人与世界的客观交互，就需要进入人类的情境生活，也就需要共情。所以，共情体现了一种人类经验与情感的参与，是对事物现象、规律的情感投射与反馈。因此，"共情"也被称为"同理心"。这意味着，当我们走过最初的单纯认识世界、简单参与世界的阶段后，一定会对这个世界的本质构成、运行规律、人在世界中的身份定位、人与世界应该具备什么样的关系产生新的好奇。这种好奇仅仅通过审美感已经不能满足，它需要一种新的能力来激活，这就是共情力。我们会为基于经验认知的世界赋予某种情感归属与确定性；为我们经验到达不了，但意识可以到达的不确定赋予某种逻辑；为我们无论是经验还是意识都不能确定又特别想确定的未知赋予信仰。于是科学、哲学、宗教成为人们共情这个世界的几个关键领域，并且反过来又指导了这几个领域对世界更深一步的审美。

接下来是创造力。人们获得生存基础与情感共鸣后，势必开始建立起与世界的对话，这种对话集中体现在创造力上，这也是人的自然天性。创造力是人类参与世界、改造世界的能力。通过与世界上万事万物产生直接或间接的作用关系而达成某种期望。人与世界要产生关系、获得参与感和学习新事物，就必须运用一种与审美、共情都有所不同的工具，那就是创造力。因此，创造力很棒，是人类参与世界的核心和基础能力，一个缺乏创造力的人是无法很好地参与世界的。而创造力的发挥离不开审美感和共情力的加持，换句话说，当一个人根本意识不到这个世界的丰富内涵时，又何谈更好地参与呢？事实上，不管是一个专注完成滑冰练习的 10 岁儿童，还是一个刚接到大学录取通知书的 18 岁少女，或者一个 35 岁拿到博士毕业证的青年人，又或者一位 60 岁仍然奋斗在商场前线的企业家，本质上都是人们在 ACE 上不断认识自己、创造自己、突破自己，不断寻求人生意义与价值。

今天，概念时代对设计感及它的伙伴们提出了更高的要求。第一，随着经济繁荣和技术进步，优秀的设计频出，吸引了人们更多的关注，人们需要挖掘新的乐趣和关注点；第二，在一个物质大丰富、数据大暴涨的时代，设计感对于大部分现代组织与企业而言都如生命线一样重要，是让公司脱颖而出的关键，需要企业家和管理者给予更多重视；第三，随着尊重和自我实现需求的增加，任何产品与服务在更专业的同时，还需要传递情绪与审美价值，设计感是完成这一任务的最好帮手；第四，设计感是个人审美、社会审美及文化审美的核心载体，我们需要通过设计感发现美、欣赏美、创造美，帮助人们个人提升心理健康感，让社会环境更美好。

意义至上

> 人，能够为了自己的理想和价值而活，甚至为此付出生命。
>
> ——［奥］维克多·弗兰克尔

公元前 399 年，雅典。

在一个阴暗坚固的牢狱中，苏格拉底庄重地坐在床上，亲人和弟子们分列两旁。牢门半开，门缝中射进一束阳光，投射在这个老人的身上。苏格拉底裸露着瘦弱的身子，但是仍然高举有力的左手继续向弟子们阐述自己的见解和观点，同时镇静地伸出右手从弟子手中接过毒药杯。死亡面前毫无畏惧的坚强意志感染着弟子们，他们静静地聆听着老师的演讲……

今天，人们在看到法国画家雅克·大卫的这幅《苏格拉底之死》的画时，一定会想象当年那个悲伤的场面。我去过美国的大都会艺术博物馆，看到过这幅收藏在其中的名画，也从自己的角度猜测过两千多年前在阴暗牢房里行将赴死的苏格拉底的心情，当然还有那些忠心耿耿的学生们的心情。

苏格拉底，是古希腊最卓越的哲学家。按照通常的说法，苏格拉底是因为主张无神论和言论自由，而被以藐视宗教、引进新神、腐化青年和反对民主的罪名判处死刑。在整个审判过程中，其实苏格拉底是有机会活下来的。按照当时雅典法律规定，就算判了死刑，如果愿意出罚款就可以抵刑。苏格拉底虽然没有什么钱，但他的学生中不乏大富翁，都愿意为老师出钱。然而苏格拉底拒绝了。他给出了一个陪审团无法接受的低价，还认为即便是这些钱也不应该出，因为他对启迪雅典民众智慧有贡献，不应该受罚。在最后一次辩护时，苏格拉底在法庭上慷慨陈词，一一驳斥了所有的指控，最终被判毒酒一杯。苏格拉底入狱后，他的学生买通了看守，但是苏格拉底拒绝出逃，坚决不愿意违反法律。在正义与死亡之间，他选择了前者。

我曾经无数次想象，如果当时苏格拉底跑掉了会是什么样的情景？但最让我投入其中的问题，是苏格拉底为什么不跑？他以生命为代价所追求的除了他坚守的真理，还有没有其他什么东西？

答案是意义感。

启迪人们的智慧是正义的，遵守法律也是正义的；慷慨赴死是正义的，宣扬理性也是正义的。在苏格拉底一次次接近死亡的时候，也正是他一次次接近自己一生所追求的真理与正义的关口。正是意义感支撑着苏格拉底面对死亡的一颗大无畏的心灵。

哲学一直是探讨生命意义的核心领域，自20世纪中期起，随着生命意义理论和实证研究的蓬勃发展，研究逐渐不以"哲学风格"为重心，从强调"存在即意义"的存在主义流派、关注

"自我实现"的人格与动机取向,到"信念产生的过程将指引意义"的相对主义观点,再到"积极地寻觅意义"的积极心理学取向,逐步完成了"心理学化"的过程。

心理学家乔治和帕克在 2016 年的一项研究中提出,生命意义的概念由三部分组成。

第一,理解力,即人们感知自己生活连贯性和理解性的程度。

第二,目的,即人们体验生活受有价值的目标引导和激励的程度。

第三,重要性,即人们认为自己的存在对世界来说是重要的和有价值的程度。

理解力、目的和重要性是三个密切相关的概念,它们共同构成了生活的意义。同时,它们也受到事物现状和事物应该如何的意义框架或思想体系的影响,这些框架可以通过意义维护或意义创造的过程来改变、废弃或替换。

哲学家尼采说:"一个人知道自己为什么而活,就可以忍受任何一种生活。"大量积极心理学相关研究证明,相信自己的生活有意义的人更快乐,生活满意度更高,工作更投入,有更好的免疫系统和压力缓冲能力,并且总体上寿命更长。研究人员还发现,一个人能够做出贡献或做出改变时,就会感觉自己很重要。因此,心理学家更倾向于将"意义"这个词分解为"体验优势"和"行为如何改变生活"两个部分。这意味着,一方面,我们以思想和概念的形式寻求意义。我们制作故事、理论和公式来理解我们的生活和所处的世界。另一方面，我们通过新的体验和感觉来获得意义，这些体验和感觉帮助我们从平凡的日常生活中感到清爽、振奋人心和解放。这两种方式的不同特征绝不是随意的，而是可以追溯到两个大脑半球的运作和方向的差异。

目前认为，左脑是通过言语和结构来表达意义，右脑是通过经验和情感获得意义。丹尼尔·平克在《全新思维》一书中用了大量篇幅强调概念时代情绪脑的巨大价值。但我们认为，高数据化为左脑的言语和结构意义提供了更大的空间，高感性化为右脑的经验与情感意义提供了更大的空间。所以，两个大脑半球对于有意义的生活都是不可或缺的。而且，它们的对比与交互很可能使生活更有意义，特别是在概念时代二者被恰当的平衡和整合时。

今天，蓬勃的心理学发展越来越关注意义创造，以及人们减轻痛苦、从压力事件中恢复的过程。整体意义、情境意义、评价意义、压力意义、意义活动的内在动机都是心理学对意义探索的方向。

特别需要提出的是，同化与适应理论认为，当个体改变情境意义以使其更符合普世意义时，他们使用的就是同化机制。而当个体改变他们的普世意义，为这种不"符合"他们当前理解的新情况腾出空间时，他们使用的就是适应。这个理论被广泛应用于组织管理与企业文化建设上。以企业的经营管理为例，为企业寻找到符合普世价值观的目的与行动方案就是一种与世界节奏同频的过程。它既包括了企业主动地靠近社会普世的价值观，也包括企业因对社会的理解而塑造的自己的文化性格。

日本经营之圣稻盛和夫经过毕生探索后，在其《活法》一书中给出了他对意义的看法："在我们稍纵即逝的人生中，我们的灵魂在终结时的价值必须高于降生时的价值，这才是我们生存的意义和目的。"

稻盛和夫说自己小时候不是很聪明，家里也不富裕，从中学开始，他就帮助家里卖纸袋，但是起初销量并不好。他发现自己每次走的地方差不多，覆盖范围有限，于是决定把鹿儿岛市分成七块，每天跑一块，最后占领了整个鹿儿岛市场。

大学毕业后他去了一家公司，但不久后公司因经营不善面临倒闭，于是他专心致志地钻研，最终发明了新型镁橄榄石陶瓷，为公司带来了松下的大订单，他自己也因此小有名气。后来他创办了京都陶瓷株式会社，在企业经营中他不断地思考：开办企业到底为了什么？从最开始的发扬自己技术的利己之心，到为了员工和社会的利他之心，公司开始飞速发展。

对于稻盛和夫来说，他一生经营了两家世界500强企业，但是他自己并不骄傲，反而认为这只是肉身做出的，对自己的灵魂没有意义，于是出家当了和尚，去洁净和提升自己的灵魂。最终他进入了一个更高的境界，开悟了，将自己一生的经营心得和人生体会整理出来，结合中华文化的思想，创立了"稻盛哲学"。

他接受日本首相的邀请，只身一人，凭借"稻盛哲学"前去拯救破产的日航，在所有人都觉得不可能的时候，只用了424天就把日航扭亏为盈，而且盈利1800亿日元。1997年的时候，稻盛和夫准备退休，却被诊断出患了癌症。他毫不在意，对医生说："谢谢你，确认了就好，我还有应酬！"说完就走了，下午去给企业家做演讲，晚上还一起吃饭喝酒，很晚才回家。结果两天后，他宣布了两件事震惊了全日本，第一就是把自己在公司的200多亿股份全部分给员工，第二就是彻底皈依佛门。

全球有很多企业家把稻盛和夫看成自己的导师，而用他自己的话来说归根结底就是"人生要为意义而活"。和2500多年前的苏格拉底一样，作为企业管理哲学家的稻盛和夫也用意义来坦然面对生死。

著名作家列夫·托尔斯泰说过："生命的唯一意义就是为人类服务。"维克托·弗兰克尔说过："生命的意义因人而异，因日而异，因时而异。因此，我们不是问生命的一般意义为何，而是问在一个人存在的某一时刻中的特殊的生命意义为何。"所以，无论我们在哪里找到目标和满足感，我们真正找到的最重要、最赋予生命价值和最重要的东西，就是所谓的"有意义的"。

娱乐精神

> 娱乐在21世纪的重要性，就如同劳动在过去300年的工业时代发挥的重要作用一样。在21世纪，娱乐将成为我们认识、行动与创造价值的主要方式。
>
> ——［英］帕特·凯恩

宾夕法尼亚大学游戏心理学家布莱恩·萨顿·史密斯认为，娱乐的对立面不是工作，而是沮丧。史密斯通过研究进而发现，娱乐感主要体现在游戏、幽默、快乐三方面。和大多数人印象中的不同，游戏并非单纯为了快乐，它还能让人产生新的思维模式，或者实现自我价值，同时还能让人体会到团队合作的重要性，甚至在游戏中学习到新的知识。而幽默主要体现在情绪方面，它能培养高情商，在一些尴尬的场合能缓解气氛。快乐则是打开心灵的金钥匙，人们在欢声大笑时会感觉快乐，放松身心，整个人散发出一种积极乐观的状态，生活中的阴霾被一扫而空，让我们在平凡的生活中也能感受到很多美好的事物。

游戏的价值

随着时代的进步，我们已无可否认地发现，人类今天所掌握的知识与技能很大程度无法满足明天的需求，许多工作在大学里根本找不到所对应的专业，我们的后代或许将在一生中多次面对工作的转变，而大多数工作与职位内容无法预见，他们需要通过持续的再培训与终身学习去适应这个瞬息万变、日益互联的世界。

游戏力正是培养人们终身学习的好方法。从婴儿期开始，人类就展现出惊人的潜能，他们通过玩耍来认识这个世界。近几十年来，科学界的大量研究支持了许多家长和教育工作者长期以来坚信的观点，即婴幼儿通过积极有趣的玩耍学习认识世界，并与周围环境互动、建立联系，而且幼儿探索世界的方式与成人开展科学研究的学习和思考方式有着惊人的相似。这些与生俱来的能力可以帮助孩子成为积极创造、深入参与的终身学习者。

游戏对于儿童的发展真的太重要了！美国幼教协会以及其他许多组织提供的各种教学建议中，最为突出的一项建议就是游戏。这些机构的研究表明，通过为儿童提供积极的学习机会，以及延长每天的游戏时间来满足其游戏需求是十分重要的教育内容。例如，一份医学报告指出："游戏对儿童的发展至关重要，因为它对儿童及青少年的认知、身体、社会性和情感的健康都具有积极的意义。"学者提出，缺乏游戏将极大阻碍个体健康和创造性发展。心理分析学家认为，情感创伤和情感困扰的治疗需要游戏；社会心理学家相信，把握自我和适应日常生活需要游戏；建构主义者相信，认知发展需要游戏；认知神经科学家则相信，游戏对于心理和身体的健康、动机的建立、学习兴趣的培养等方面都是必不可少的。

游戏，是人的天性，更是人的权利。游戏能够激发人的很多智慧，生物科学的研究表明，大多数有趣的、重要的、人性化的事情都是人类通过游戏的方式创造的结果。在积极心理学倡导的新轴心时代，我们不仅需要重新认识游戏本身的意义，更需要思考人与人之间、人与事物之间、人与情境之间如何经由玩耍的功能在生活中达成游戏化的创建。

2003年，《自然》杂志发表了一项重要的研究。研究的结论让很多人吃惊：玩电子游戏居然能够带来很多好处！科学家们在视觉感知测试中发现，游戏玩家比非游戏玩家的得分平均高

30%，通过玩游戏人们识别环境变化及瞬时信息处理的能力增强了。研究进一步发现，玩游戏极大提高了右脑在模式识别类问题上的能力，如辨认主流趋势、创建联系与全局思考、团队合作与应变反应等。除了空间类游戏之外，角色扮演类游戏在提高玩家共情力与情感投入方面也效果明显。各种模拟现实游戏对于提高创意能力与消除对不确定性的恐惧感方面也有明显表现。例如，在加州虚拟现实医疗中心的实验室里，临床医生就借助模拟驾驶、模拟飞行、模拟跳伞、狭小空间和其他能引发恐惧情绪的游戏来治疗患者的恐惧症及其他焦虑症，从而帮助患者尽可能康复如初。其他研究还表明，角色扮演类游戏能够促进认知发展，包括注意力、记忆力、逻辑思维、语言技能、想象力、创造力、情感理解能力以及对自己思想的反思、冲动的控制、行为的控制、对他人观点的接纳等。

幽默的意义

幽默是指一种能够引起笑声、调侃、嘲笑或讽刺的语言、行为或表情。幽默在生活中随处可见，它不仅能够让人们感到愉悦，还有助于缓解压力、减轻痛苦，并且可以用来表达情感、建立联系和促进沟通。与游戏一样，幽默是娱乐精神的重要组件。同时，幽默也是人类智慧的高级形式。在心理学的情绪轮理论、积极天性理论、亲社会行为理论里，幽默都占据着重要的位置。著名心理学家、《心流》一书的作者米哈里·契克森米哈赖就认为，幽默愉快的态度是创新型人才的典型特征。

从认知角度，幽默可以被认为是一种认知智慧的表现。它需要人们具有一定的思维能力、判断力和创造力，才能在某种情境下产生有趣、有意义的语言或行为。同时，幽默还需要人们具备一定的社交能力和情感智商，才能够在和别人的交流中自如地运用幽默。

从情感角度，幽默可以使人产生愉悦感和幸福感，还能增进身心健康。另外，幽默还可以帮助人们缓解负面情绪，如焦虑、沮丧和压力等，有助于改善人们的心理状态。幽默是一种情绪智慧。

从社交角度，幽默可以提高人们的人际交往能力，这是一种亲社会智慧。在社交场合中，运用幽默可以打破僵局、化解尴尬，增进人与人之间的亲近感。同时，幽默还可以增强人们的影响力和说服力，使人们更加容易获得他人的认同和支持。

人们通常认为，幽默得以产生的一个很重要的条件是意料之外，即正常意识活动与逻辑之外的结果。哲学家康德认为，幽默是源于紧张的期待突然变得虚无。哲学家叔本华认为，幽默是对概念与现实客体之间乖讹状态的突然了悟。笑不过是因为人们突然发现，在主体联想到的实际事物与某一具体概念之间缺乏一种一致性，而笑恰恰是这种鲜明对比的表现形式。斯宾塞进一步解释，当人们专注于某人的行动，却发现其行为低于预期，过剩精力便通过人体抵抗力最小的颜面和呼吸器官进行发泄。这些哲学理论，如果从心理学角度上来理解，就是说幽默现象其实来自主体原本紧张的期待突然消失。

人类在 6 周大时就开始培养幽默感，此时婴儿会因刺激而大笑和微笑。笑在人类文化中是普遍存在的，甚至在老鼠、黑猩猩和倭黑猩猩中也以某种形式存在。与其他人类情感和表达一样，笑声和幽默为心理科学家提供了研究人类心理学的丰富资源，从语言的发展基础到社会感知的神经科学。

关于笑的进化理论指出，笑是社会交流的重要适应。研究表明，人们在观看带有预设笑声的视频片段时比观看无笑声背景音的视频片段时更容易发笑，而且人们在有其他人在场时发笑的可能性比独自一人时高出 30 倍。2016 年进行的一项大规模国际研究发现，在全球范围内，人们能够从笑声中发现同样微妙的社交线索。笑声样本是从一组组大学生身上收集的，其中一些是朋友，一些是陌生人，这些笑声被记录在加州大学圣克鲁斯分校的实验室中。随后，由 30 多名心理科学家、人类学家和生物学家组成的综合团队向来自六大洲 24 个不同社会文化背景下的 966 名听众播放了笑声的音频片段，其中包括新几内亚的土著部落和美国大城市、印度和欧洲的城市工人阶级。参与者被要求判断两个人之间的关系是朋友还是陌生人。结论显示，24 种文化背景下的参与者对笑者之间关系的猜测均有约 60% 的正确率。可见，笑声不仅代表着一种情绪，还可以作为复杂的人类社会关系的编码。

幽默可以帮助人们从压力情况中恢复过来，甚至可以延长人们对身体疼痛的耐受力。在商业世界中，许多成功的组织（如美捷步、维珍蓝航空公司和谷歌）刻意在工作空间中建立游乐区并组织有趣的活动,以缓解工作压力、鼓舞士气并提高生产力。事实上,在 2007 年《心理科学当前方向》上发表的一篇文章中,佛罗里达州立大学的研究员威廉·詹姆斯等人指出,幽默是可以缓和或抵消精神耗竭影响的一个因素。

"虽然幽默有助于缓解压力和促进社交关系,但传统的任务绩效观点意味着个人必须将所有精力集中在自己的努力上,并且应该避免幽默等可能分散他们完成任务目标的事情,"研究人员总结,"我们认为幽默不仅令人愉快,更重要的是让人充满活力。"

无可救药的快乐

除了游戏、幽默,娱乐精神第三个重要的组成部分是快乐。接下来,我们将看到一个像游戏一样的充满幽默感的实验,这个对快乐的研究实验在心理学历史上有着重要的地位。

1953 年的蒙特利尔,彼得·米尔纳和詹姆斯·奥尔兹正在麦吉尔大学攻读博士后,他们的导师是著名的认知心理学的开创者唐纳德·赫布。两位研究者在导师的指导下对老鼠的大脑进行了移植电极实验。他们首先给老鼠注射麻醉剂,然后把一对半毫米的微电极植入老鼠的颅骨内。几天后,做过手术的老鼠恢复正常。微电极连着有弹性的长电线,电线的另一端连接一个控制电流刺激的开关装置。奥尔兹通过微电极向其所插入的大脑部位施加电流刺激,以观察老鼠的反应。

奥尔兹和米尔纳在多只老鼠的脑部植入微电极后,把它们

——放进笼子。这个笼子的一端，有一根金属棒，只要老鼠按压到它，老鼠的大脑就会被传送一道电流。奥尔兹想证实的是，当老鼠受到电流刺激，它们会退向笼子的最远端，远离让它们不适的金属棒。奥尔兹希望通过这个实验观察老鼠的脑网状系统。该系统居于大脑中线的位置，基部尾端形成了脑干。过去已经有研究人员发现，网状系统主要负责睡眠和唤醒的周期功能。

随后，实验人员把这群老鼠放在一个长方形的大箱子里，让它们自由奔跑。箱子的四个角落分别标记为A、B、C、D。每当老鼠跑到角落A，奥尔兹就马上摁下按钮，通过事先植入的电极给老鼠施加一次短暂、温和的电击（与身体其他部位不同，大脑组织没有疼痛接收器，所以电击并不会造成头骨疼痛）。经过几次电击之后，老鼠不断地跑到角落A，奥尔兹和米尔纳对此感到兴奋不已，他们认为埋有电极的脑区在受到刺激时，能引发生物体的好奇心。

在奥尔兹实验之前，美国心理学家斯金纳就设计了操作条件箱，也叫"斯金纳箱"。至今，这个神秘的箱子还陈列在哈佛大学。斯金纳箱里设有一个杠杆，只要动物按压杠杆，就会获得一个强化刺激（如食物和水），或者是一个惩罚刺激（如电击脚部产生疼痛）。被放入斯金纳箱的老鼠不仅很快学会了按压杠杆来获得食物奖赏，而且还能躲避电击的惩罚。奥尔兹和米尔纳稍微修改了斯金纳箱的设置，老鼠在按压杠杆后可以通过事先植入的电极直接获得大脑刺激。

实验刚开始时，实验人员的心情很好，因为几乎所有老鼠都证实了他们的猜想。然而，他们发现了一只特立独行的老鼠！

编号34的老鼠在受到电击后非但没有退开，反倒在笼子里蹦蹦跳跳，一次次地去按压金属棒，主动追求电击，连水和食物都被它无视了。12小时后，34号老鼠力竭而死，在此之前，它疯狂按压了7000次金属棒！奥尔兹很困惑，为什么34号老鼠如此特别，难道是它天生脑子有问题？

当奥尔兹和米尔纳检查34号老鼠的电极时，发现由于一些操作上的不小心，他们在手术中竟然埋错了电极的位置。尽管电极位置有误，但仍旧位于老鼠大脑的中线上，只不过位置稍微靠前了一点儿，这个区域通常被称之为"中隔"。就是这一点点弯曲，使本应该对准中脑的探针接触到了另一片脑区。不要小看这一点点差距，正是这一点点误差让奥尔兹与米尔纳得到了意外的收获——34号老鼠在接受电击时出现与其他老鼠完全不同的特征，揭示了大脑在接受刺激时感到喜悦与不适的巨大差异。

这个意外的发现太惊人了！奥尔兹意识到老鼠的大脑中可能有一个特别的快感中枢。34号老鼠一次次按压金属棒，正是因为电击刺激快感中枢，让它享受到了愉悦。

后来，人们在评价奥尔兹和米尔纳的研究时，许多人认为这无疑是行为神经科学史上最激动人心的时刻：老鼠为了获得大脑刺激，竟然可以在一个小时之内按压杠杆达7000次！它们不是为了刺激大脑的"好奇中枢"，而是为了刺激"快乐中枢"！这个奖赏回路带来的刺激比任何其他刺激都要强烈。

后继的研究结果显示，与食物、水相比，老鼠更喜欢愉悦回路的刺激，即便处于饥饿或口渴状态也是如此。自我刺激的雄老鼠会不顾旁边发情的雌老鼠，一次又一次地穿过会施加脚部电击的栅栏去按压杠杆。一些老鼠居然可以在一个小时内自我刺激2000次，维持长达24小时，什么事儿也不干。为了不让老鼠饿死，研究人员不得不把它们从箱子里移开。这个小小的杠杆已经成了老鼠的一切。

在进一步的研究中，实验人员系统地改变了植入大脑电极尾端的位置，以便确认大脑奖赏回路的地图。实验结果发现，刺激大脑外部的表面皮层（主要负责感觉与运动功能）并不会产生奖赏——老鼠只是随机地按压杠杆。在大脑内部深处，与奖赏有关的区域并非只有一个，而是一束互相连接的结构组成了奖赏回路，它们全部靠近大脑基底并集中分布于中线位置，包括中脑腹侧被盖区、伏隔核、内侧前脑束、中隔、丘脑和下丘脑。并且，这些区域产生奖赏刺激的程度却不相同，例如，刺激内侧前脑束的某些部分可以促使老鼠在一个小时内按压杠杆达7000次，而刺激另外某些区域只能引发每小时200次的按压。

当1953年，研究人员提出动力或快乐奖赏机制有可能位于大脑的某个位置或回路时，竟然掀起了一股争论热潮。当时科学界的主流观点是，大脑的兴奋是由惩罚引发的。任何学习和行为的发展都是个体为了躲避惩罚而产生的。但是奥尔兹根据它的实验，做出了完全不同的判断：惩罚带来的痛苦为个体提供了学习的动力，基于减少痛苦的学习为个体提供了前进的方向。但除了痛苦，快乐也是引发行为的动机！

在奥尔兹老鼠实验的几年后，一位神经学家向一名抑郁症患者的快感中枢插入电极，患者立刻笑了起来，并说有生以来头一次感受到了快乐。而电极刚被拿掉，她的笑容就消失了。而且，因为她已体验过快乐是什么感觉，所以千方百计地想要再次连接电极。

以上这些研究给我们留下了一个重要的猜测与一个重要的思考。

重要的猜测：人的大脑中存在着愉悦回路（快感中枢）。因此，我们猜想与幸福有关的一系列程度不同的愉悦感与愉悦回路及周边神经系统及其他相关脑区接受刺激时的活跃水平相关。从一般的愉悦，经由快乐到极乐一定存着一个大脑感知强度的阶梯式台阶。因此，引发极乐的福流一定是能够激发人们大脑愉悦回路的刺激。

重要的思考：大脑愉悦回路的刺激产生的影响是巨大的，它能够改变一个人的行为。正是因为每个人的大脑中，都有一个愉悦回路，所以我们有机会对某样东西上瘾。

如果一种快乐可以让我们上瘾，拥有超越美食、性爱、睡觉、刷抖音更强烈的愉悦感，那么我们如何去寻找它并激发它？或者，我们如何确定在我们对其上瘾时，那就是我们生活的意义？

事实上，定义快乐（happiness）并不是一件容易的事，因为在英文中，happiness 同时也可以代表幸福。不过，通过上面的实验，我们可以知道，在这样的一个时代，人们需要娱乐精神。这种娱乐精神不排斥享乐主义，但更加强调意义、价值与品德，在愉悦中追求值得做的事，并把它做成。娱乐精神有助于发挥个人真正的潜力，并使其价值观和真实自我保持一致。它还涉及发展个人才能，并加强与我们关心的人的关系。通过这种方式生活，一个人能够感到深深地投入并充满活力。获得幸福并不容易，但首先保持快乐，幸福就不远了。

第三章
/
长寿企业的经营密码

金刚组建筑公司创建于578年（相当于中国的南北朝时期），主营业务为建造木质结构建筑，因存在时间最长获得吉尼斯世界纪录。

金刚组成立后一直专注于本业：木结构的寺院建筑。20世纪80年代后，随着钢筋混凝土技术用于寺庙建筑后，金刚组又将业务延展到房地产。由于竞争激烈，2006年，金刚组几乎倒闭。随后，在高松建筑的支持下，金刚组成为其子公司，金刚家交出了公司的经营权，不再是家族企业。

金刚组的发展历程给我们留下了两点重要的经验。

一是一定要专注自己的主业，利用公司的强项去发展事业。

二是要持续保持警戒。

金刚组的历任社长都深深地明白，虽然是长寿企业，但随时都可能会有倒闭的风险，经营企业不能掉以轻心。

任何一个成功且长寿的企业都有某些与众不同的特点，丰田的成功依赖于它开创性的管理模式，麦当劳的成功在于它灵活的业务模式和方便快捷的体验，迪士尼的成功则有赖于它庞大的IP影响力，全聚德的成功离不开它对食物一以贯之的风味保证。

在一定程度上，企业拥有的这些特点就是获得成功的关键因素。虽然企业通往成功的道路各有不同，但成功的关键因素都具有一定的普遍特征。这些特征不仅有赖于管理者的积极品质，更与企业长期的战略决策、经营理念等息息相关。当代管理大师之一阿里·德赫斯在《长寿公司》一书中对27家成立100~700年的公司进行调研，他发现那些"有生命力的企业"，往往具备"对环境变化敏感""有高度凝聚力与认同感""保守的财务策略""高包容度与分权想法"这四个共同特征。此外，"有生命力的企业"的领导者也坚信，企业经营不是为其他管理层或股东赚钱，而是创建一个激发人们能力、努力和奉献的社区，这也是其特色之一。

通过考察，德赫斯得出了这样的结论：一般企业出于利益最大化的目的，过分致力于制造商品和提供服务，而没有培养企业应对长期经营中环境变化的能力，其往往生存三四十年就结束了。而"有生命力的企业"则会提高业务的专业性，对周围环境保持敏锐的反应以便学习和适应，使企业可以持续经营更长时间。事实上，如果管理者不能意识到"企业是有生命的"，那么就很难达到终极目标——永续经营。

实现永续经营的日本企业

我（后藤俊夫）用了 20 多年，对日本及其他国家的长寿企业进行了充分调研，建立了庞大的数据库。在这里，我首先介绍一下我对"长寿企业"的界定与调研方法。

人们对于长寿企业的认知各有见解，日本乃至全世界范围内的学术研究对其也尚未有严格的规定。研究初期，我将"创业以来历经百年且至今仍在经营"的企业定义为长寿企业，并在国内外学术论坛得到了认可。近期研究发现，家族企业发展到第二代和第三代是相当有难度的，但到了第四代以后就逐渐稳定下来。研究显示，这些长寿企业平均每代的经营年限大约在 28 年，那么，我们将"创业以来历经百年"的企业定义为长寿企业就相当合理了。

我们将创业以来经营时间超过 100 年的现存企业定义为长寿企业。其中不仅包含营利机构及个人，还包含非营利机构及个人（学校、医院等），但宗教团体和国公立机构除外。只要满足以上条件，无论规模大小，无论行业种类，无论是否变更过经营范围、所在地和法人，都被定义为长寿企业。

我与科研团队从实地访问开始，以各商会名录、各公司主页为中心展开网上搜索，翻阅了各业界名簿、观光指南等可以查到的所有资料，从而形成长寿企业数据库。数据库中收录了企业的名称、创业年、所在地、经营种类、现在由第几代经营，以及家训、企业变迁等相关资料。

日本各地区长寿企业的特征

日本长寿企业数排名前五的地区为京都府、东京都、长野县、山形县、大阪府，除了冲绳县以外遍布日本各地，并不只集中于各朝古都周围。

- 首都圈是中央集权所在，资金、材料、人口相对集中，各方需求比较好协调，因此长寿企业较多，这也是江户时代经济高速发展的结果（大阪府与之相同）。而长野县、山形县等地区长寿企业占比较多是由于这一代旅馆和酿造业较多。
- 日本东北部的北海道地区是从明治时期真正开始发展的，因此超100年企业相对较少。但东北六县旅馆、酿酒坊、手工艺品等老店较多，例如，五胜手屋本铺（北海道）、釜定（岩手县）、醉仙酒造（岩手县）、佐浦（宫城县）、

企业的品格

佐藤曲味噌酱油店（宫城县）、佐藤养助商店（秋田县）、天童酒店（山形县）、釜庄（福岛县）、向泷（福岛县）、宝来屋本店（福岛县）。

- 关东、甲信越地区①因各县历史底蕴不同，老字号的特征也多种多样。其中，西山温泉庆云馆作为世界创业时间最早的现存旅馆被收录在吉尼斯世界纪录中。东京都拥有日本最多的百年老店，但日本最老的酿酒坊不在京都府的伏见区，也不在兵库县神户市的滩区，却在关东地区的茨城县，这点着实令人深思。
- 近畿地区是奈良时代和平安时代的首都，坐拥江户时代以来的商业中心大阪府，不仅有很多超100年的企业，超200年甚至300年的老铺也有很多。这里是和果子和酿酒业的发祥地。吉尼斯世界纪录认证的世界创业时间最早的现存企业金刚组就坐落于此。

日本长寿企业的类型

经过长期的研究分析和总结，我把日本的长寿企业大体分为四种类型。

第一种类型：原点维持型企业。这类企业最大的特别之处就是"单传"。将家传秘方只传与一名继承者称为单传。为使家传秘方得以更好地延续，即使在家族内部，家传秘方也是不能公开

---

① 甲信越地区是日本中部地方东部的山梨县、长野县和新潟县3个县的总称。

的。这种企业多见于食品业、饮食业、工艺品业等。

案例：稻庭乌冬面

稻庭乌冬面起源于稻庭地区，制作工艺由佐藤吉左卫门始创，历经数百年，由他的后人传承并不断改进，据说流传至今的制作工艺是于1665年左右确立的。后来稻庭乌冬面成为秋田藩主佐竹侯的御用乌冬面，这种干乌冬面的制作工艺由吉左卫门的后人传承下来，且作为家传秘方不得传与外人。但吉左卫门担心祖传技艺绝迹，于是在1860年，破例将秘方传与第二代佐藤养助，至此佐藤养助商店正式成立。

佐藤家后世的家主袭用了养助之名并世世代代将这祖传技艺守护至今。最简单的食材往往可以成就最美味的食物，仅仅用小麦粉、水、盐，便制作出富有独特嚼劲、弹性、爽滑且有独特香气的稻庭干乌冬面，配上独创的汤汁之后产生了在其他面食中从未尝到过的口感，让人终生难忘。制作稻庭干乌冬面，对原材料的要求很高，需采用当地优质的小麦制作成专用小麦粉，其制作工艺也比较烦琐，非熟练的技艺不能达成。

稻庭乌冬面最大的特点是面条中含有非常多的小气泡，这是因为制作稻庭乌冬面需要不断反复地去揉面，揉完的面发酵后再继续揉，反复多次。那这些气泡起到什么作用呢？根据秋田县综合食品研究所2004年的研究发现，这些气泡使稻庭乌冬面即使煮过后也能保存相当长一段时间。而且据说这也是稻庭乌冬面嚼劲十足的原因之一。

佐藤养助商店官网为我们展示了稻庭乌冬面的制作工艺。特质小麦粉中加入少许盐和水和成面团，经过发酵后再继续揉，如此反复两天。第三天，经过一天一宿的干燥，切成粗细均匀的面条。面条干燥的具体时间是根据当天的温度与湿度来决定，这完全有赖于制面师傅的经验，因为即使是细微的差别也会影响乌冬面的口感。面条经过精心挑选后，于第四天进行包装、出货。

这项作业看似简单，竟需要四天的时间，但机器制作远不如手工制作的乌冬面口感筋道。这种祖传的制作工艺如今已传到了第七代养助手里。

第七代佐藤养助于1967年正式继承家业，那时他年仅23岁。他不仅将公司企业化，还将稻庭乌冬面打造成为知名品牌。稻庭乌冬面作为本地产业，解决了多达2000人的务工问题。后来，稻庭乌冬面打破了祖传技艺的束缚，公开了其制作工艺，由家族产业发展成为集团企业，也因此形成了以稻庭乌冬面制造业为中心的当地支柱产业。2001年秋田县稻庭乌冬面合作社正式成立，并以业界团体的名义发行了"产地证明"，形成了当地的产业标签，完善了稻庭乌冬面的产业保障机制。

稻庭乌冬面制作工艺的公开，使其生产量大增，也打通了销售渠道，稻庭乌冬面出现在日本首都各大商场的货架上。为促进企业发展，稻庭乌冬面的下一步战略目标就是进军饮食界，目前饮食板块正在发展中，有望成为公司的骨干产业。

2004年，第七代养助成为会长，将社长的位子让与佐藤正明。新任社长上任后，明确提出了将"重视员工、重视历史传统、为地区经济做贡献"作为企业文化。稻庭乌冬面自创立至今，一直秉承传统，改革创新，终于在2008年开设了第一家旗舰店，以创业150周年为节点，公司进一步推进了"进化和继承"的脚步。

第二种类型：持续成长型。持续成长型长寿企业最大的特点是与时俱进。在日本，有很多长寿企业的家训中都有一条是"要顺应时代的发展，与时俱进"。这类长寿企业特别能把握时代的脉搏，能够根据时代的需求不断改进自己的产品与服务，渐进式创新成为这一类企业健康稳定发展的重要宗旨。

案例：龟屋和果子店

龟屋和果子店在同类型的百年老店资历的排名中位列第五。店铺为江户时代著名的藏造建筑，因保留了江户时期的面貌故被列为有形文化遗产，龟屋和果子店也名副其实地成为传统建筑保护活动的中心。

第八代山崎嘉正社长回忆说："龟屋由初代山崎嘉七始创于1783年，并选址于此处。"到第三代嘉七时期，龟屋发展为川越藩的御用商户。被称为"中兴之组"的第四代山崎嘉七到当时有名的和果子老店壶屋学习,并给后世留下了五本《和果子雏形样本》。在掌握了江户最流行的和果子制作工艺后,他将店铺装修成具有江户时代风格的黑色系,并研发了新的系列产品,使店铺大变样。

在经历了政治变革、天灾人祸和经济危机后,龟屋逐渐放慢脚步,将主要店铺集中在川越附近。在这个过程中,龟屋一直积极地进行新产品开发,各世代的新产品丰富了川越名果的种类。川越名物"初雁烧"就是来自第五代山崎嘉七的创意,由当时的店长山田寅吉经过反复试验做出的番薯仙贝。

第八代山崎社长为了符合现代人的口味开发了很多品类丰富的产品,如控制了甜度的番薯点心"川越红薯泡芙"、可爱龟壳形状的红豆烧"龟铜锣"、和风薯条"福龟"等。山崎社长表示他虽然一直致力于新产品的开发,但始终是以红豆烧作为主角的。他倡导企业必须与时俱进,顺应时代的变化,而非一味地墨守成规。同时要保持初心,在大胆探索中继承发展。

第三种类型:开拓进取型。开拓进取型长寿企业最大的特点是自我革新,把锐意进取、革故鼎新作为企业使命长期坚持。这些公司不囿于它们起家时的产品与业务,大胆进行开辟式创新,在诸多不同的领域大展身手。大家熟知的雅马哈、丰田、马自达都是这方面的典型代表。

案例：汤岛小林制造公司

汤岛小林始创于 1859 年，时值幕府末期。初代小林幸助是上野宽永寺负责装潢、制作屏风的匠人，小林幸助掌握了和纸的制作工艺后，在现在的汤岛建造了约 100 平的三层制纸工坊。

当时，日本的国民健康保险证使用的是万年笔水性墨水，因工艺烦琐被各大生产商敬而远之，但汤岛小林迎难而上。加之柠檬和巧克力等包装纸的设计制作成功，奠定了汤岛小林不可动摇的地位。

那之后，御茶水折纸会馆建成，会馆建造历经了第三代小林仲太郎和第四代小林一夫两代继承人。会馆二期工程于 1976 年竣工，并于 2001 年会馆建馆百年之际进行了翻新。原来的制纸工坊变成了现在的六层建筑，现在的会馆一层到三层是卖场，四层是工坊，五层六层作为体验教室。制纸工坊直到现在仍然一丝不苟地进行手工作业，制成的数千种和纸被送往卖场的柜台上。

对于初心，第四代小林一夫先生对我回忆说，"是对贵族武士式的刻板的反抗吧"，言语中带有些许的不羁。大概 40 年前，正值手工艺受欢迎的时期，流行用纸制作人偶，当时看到主妇们称手工艺人为老师，我就想着"这有什么，我也能行"。至于唱片标签，当时就想尽量满足顾客的要求，"别人不做那就由我来做"。如今，小林先生只要出现在三层的卖场就会引得大家蜂拥而至。谈话中他的一双手不停地摆弄，一个个小玩意儿、小动物就这么活灵活现地出现在他手中。

"我的这些手艺都是学生时代利用空闲时间去制纸工坊里学来的，当时也能称得上专业呢。"小林先生继承了前辈们的染纸技术，与此同时也开发了新领域——折纸，在他的带领下，企业发展壮大，登上了世界的舞台。但他最初的目的并不是扩大企业版图，而是开拓创新，也正是这种创新精神，成就了企业的发展。

第四种类型：创造性破坏型。 在日本，还有一种类型的长寿企业比较特别，它们最大的特点是"否定过去，创造历史"。"创造性破坏"是美籍奥地利学者约瑟夫·熊彼特提出的理论，这个理论也是企业家理论和经济周期理论的基础。创新的结果是破坏原有的经济结构，但这种破坏是具有进步意义的，因为它不是通过恶意的价格竞争来破坏原有的市场平衡，而是通过创新创造来实现。历史上每一次技术革新都会带来一次技术和生产体系的更新迭代，比如蒸汽机的发明、互联网时代的开启等，企业通过技术革新建立新的生产体系。

在"创造性破坏"理论体系里，企业家经营者是创造的主体，企业家从企业内部革新经济结构，通过调整组织结构、更新技术来实现创造，赢得新的生存发展机会。尽管这个理论来自西方，但日本的老铺企业里也有这样的践行者。

案例：国分食品

国分创业300年来一直在实践"创造性破坏"。1712年，第四代国分勘兵卫宗山在土浦开设了酱油酿造工场，同时在江户日本桥本町开设了门店，将酱油贴上"龟甲大"字样的标签对外销售。但随着1880年酱油酿造业被废止，国分将产业转向了食品批发。

国分放弃了百年传统转行成为食品批发商，并将产业发展至今，目前已拿到了包含食品、酒类在内的60万种商品的销售代理，也是食品业中营业额最先达到一兆日元的企业，成为日本最大的食品供货商。

自从经营食品批发，国分的销售领域不断扩大，拿下了很多知名牌的销售代理权。其中包括食品罐头（1887年）、啤酒（1888年）、味之素（1909年）、可尔必思（1919年）、合成清酒（1926年），还有2开装的瓶装酱油（1939年）。不仅如此，国分还注册了自己的商标，其中"K&K印"有着100多年的历史，至今仍在使用。与此同时，公司还完成了从代理批发到创立自有品牌的进阶，不仅同各地厂商联合开发产品，还独自生产便当、蔬菜、面包等产品。

第十二代国分勘兵卫会长兼社长始终将"创造性破坏"作为经营理念并推行至今，他大学毕业后就职于味之素公司，于1967年入职国分商店（国分株式会社的前身），并于1991年出任总经理，次年更名为第十二代国分勘兵卫。

国分经历了多次经营改革，单体营业额于2000年突破了一兆日元。公司从1998年，用了两年时间，收购了大大小小20家地方批发商，完成了酒类产品批发业的整合，彻底与小零售商划清了界限。目前，公司年营业额达到2兆684亿日元（截至2023年12月底国分集团营业额），员工数达到了5051名（截至2023年12月31日），向海外60个国家和地区销售日本食品、酒类等产品。

成就公司宏图大业的是"信用"二字。2002年，国分创立290周年之际，制定了以"平成的账目"为基调的行动宪章和规范。"账目"是公司创业至今一直秉承并遵守的规章条例的总称。"账目"随着时代的变化而变化，但其精神万变不离其宗。国分现在的"平成的账目·国分行动徽章"为八条，是由1882年制定的"十八条规章"修改而来，第一条就是"我们要以信用为先导"。

"信用是企业的第一张名片，也是企业发展的重中之重。被世人信任，才使我们走到现在。""我们应当将信用作为判断事物的基本准则，这是企业从始至终贯彻的理念。"国分会长如是说。

密码一：长远规划

我（后藤俊夫）用了20多年的时间，对日本及海外各国存在的长寿企业进行了详细调查，建立了庞大的数据库。通过对该数据库中长寿企业的分析，我们将从六个角度来详细阐述长寿企业成功的六大秘诀。

长远规划，是一种优先考虑对长期发展重要的事情的经营决策，这与只看现在而做出短期和刹那间判断的态度截然相反。想要实现这一点，没有对未来的预期是不可能达成的。这与日本发现的"未来倾斜原理"息息相关。所谓未来倾斜原理，是指相比过去的实绩和现在的力量关系，更重视对未来的期待，并基于此进行决策，其前提是克服现在的困难，实现接近理想的将来。

"短期10年，中期30年，长期100年"

一位企业经营者告诉我们的研究团队，他有"短期10年，中期30年，长期100年"的经营信念。这位企业家解释道："所谓短期10年，是指培育接班人并进行接班的准备期。中期30年是作为公司领导人带领公司向前发展的发展期。长期100年是考虑制定3代以后的计划。"

我们先来谈第一个"短期10年"，即事业继承的准备期。在日本，这个准备期一般是5~10年。如果不能在这一时间段内培养出合格的接班人，企业就无法正常地经营下去。如果有更宽裕的时间，企业家可以有计划地将更多的经营理念和企业积累的人际关系传给接班人。需要说明的是，企业常年积累的客户信任是最大的无形财产，这是企业在交接班时尤其要注意的问题。

那么，企业怎样进行交接呢？

首先，不要盲目决策。对于企业家来说，交接班是企业永续经营必须走的一步，也是自己之前没有面临过的新问题。很多企业就是交接班问题没有处理好，导致企业迅速衰败。因此，交接班前，应该广泛听取管理专家的建议，特别是企业经营过来人的建议。

其次，根据公司经营业绩和财务状况拟定合适的交接班时期。这是因为企业交接时期是最不稳定的时间段，企业正常的经营业务可能会受到影响。因此，要充分考虑这一变动带来的企业经营风险和财务风险。

最后，物色合适的接班人。如果接班人是自己的亲属、子弟，大多选择以继承的方式交接班。如果接班人是朋友或事业伙伴，可选择赠送的方式。如果将企业交给同行或其他公司，那么会选择合并和收购的方式等。

需要说明的是，即使企业被收购或合并，但是主体业务和相关品牌仍然存在，这也不能算是企业消失。在将来合适的时间，企业也可能以独立品牌的形式经营业务。这样的案例并不鲜见。很多企业品牌在经过合并、重组后，仍然屹立不倒，甚至重新从其他企业中独立出来。总之，事业继承是一个长期的过程，需要尽早准备。

我们再来谈"中期30年"的经营理念。作为企业经营者，特别是创始人，在经过充分考虑后，认为自己有能力、有时间能将企业经营 30 年，这就是中期 30 年经营理念。拥有 30 年长期经营实践的企业家应充分认识到企业存在的意义。他必须把企业的长远发展，与社会的发展趋势对应起来。这是有志于打造百年企业必须考虑的问题。以这样的经营理念为基础，就会充分对企业经营进行复杂性认知。比如，如何处理公司短期利益和长期利益；如何处理企业与当地民众的关系等。所有问题的考量，一定是基于企业长寿的理念上。一旦这么考虑问题，企业经营者就会发现，与短期利益相比，重视企业与各界的信用关系，才有助于企业长寿。

最后，我们谈一谈"长期 100 年"的经营信念。如果一个企业经营时间长达百年。可以预见，在这漫长的经营历史中，市场、技术，甚至社会体制的改变都是不可避免的。外部环境的每一次变化不一定都是对企业有利的。如何预测这些变化，让企业在变化的环境下生存，灵活应对风险与机遇，是企业家必须思考的问题，也是企业立于不败之地的关键。

从现在开始规划

长远规划是为未来铺路，现在就是开始修建的最佳时机。立足当下，我们认为企业需要注意以下三点。

第一，重视员工、客户、当地民众等与企业利益相关的人和组织，把重视信用关系作为企业的立足之本。当然，这说起来容易，实践起来难，特别是要做到长期维持。可如果着眼点是经营百年企业，那么这些关系就必须处理好。这些关系的维持可能无法为企业产生直接利益，却为企业生存提供了必要的养分。

第二，重视基础设施建设。关于这一点，特别在物联网社会的今天，可能会被认为不合时宜，世界上很多大型企业都是轻资产的经营思想。它们通过整合产业链，将生产和制造环节全部承包给合作商，而自己轻装上阵，牢牢控制研发和品牌，就能获得长期的利润。但是，如果我们仔细分析，会发现全球市值最大公司榜单中，重资产公司仍然占有一席之地。基础设施建设既包括设备、厂房等有形资产，也包括服务、信息、物流等无形资产的构建。

第三，应对各种风险的体制。在自然灾害多发的日本，企业经营者大多具备风险意识，在人员储备、资金储备及内部应对突发风险的机制上，都具备丰富的经验。日本企业中有一条基本的经营准则，叫作"蓄水经营"。无论是小微企业，还是世界500强企业，流动资金保持在半年以上是一条最基本的企业经营红线。也就是说，当企业手头的流动资金低于半年支出时，就意味着企业经营陷入了极不稳定的危险状态，必须寻求紧急融资，或大幅削减成本。企业越大，经营时间越长，其红线划得越高，资金储备就越多，而跨国公司的时间会更长，因为其在海外投资周期较长。京瓷公司的创始人稻盛和夫先生曾说："京瓷公司7年不赚一分钱，也不会倒闭。"如果企业能在日常经营中建立一套完备的风险管理框架，对未来的各种可能性做出情景分析和应对预案，就能在遭遇类似"黑天鹅"事件时拥有更多主动性，减少损失，加速复原，甚至这种突发事件会成为与对手甩开差距的关键转折。

密码二：量力经营

量力经营是指在经营上不要盲目扩张，不要做超越自己能力范围的事情。这是日本企业实现永续经营的一个重要概念。短期的快速增长对很多企业，特别是初创的中小企业来说，的确具有非常大的诱惑力。但大量的企业研究案例证明，盲目扩张是许多企业倒闭的原因，而倒闭时间多发生在公司创立的最初几年。

我们发现，在现代商业史上，有很多企业过于注重短期快速成长，在扩大业务范围的同时，也经常把自己的资源扩大，特别是财务资源，但这往往超出了流动资产的承受范围，增加了对贷款等外部资本的依赖，从而对企业的安全性和独立性造成隐患，由此引发经营环境恶化，增加财务风险。这一点对于许多日本百年老铺来说是一条经营管理中的"红线"，是无论如何也不能逾越的。

日本的长寿企业十分重视可持续增长。它们几乎全都是家族经济，最大的目标就是要传承整个家族的事业，所以经常会做这样的事情：即便有非常好的事业发展的机会，但是为了整个家族事业的安全考虑，可能会有意识地规避掉这些看似诱人的机会。从长远发展的角度来看，这些企业以企业的可持续发展与繁荣为目标，拒绝短期的急速增长，因为这种增长缺乏韧性和持续力。

换句话说，它们不会超过自身的能力范围，不会过分扩张经营规模。

20世纪80年代，也就是大家常说的日本泡沫经济时代。许多企业之所以涉足主营业务领域以外的业务，就是受到了利益的诱惑，但是盲目地扩大经营范围带来的高风险，又使得企业不得不投入超出自身财务能力的资金，最终导致企业破产。我们研究发现，大多数长寿企业在泡沫经济时代没有进行盲目投资。它们认为，虽然投资回报率看似比较高，但它们在这个领域没有优势，正是这种思想一直主导着公司的决策，并让公司最终生存下去。

当时，由政府主导的一些项目承包给民间公司运作，有些项目本身确实存在市场需求，因此也确实能赚钱。但一些百年老企业，如创业超过350年的冈谷钢机[①]（1669年创立）却拒绝了这些项目。理由很简单：项目与自身业务不相符合，企业无法发挥自身优势。冈谷钢机的做法就是理性地量力而行。大多数长寿企业都有一个特点——不追求短期利益，不接受浮利的诱惑，它们总是重视自身核心竞争力，只追求与自身业务相关的利润。

企业如何做到量力经营

保持安全性和独立性，要有自力更生的决心。这里所说的自

[①] 冈谷钢机是日本非常著名的长寿企业，其首席执行官自2018年至2021年担任汉诺基协会第十任会长。汉诺基是一个国际家族长寿企业协会，总部位于巴黎。协会成员企业都是家族企业，且持续经营时间超过200年。

力更生，不单单是指依靠本公司的力量，也包含利害关系者。平时与客户、股东等建立信任和合作体制，在危机面前更容易加深彼此的合作。

重视贷方的安全感。申请 15 兆日元贷款的前提是确保账上有 3 兆日元的现金，用于今后偿还公司的债务。仅利息每年有数千亿日元，如果手上有 3 兆日元的现金，就能保证数年内无论发生什么都有支付利息的能力，这一点会让贷方放心。如果没有这样的准备，缺少能够产生现金流的利益基因，那么杠杆战略是无法成立的。

有意识地提高经营管理能力，对不断扩张的事业保证合适的管理。事实上，人们对量力经营常常存在两个误解。第一个误解是"量力经营等于走一步看一步"，这种消极态度其实与量力经营的理念背道而驰。量力经营的原则是，把握时代的潮流，确定自身市场定位，发挥自身优势积极开展事业，不被竞争对手的动向所迷惑，坚持走自己的路线，这属于企业的"自知之明"。第二个误解是"量力而行与快速发展战略容易冲突"。事实并非如此，我发现，日本长寿企业并不是经营缓慢，而是有快有慢，根据市场环境和企业自身状况采取发展策略。很多长寿企业的案例表明，只要下述两个条件能有意识和持续地得到满足，快速发展战略就非常可行。第一个条件是做好风险管理，即使突然出现前所未有的大规模经营危机也能正常应对，这就必须从平时就做好应对的准备。第二个条件是在量和质方面提高经营管理能力，对不断扩大的事业保证合适的管理。管理者要清醒地意识到，企业的管理、品控是否满足快速发展的要求。如果不能，就需要停下来，慢慢提高和发展。如果上述两个条件都能满足，那么快速发展战略就完全值得推荐。然而，正如过去1000多年的经营历史所清楚记载的那样，就算我们同时满足上述两个条件，也必须理解长期持续快速扩张业务是一件近乎奇迹的难事。

因此，我们要对企业有充分的认识：当企业在短期内获得巨大发展时，需要更注重提升自身短板，避免盲目冒进；当企业处于业务平稳或者下降时期，需要保持稳健的心态。这一点在日本长寿企业身上体现得特别明显。很多企业有一句口号，叫"不落后，也不超前的经营"，指的就是这一点。

密码三：核心能力

近年来，欧美流派的经营学开始重视企业的核心能力，事实上，日本的长寿企业一百多年以前就已经开始了这样的实践——构筑并发挥自己的强项。在一百年的长期发展过程中，市场环境、顾客的需求都会发生相应的变化，为了企业长久生存和健康发展，就要不断加强自身建设，培育企业的核心竞争力。有的企业会扩大自己的经营范围，有的企业会从自身强项出发，拓展周边业务，但这些都是相对保守的经营战略。那么企业究竟如何构建和强化核心能力呢，快速有效地发展核心能力呢？

不追逐浮利

我们可以借住友商事集团的做法来理解这一点。

住友集团是日本最古老的企业集团之一，拥有400多年的历史，由17世纪住友政友在京都创办的"富士屋"发祥而来。住友从经营铜制乐器的商号开始，1691年取得别子铜山的经营权，住友也因此不断成长。经历了明治维新混乱时期的别子铜山，在引进了外国技术和设备后，生产能力得到大幅提升。1967年，住友凭借自身技术开发研制了第一台液压挖掘机之后，目前世界各地到处活跃着住友液压挖掘机的身影。住友的沥青摊铺机在日本国内更是达到70%的市场占有率，几乎是一枝独秀，完全垄断。

在吸收西洋技术、不断扩展铜生产量的同时，住友还涉足机械工业、石炭工业、电线制造业、林业等关联产业，逐步发展成为以矿工业和金融业为中心的近代财团。目前，住友集团旗下有三大核心产业，被称为"住友三大家"，分别是住友银行、住友金属工业、住友化学三家企业。其中，住友银行的地位最高。住友银行无论是在资金容量上，还是在收益上，都位居都市银行的前列。

住友集团的经营理念，制定于1891年。由两句话来表述：

> 我住友之经营，重视信用，务求实际，以图稳步发展。
> 我住友之经营，随时势之变迁，计理财之得失，弛张兴衰虽有之，不追逐浮利，轻举冒进，勿为之。

第一条是讲住友的企业价值观，强调"住友精神"的根本是"严守诚信"，也就是"始终不辜负对方的信任"。第二条宗旨的前半段明确指出，作为企业必须迅速准确地应对社会变化，以追求利润为己任，决不可满足现状，积极进取，始终谋求事业的兴盛。后半段则告诫员工，要时刻与公共利益保持一致，不可追求浮利，不可轻举妄动。浮利是指眼前的投机利益、轻而易举并唾手可得的利益，还包括有悖道义的非法利益。

即使到了今天，住友商事集团的经营理念和行动准则，始终根植于其创立400年来代代相传的"企业精神"。住友的企业精神可以追溯到第一代创始人住友政友，他生活于日本战国时代至江户时代。晚年，他把自己在经商过程中的心得体会总结为《文殊院旨意书》。在此基础上，经过住友几代接班人的运用和不断提炼后，精简为《经营要旨》传承了下来。

其中主要内容包括：

- **守信和踏实**。商业成功的重要基础就是守信，为了贯彻这一点，每个人在工作中都要脚踏实地，兢兢业业，不能背信弃义。要做到恪守信用，言出必行。
- **不追求不当得利**。不为没有创造性价值的当下利益迷惑。要开动智慧，勤奋劳作，为客户和市场提供有价值的内容，再以与此相符的价格出售，堂堂正正地盈利。
- **既要利己，也要利人，还要有利于社会**。住友的事业不只是自己一家的利益，应该是和国家及社会相关的伟大事业，要设立远大的目标，怀着报恩之心和使命感工作。
- **进取精神**。要敏锐洞察时代变化，走在时代前列。积极废除不合时令的陈旧内容，提倡符合时代发展的新事物。

除此之外，住友公司还提出了"重视技术""尊重人才""远大计划""利人利己，公私兼顾"等内容作为住友精神，被一代代的住友人传承下来。

这些内容看起来容易，但在漫长的企业发展史中坚持下来远非想象中那么顺利，在实施时会遇到很多难题。比如，2014年，日本经济新闻以"有那么经典的经营家训作为尚方宝剑，为什么还会这样呢？"为题，刊登了住友商事投资失败的消息。听说住友商事出现巨额损失的新闻后，很多人都表示难以置信。住友商事是日本住友集团的下属公司，创立者立下的铁律就是"不追求不应该得的眼前利益"，并作为企业精神延续至今，照理说他们应该非常谨慎小心才是。

根据当时发布的消息，住友商事产生巨额损失的最大原因是在美国得克萨斯州进行的页岩油开发事业失败，造成了1700亿日元的损失。当时，页岩原油资源商业热潮突然爆发，曾被誉为"现代黄金潮"。这一波商业热浪，对于和能源有关的企业来说相当有诱惑力。在日本，和能源有关的大企业和商事公司为了保全各自势力，都孤注一掷地投身进去。然而任何事情都有利有弊，页岩油气也不例外。当时，住友商事内部有反对的声音说："页岩油气革命并不是一件好事情，这个风险比其他任何风险都要大，即使成功也会加速煤气价格下降。如果预算不充分，即便增加投资也难以保证持续性。"明知这些风险存在，住友商事还是没能抵住页岩油气的诱惑。再加上那几年对能源方面的投资备受市场青睐。尽管公司有前人定下的宗旨，对此投资案的前期风险调查也做得非常全面，然而结果不得不让人承认，对页岩油气的投资风险管控比想象的难得多。

金融市场的考评眼光非常苛刻。这件事情发生以后，美国知名金融企业审查机构标准普尔对住友商事的考核就从"安定"改为"负面"。

住友商事非常严肃认真地反省了此事，在媒体公布了损失结果后立即成立了经营改革特别委员会，调查失败原因，制订今后的对应策略。这种在投资失败后专门成立机构来处理问题和规划未来的做法，在日本企业中算是不多见的特例。

注重集中兵力的战略

想要在目标领域内运用核心能力建立强有力的地位，必须在该领域内进一步聚焦细节，在自身拥有的资源范围内尽早成为该领域的领导者。上述实现后，将焦点扩展到下一个细节，依次构筑在特定领域内的地位。该战略不是"规模经济"，而是强调"范围经济"，对于可使用的经营资源（人、财、物）有限的众多中小和中坚企业来说是有效的。而且，在国内实现"范围经济"后，在国外市场也可以聚焦同一目标领域，运用核心能力实现"范围经济"。

许多日本长寿企业在构建其核心能力上，除了以坚持传统

第三章　长寿企业的经营密码

为精神内核，亦同时关切外部环境与市场变化带来的机遇与挑战，并将其作为企业增长的重要判断原则，一旦发现适合自己的机会，就大胆而迅速地出击。战争要在自己擅长的地方进行，一旦出征就要稳操胜券，此乃兵家常胜之道。企业经营也是同理，在了解其他公司的动向和市场特征的基础上，充分发挥自己的优势，才能占据压倒性的地位。

许多日本企业家都十分喜爱中国的《孙子兵法》，针对核心能力，他们找到了《孙子兵法》中"兵力集中"这一条，并在实际经营中颇具成效。

日本历史上有过被称为泡沫经济的时期，那个时候很多企业一窝蜂地去投资，但投资的都是很不熟悉的股票市场或不动产，因为偏离本业，很多企业业绩恶化。相比之下，长寿企业基本没有出手触碰这些领域，这些经营者都意识到"那些所谓的商机不是我们擅长的"。创立已经有340年历史的冈谷钢机就是这样一个例子。当初很多人和经营者谈有关投资的话题，冈谷钢机的经营者认为这些不属于自己擅长的领域而全部拒绝了。

总体而言，大量日本长寿企业都明白抵制诱惑，集中兵力在自己擅长的领域，才是培养核心能力的正确策略，这需要企业做出取舍。美国"竞争战略之父"迈克尔·波特曾说："战略就意味着取舍。"只有选择适合自己的主战场，放弃那些低回报率的竞争，才能在关键领域集中优势资源。对于长寿企业来说，不追求不应该得到的利益，在自己擅长的领域着重发力，维持自己的霸主地位，是维持企业长期经营的关键之一。

密码四：共存共荣

基于对长寿企业的研究，我们发现长寿企业有一个共性，就是企业与员工、客户以及当地社区的关系都非常融洽。这些融洽关系的建立基于长期的信赖，然后又转变成相互依赖，最后成为利益共同体。这种共同体一旦形成，就成为长寿企业生存和发展的基石。这就是为什么长寿企业很难倒闭。即使在企业经营上犯一些错误，即使面临各种危机，这些利益相关方也不会让企业倒闭。这种与相关利益方共存共荣的现象确实是日本长寿企业的常见特征。

超越雇用的利益共同体

在长寿企业，祖父和父亲一起工作，父亲和儿子一起工作，企业经营者代代传承。有趣的是，长寿企业的员工也代代传承，在日本，很多员工持续数代地在一家企业工作。这种现象表明，企业与员工之间不仅仅是雇佣关系，还是相互依存的利益共同体。而且，我们发现，很多长寿企业规模并不大，薪资并不具有竞争力，但是它们的员工却连续几代在这里工作。只能这么理解，企业的产品和服务是当地人们生活中不可或缺的一部分；企业的经营理念和价值观，也根植于员工的心里。

这种相互离不开的关系也存在于企业和客户之间。在很多家族经营的饭馆，老板是祖祖辈辈的一家人，顾客也是祖祖辈辈的一家人。第一代食客带着孩子来这里消费，长年的习惯和饮食偏好让他们无法舍弃老店而寻求其他口味。顾客的孩子有了孩子后，仍然继续在同一家店消费。凭借着食客们的长年支持，家族饭店才能成为百年老店。

员工、顾客、客户和企业因为共同的利益和地缘记忆，形成了相互依存的关系，进而演变为一个企业永续经营的生态圈。

很多管理学者也在研究这种关系，最初他们认为，企业与职工、股东、供应商、消费者、社区等利益相关者之间的关系是一种共生关系。这种关系逐渐演变为企业经营活动的基本理念和行动准则。但是，研究者后来发现，这种共生理念不仅体现在商业领域，而且成为一种生存方式和生活态度，共生关系一旦建立，就奠定了企业长寿的后天基因。

随着管理理论的进一步发展，这种共生理念不但体现在企业与人和社会的关系上，还体现在人与自然的关系上。之前，由于许多企业片面追求利润用以积累资本，而轻视废弃物的处理和对环境资源的保护，最终导致了严重的公害问题。结果是，企业不能与环境共生，社会就不能与企业共存。因此，现代管理理论认为，共生理念的本质是人与自然的共生，并由此演绎为企业与社会、自然的共生。

今天，共生理念已经深入企业骨髓。在日本，很多企业自觉地将共生理念作为公司制度和文化。如丰田汽车公司就提出"员工的成长就是公司的成长"；日本建设公司熊谷组认为要"以共存共荣为基础，齐心协力，发展业务"；伊藤洋华堂则表明"我们希望做令交易方、股东、地区社会信赖的诚实企业"。

清和机特酷公司于1920年创立,始终坚持一切为了客户的理念。这家公司只有76名员工,但年销售业绩为15亿日元。是一家持续了三代的生产齿轮的公司,公司的经营方针是:

- 把"顾客第一"作为座右铭。工作目标是提供被世界认可的产品和服务,从而获得顾客的信赖和满意。
- 及时了解顾客的需求,提供顾客需要的解决方案,不断参照最新的技术努力进行独创性的技术开发。
- 经营者在实现以上两点的基础上,要继续保持并不断精进,重视和客户、员工以及合作伙伴的信息交流,并不断改善内部的品质管理系统。

这家公司就是以此经营方针为轴心,坚持"所有努力都是为了客户"的信念,及时征求和听取客户的意见,对技术和服务不断进行改善。清和机特酷的客户分布在世界各地,无论在哪个国家,无论有多远,公司都会安排员工前往客户所在地配送机器和安装调试。有时候当约定的交货时间所剩无几时,员工会彻夜不休地工作以保证按时交付。这种近乎固执的诚恳服务让世界各地的顾客都很感动,因此在世界各地都赢得了客户的一致好评,与客户之间建立起了非常深厚的信任关系。

有一位员工谈道:"和顾客之间结下信任的缘分是我们工作中最大的快乐。我现在是公司的中坚力量。刚来公司时,我觉得前辈们都是远远地关注我们。然而,一旦遇到困难,大家会立刻团结起来共同解决问题。我自己也有好几次得到过帮助，所以我现在也同样会帮助别人，这使我得以成长至今。我们公司技术人员经常出差，有时一个月要出差海外两次。作为技术工作人员去海外出差，好像在其他公司不太多见。记得去罗马尼亚时，工作结束后客户还邀请我去旅游了半天。因为要赶工期，所以在机器旁边睡觉的事情也时有发生。也正因为我们的认真和敬业，才和顾客有了非常深厚的信任关系，我们和客户个人之间也会有非常好的交情，现在我们也保持联系，分享彼此的近况。和客户结下友谊是我进入这个公司后的重要收获。"

由此可见，与客户建立信任不但巩固了公司和客户之间的良好关系，也加深了公司和员工之间的联系。公司内部的团结氛围与企业文化因此变得更加牢固。

珍视共同的生态与社会责任

有很多企业的生产活动往往会对当地环境造成污染，导致与当地民众的关系紧张，甚至引发冲突。这一现象在20世纪80年代的日本屡见不鲜。由于日本企业首先出现了这一问题，因此，也较早地面对和解决了这一问题。日本长寿企业通过实践证明，与当地社区搞好关系是企业经营的基础保障。很多企业甚至把与当地社区的良好互动列为企业的经营理念。例如，爱知钟表电机就将"通过与地域环境的协调发展和参加社会贡献活动，高扬企业市民意识"作为行动理念。在欧姆龙公司的经营理念中，有"以世界的事业为基础,作为良好企业市民,积极为社会贡献的同时,致力于地区环境和资源保护"的规定。富山制药公司会背着重重的袋子,登门拜访药材种植农户。日本的长寿企业认识到,只有扎根社区,融入社区,并极力为社区做出贡献,才能赢得良好的社会信誉。

> **案例:城崎温泉**
>
> 位于日本兵库县北部的城崎温泉,距今已有上千年的历史。古时城崎温泉被称为"但马汤",是日本平安时代(794年—1192年)、南北朝时代(1366年—1392年)京都贵族、文人的清游之地。关于城崎温泉,还有一段美丽的传说。和铜元年(709年),日生下权守一日于梦中遇到四位神仙,梦醒后根据指示建造了寺院,将这四位神仙供奉起来。养老元年(717年),一位法号道智上人的高僧到访此地,看到很多村民深受疾病折磨,于是在此地诵经千日为村民祈福,结果此地涌出温泉,这便是城崎温泉。
>
> 如今作为拥有悠久历史和文化的室外温泉,城崎温泉依然深受日本乃至世界各地游客的青睐。城崎温泉最有名的当数在城崎温泉街的7个外汤,每个外汤都有自己专属的名字和特色。以这7个外汤为中心,当地形成了繁华的商业街,街上有约40家店铺和77家旅馆。
>
> 城崎温泉的经营理念就是"共存共荣"。温泉作为当地最为宝贵的资源,一直受到民众和政府的重视。他们不

但致力于保护好温泉，还致力于让游客在这里获得最佳体验。当地规定，禁止私自圈设室内温泉，因为资源是宝贵的，且不可再生，如果为了一己私利争相挖掘温泉，造成资源减少或温泉质量下降，损害的是广大民众的利益，反而得不偿失。因此，城崎温泉将温泉资源公共化，在城崎温泉街，无论入住哪家旅馆，都可以享受这7个公共温泉带来的舒适体验。这也成为城崎温泉独有的特色。因为温泉的存在，当地社区才能繁荣发展，每个人、每个商家才能相互依存。因此，温泉是大家共同的财富。保护温泉，一荣俱荣；破坏温泉，一损俱损。

新冠肺炎暴发前，作为旅游胜地的城崎温泉人气颇高。2013年温泉所在地丰冈市的外国人入住人数为10 457人（80%~90%入住城崎温泉），2019年入住人数63 648人，创史上最高纪录。为了让游客拥有完美的体验，当地旅馆增加了外语接待，增设了Wi-Fi端口，当地官民团结协作，努力打造当地以温泉为依托的商业生态和生活圈。

"共存共荣"的思想很容易被认为是和平环境里的经营战略，但其实对于城崎温泉来说，"共存共荣"的理念是挽救其于生死存亡之际的指导思想和救命稻草。

2020年，全球新冠肺炎暴发。受疫情影响，城崎温泉的外国人接待数量为零。这意味着依托温泉的所有商业营收也为零。当地政府与民众协同合作，统计所有旅馆、商店等商业设施信息，同时制定补助政策，以让这些商家渡

> 过难关。多年来，依托温泉的所有商业经营者都与当地政府和民众形成了共存关系。在面临危机时，共存共荣的理念让他们相互扶持，并最终挺了过来。正因如此，才会有城崎温泉1300多年的繁荣。

密码五：风险管理

风险管理，一直是管理界的重要课题。这是因为，即使在以长寿企业闻名的日本，中小企业的平均寿命也才12年。在世界第一经济大国美国，有超过60%的企业活不过5年。企业经营是经济活动，财务风险管理是每一家企业生存的基础保障，也是长寿企业存在的一个重要条件。因此，企业必须有足够的流动资金，就是为了随时应对不可预期的风险。

长寿企业如何做风险管理

第一，预判风险。长寿企业在漫长的经营历程中，已经充分意识到风险是无处不在的。长寿企业积累了大量预判风险的经验，他们清楚地了解在什么样的环境和条件下，风险最容易发生。成功地预判是化解风险的前提，这让企业可以提前做好准备，渡过难关。

第二，保持危机意识。面对外部环境的变化，管理者往往保持着高度的警觉心，不会因为眼前的成绩而沾沾自喜，而会以更长远的眼光看待企业的潜在风险。居安思危，未雨绸缪，才能换来更大的生存机会。在长寿企业内部，这种危机意识不但成为企业管理思维的一部分，还以企业文化和制度的形式深入每一名员工的心里。

第三，制定风险管理方案。风险预防固然重要，但如果发生了，补救措施和补救速度才是至关重要的。一个典型的例子是，企业在遭受地震、台风等自然灾害的冲击后，由于长寿企业经历过各种风险，对应对风险的方法了然于胸，因此可以做出最佳补救措施。而其他企业就会陷入慌乱，复工复产也会变得缓慢。在日常经营中制订风险管理方案，已经成为日本长寿企业经营制度的一部分，甚至成为企业的无形资产，为企业保驾护航。

第四，共担风险。上文我们已经介绍，长寿企业最重要的特征，是多年来培养出来的与社区等周边群体的信赖关系。在风险发生时，如果单靠企业自身去应对，就显得势单力薄，且恢复周期很长。长寿企业可依靠当地的社区支持，甚至与业界伙伴共同承担风险。因为常年形成的共存共荣关系，让与企业相关的利益方认为，共同承担风险也是它们的责任。这样，企业就会快速复兴，这也是长寿企业最大的优势。

企业是社会性的，不可能脱离社会单独存在，我们必须牢记这一点。对于企业来说，自身资源是有限的，如果不与当地社区协作发展，如果不依靠深厚的社会资源，企业将举步维艰。当然，企业必须积极承担社会责任，做好社会的企业公民。

案例：精工舍

1881年，年仅21岁的服部金太郎在银座正式开设服部钟表店，主要销售从外国贸易公司订购的西式怀表。在积累了一定的资金规模后，服部并没有裹足不前，而是开始思考，如果要将钟表生意长久做下去，就不能仅依靠外部供货，这样货源不稳定，议价能力也有限，想要拓展发展空间，必须自己生产。1892年，颇具远见的服部金太郎用销售进口钟表赚来的钱买下一家休业的工厂，创立了"精工舍"，正式生产钟表。虽然服部在销售钟表方面是首屈一指的大企业，但作为生产商经验不足，而且面临国内外同行的竞争，稍有不慎，便有倒闭的危机。为此，服部采取了四大措施。

第一，追求品质第一。服部立志生产不亚于欧美质量的精巧钟表，以振兴日本钟表业，这也是"精工舍"名称的由来。精工舍以"生产被客人认可的精品"为目标，以"品质第一"为愿景，砥砺前行。

第二，培养人才。服部从小热爱学习，因此非常重视对员工的教育。为了确保员工能够熟悉业务，在精工舍创立初期，他便在店内建立了员工宿舍并提供夜校课程，坚持让他们学习国语、数学和书法。又于1918年在服部钟表店本部开设了夜校课程，于1927年在大阪分店内创立了服部商业学校。

第三，重视品牌。从创业时期的商标创建开始，服部不仅以"制作精良的产品"为目标,同时意识到了"品牌构建"和"市场营销"的重要性。随着1924年"SEIKO"(精工)商标的确立、日本史上首次放送电视广告、1964年东京奥运会官方计时器等营销事件,精工舍的知名度越来越大。

第四,向全球学习,以全球为市场。服部在精工舍创立之初就放眼全球,为振兴日本钟表产业向欧美学习先进的技术和经验。为了保证产品拥有竞争力,他只身赴欧美考察学习,用半年时间掌握了钟表行业的尖端技术,然后重金购入领先日本钟表行业技术多倍的生产设备,只为争取在全球钟表领域占有一席之地。

在创立20年后的1911年,精工舍已经占据了60%的日本市场,是日本生产效率最高、技术最先进的钟表制造企业。这与服部金太郎长远的洞察力和基于风险意识的经营理念密不可分。

虽然当时精工舍已经是日本国内钟表制造业的领先企业,但在世界范围内的影响力还远远不足,原因就是缺乏有别于其他钟表制造商的核心技术。服部认为,企业要生存,不但在日本国内,更要在全世界具备竞争力。

当时瑞士和日本国内其他生产商普遍采用"水平分业生产方式",精工舍决定另辟蹊径,采取从零部件生产到组装一体化的"垂直统合生产方式",他的理想是建立当时最先进的工坊,将产品生产的每一个阶段都整合到一个地方完成，力求在制作高品质产品的同时缩短产品开发时间，同时实现"量"和"质"的双重提升。靠着一体化的生产方式，精工舍开发了"齿轮自动转盘"，生产技术大大领先于同行业。

1913年，精工舍制造出了日本第一枚手表。其生产的闹钟，由于使用的防锈镀镍表壳质量远胜于德国的铁质表壳，让精工钟表赢得了世界认可，源源不断地销往国外。

第一次世界大战爆发后，作为参战国的德国，同时也作为钟表主要制造商，其产量大受影响，钟表出口也陷入停滞状态。服部金太郎马上意识到，这虽然是德国同行的危机，却是自己的机会。精工舍从英国和法国分别收到了60万台和30万台闹钟的订单。由于海外需要的激增，具有先见性的金太郎在战争爆发后不久就从国外进口了大量的原材料。随着战争规模越来越大，当其他日本钟表生产商想要购买原材料时，很多贸易通道却中断了。1915年，服部的手表和钟表取代欧洲产品称霸亚洲市场，之后，服部更是在全球钟表行业中成为佼佼者，被誉为"东方钟表之王"。可以说，服部确实是风险管理的高手。他总能从行业风险和企业风险中捕捉一切可能的机遇。

然而，一场更大的危机在等着服部金太郎的精工舍。1923年9月1日，一场突如其来的地震袭击了东京横滨地区。地震引发海啸，继而引发的大火更是席卷了整座城市。位于银座的服部钟表店以及精工舍都被这场大火所摧毁，其他钟表企业也因为地震损失惨重。好在历经风波的服部金太郎并没有在这场危机中失去信心，虽然非常心痛，但服部仍冷静地清点了损失，并着手重建工坊。清点时服部发现，有约1500枚手表因正在店中修理而被大火焚毁。于是，服部马上在报纸上刊登广告，表示将为这些手表的主人免费提供相近款式的新品，以此来补偿客户的损失。

服部的这一举动，赢得了客户的好感，客户纷纷订购精工舍的手表，这让服部信心大增。同时，有了市场订单的保证，服部在复产复工时敢加大投入，这又领先于同行一步。企业的高效重建使产品如期送到了客户手中，这无疑又大大增加了精工舍的美誉度。1924年12月，精工舍重建工作结束，并以新的品牌名字SEIKO（精工）宣布回归，而位于银座的服部钟表店也于1932年完成重建，还包括初建时的那座标志性钟塔。直至今天，服部钟表店仍然是银座的地标性遗产建筑。

精工舍一路走来，创始人服部金太郎历尽艰辛，一次次的行业危机与企业风险没有打倒他，而是促使他从中捕捉一切可能的机遇。他坚强的意志和对风险管理的高超技巧值得后世学习。从广告宣传语"世界的钟表SEIKO"到1964年东京奥运会官方计时工具，再到瑞士天文台大赛的佼佼者；从世界第一款石英腕表ASTRON的诞生到2012年世界第一款GPS光动能表的面世，精工舍将服部金太郎的精神传承至今。

密码六：继承意志

我们在做他国长寿企业与日本长寿企业的对比时，发现了一些有意思的现象。

在欧洲，意大利和瑞士的长寿企业在本国企业中所占比例是非常高的，与日本一样，这些长寿企业大多也是家族企业。但在研究分析时，我们发现欧洲的一些国家，只有一半的长寿企业是由家族世代经营，这也意味着，这些长寿企业中有一半已经换了老板和经营者。这是为什么呢？其中缘故也许是经营企业确实是非常艰难的事情，越是长寿的企业其经历的难题越多，因此，很多家族企业在获取丰厚的回报后，都倾向于将企业转手。

与之相反，日本90%的长寿家族企业的经营主体从未改变，剩余的10%基本上也是交由同业伙伴等相关人员来继续经营。相比较而言，日本人把传承当作一种家族责任。他们把继承先辈的事业当成光荣的使命。如果先辈事业在自己手里难以为继，他们会非常愧疚。只是，在研究中发现，由于日本文化百年来的西化，继承家族事业的观念在今天的日本已经变得越来越淡薄。

在亚洲范围内，我们把日本的长寿企业与韩国进行了比较。研究结果令人惊讶，同为亚洲国家，韩国超过百年的长寿企业竟然只有7家。与拥有上万家长寿企业的日本根本无法相比，甚至日本经营时间超过千年的企业都有7家。

2016年，韩国大学生团体访问了东都暖帘会。据说，韩国大学生发起访问的缘由是韩国电视上屡次介绍日本长寿企业，他们对此感到不解。韩国大学生直接问道："为什么长期经营的企业在日本会受到尊敬呢？"

这个问题让在场的日本企业家感到十分诧异，在日本长寿企业受到尊敬是理所当然的。日方反问，韩国人为什么不重视长寿企业？

韩国大学生回答，在韩国，企业主的子女毕业后会选择在大城市里谋职，他们并没有继承家业的打算。韩国根本没有"家业"这一概念，所以韩国人也不考虑继承的事情。企业主如果自己能经营下去就自己经营，经营不下去，子女不愿意继承的话也不强迫，大多转手了事，还能获得一些出售资金。继承企业，在韩国不是普遍现象。

继承人为何纠结

其实，我们在研究中发现，近几年日本不少长寿企业也面临着无人继承、管理松散、创新不足等问题。尽管这些企业已经有几百年甚至上千年的历史，但面对日益复杂多变的环境，长寿企业的经营者仍然需要用比以往更积极的心态来面对。继承人从父辈手中接过一家上百年的企业，在外界看来光鲜亮丽，实则他们需要背负更多的责任。渴望延续辉煌、无法容忍失败的心理，让他们在接手企业时有了更多的犹豫。

据我所知，这个问题在中国的第二代继承人中同样存在，不少第二代继承人会选择逃避。我在网上看到一些有趣的段子——这份工作如果我做不好，就得回家继承家业了。对于大多数普通人来说，这着实令人羡慕；对于那些不得不继承家业的二代们来说，这却是一个"卓越的包袱、甜蜜的烦恼"。他们或许心存一丝期待，但更多的是焦虑、抗拒、恐惧。这与当前日本一些家族企业后续乏人也有相似之处。

为什么继承人在接手家业时会有如此纠结的心理？就这个问题，我曾咨询过彭凯平教授心理学中如何理解自我。我粗浅学到的是，这种现象可能源于个体自我之间的矛盾与冲突。哥伦比亚大学心理学系教授托里·希金斯在 1987 年提出的自我差异理论认为，人的自我概念分为三种：实际自我、理想自我、应该自我。实际自我，是指个体认为自己实际具备的特征，即在现实中自己是什么样的人。理想自我，是指个体渴望自己具备的特征，即期望自己成为一个什么样的人。人们渴望实现的积极的方面和努力获得的成就感，也是为自己的梦想、抱负设立的人生目标。应该自我，是指个体认为自己应该成为哪种人，应该完成哪些来自第三方施加给自己的责任和义务。对于继承人来说，应该自我意味着他们是被迫完成，而非出自内心的意愿与渴望。

希金斯认为，理想自我和应该自我具有指引作用，当实际自我和理想自我不一致时会产生失望、沮丧等情绪，当实际自我与应该自我不一致时会产生焦虑、不平衡等情绪。继承人一方面期待能像父辈那样构建自己的商业王国，但又深知无法超越父辈，于是感到忧伤、沮丧；另一方面不想活在父辈、公司给自己设定的目标下，无法遵从内心的自愿与渴望又让他们感到焦虑、压力。

如何选择继承人

如此看来，对于长寿企业来说，一个非常重要的课题就是如何选择继续人。在这个问题上，制造酱油的企业——龟甲万，就解决得很不错。

龟甲万是 1917 年由千叶县野田市的八个家族共同创办的。这八个家族是高梨 1 家，茂木 6 家，崛切 1 家。高梨家在 1661 年最先创业，生产酱油。茂木家在 1662 年创业，生产味噌，到 1766 年才开始生产酱油。龟甲万集团高梨家的第 30 代传承人高梨一郎，曾经就龟甲万家族共同经营和管理的话题做过介绍。龟甲万家业继承采用养子制度与分家制度。通过分家来分暖帘①。各家以自己的品牌互相竞争，从而扩大事业，但优先做到互相协助和团结一致。

龟甲万在 1949 年上市，对社长的职位制定了明确的限制与规定。研究龟甲万的专家这样评论："社长不是一家独有的，而是要挑选出一族中最优秀的、有经营能力的人，创业者不插手社长人选。八个家族互相监督。由此，可以排除同族人互相包庇或者拉帮结派，有利于组织发展。"

> **案例：菊地保寿堂**
> 拥有 400 多年铁壶制作历史的菊地保寿堂是日本著名的老铺企业，日本国宝级的铁瓶、釜的修缮工作都由菊地

---

① 暖帘是一种挂在店门口的布帘，多用来标明自己的品牌。

家完成。当第十五代继承人菊地正直还在东京美术大学雕刻系上学时，他的父亲也就是第十四代掌门人病故，恰好此时菊地规泰（菊池正直继承师名）被批准获得公费留学法国的机会。一边继承家业，一边完成学业，这让年轻的菊地陷入了两难的境地。不仅如此，随着父亲病故，母亲也开始卧床不起，家里也需要人照顾。这是一个几百年历史的家族万万没想到的局面，尽管现在菊地社长非常轻松地谈论当时的情形，但我们也能想象此中多少艰辛。

在另一家大型公司当社长的舅舅，给这位还是学生的继承人提出了几个要求：

第一，接受现实，必须完成学业，拿到大学毕业证。

第二，为了尽快掌握企业经营的知识，每个月要用两周时间在校学习，两周时间在公司学习。家里暂时由亲戚和老员工代为照顾。

第三，从此时起就任社长的职位，但是因为没有实际业绩，只能拿最少的工资。据菊地夫人介绍，当时菊地到手的工资比普通员工还低，仅仅能够糊口。

第四，找到自己独特的、立足企业和社会的方法。

一直以来，菊地保寿堂的产品设计一直遵循传统，与其他家的铁壶并无多大区别。接任企业后，菊地很快找准契机，对产品外形、颜色等进行大幅度改进创新，彩色的铁壶很快受到人们的认可，一起工作的工匠也因为能制作新产品而开心，接纳了新上任的社长。

> 我们在问及当初接班时的种种时，菊地社长说："关键还是要接受现实，改变固有认知。通常情况下，像我们这样的继承人，从很小的时候就开始接触铁壶制作，接手企业也被认为是理所当然的事。但就算是理所当然的事，大家也都知道在父辈的扶持下接班更为稳妥，我当时没有其他选择，只能一步一步地往前走。换个角度讲，也正是那样的环境，让我在产品创新上很顺利，没有人阻拦，可以完全按照自己的想法来创造。"

长寿企业从来都不是一帆风顺的，其中最大的挑战之一便是继承人的问题。老铺得以基业长存，一定是在这个方面找到了适合自身的方法。尽管各个企业的方法千差万别。但在调查中我们发现，继承问题更深层的是价值观与道德律。比如，以日本国民追捧的和式点心品牌种屋为例，其公司的经营宗旨是：第一，为了不变而变；第二，用灵活多变的创新，扩展品尝和式点心的快乐；第三，公司栽培山野草，演绎和式点心的季节时令感；第四，用全新的姿态在西点领域掀起革命。这里面没有任何一条条文与继承有关。但是查阅这家公司的发展历史，我们发现，其历代经营者都以"大自然的观点"为个人与企业的价值追求。也就是说，在看似普通的经营宗旨背后，是关于企业价值观的传承。

这里特别值得注意的是，包括八大家族选能人的龟甲万、半路继承的菊地保寿堂、推举贤明的种屋、"一了相传"的稻庭乌冬面等企业在内，其继承表面是经营者的更替，实际上是一个企业理念与价值观的传承。传承人必须通过这项考核才能成为企业的接班人。而从小培养家族荣辱意识，强化利他与"顽固"的精神，大大增加了后代家族成员符合继承标准的概率。

所以，老铺企业继承的不是家产，不是财富，也不是某种血亲关系，这些在法律上被写得清清楚楚的东西。对于百年、千年传承的老铺来说，这些都是充分条件，而不是必要条件，必要条件是对企业初心的坚守与对自己所从事的工作的无比热爱。这种精神虽然不会写进政府颁布的继承法里，却是继承中最关键、最核心的内核。

这也是日本老铺最强大的继承意志。

为什么日本的长寿企业如此之多

长远规划、量力经营、核心能力、共存共荣、风险管理、继承意志，是日本老铺企业传世百年、千年的长寿密码。这六点长寿密码从一个总的框架下，概括了日本 25 000 多家老铺的成功经验，经受了时间与空间的检验，是留给商业企业的一份宝贵财富。

从上面六点以及相关案例中我们看到，日本的长寿企业并不都是沿着一种模式走下来。百年传承下来的经营方略与经营技术也各不相同。沿袭固有产品与技艺者有，完全走一条新路的也有。因此，就无法从具体的经营上说到底哪家老铺更优秀。

那么，为什么日本的长寿企业如此之多呢？

根据我的观察，我认为除了日本外部社会环境相对比较稳定之外，还有以下六点可能的原因。

企业内部具备相对现代的管理体系

众所周知，全球通用的复式记账起源于意大利，而日本从江户时代便开始采用精致的复式记账法。同时在总店与分店之间建立上下级管理制度、人事管理制度和教育培训制度，这些管理制度在业界得到了广泛普及。能实现这样的管理模式，有个非常重要的前提，那就是寺子屋①，它使日本在早期的识字率就非常高，教育的普及为各种管理制度的普及提供了先决条件。另外，长期储备各种风险管理知识也十分重要。为了家业永续发展，先祖遗留下来的教训，以家训·家宪文化的方式被传承下来。企业储备金制度也是应对紧急状态的一种方式。储备金分为三个阶段，在最坏的情况下，用埋在地下的储备金来应对极端状态，这一点在世界上也是少见的。

企业的外部发展环境

研究显示，江户时代的 200 年间（1603—1868 年），经济平均年增长率为 0.1%。作为政治中心的江户，在 18 世纪上半叶就已经成长为拥有百万人口的大城市。位于经济中心大阪的堂岛，设立了世界上第一个期货交易市场——堂岛米市场。长寿企

---

① 寺子屋是指教孩子读书写字、算盘等面向大众的教育设施。

业的产生、发展在各个时代都是从首都向地方传播，这是因为政治中心更能聚集财力和物力，同时不断积累材料、技能（供给侧）和消费力量（需求方）。商家和商人积极顺应时代潮流，不断地进行自我变革，最终成就了今天的长寿企业。

强烈的家业永续意识

在封建时代，家族永续十分重要，家与家业在日本有着同等重要的意义。沿用至1948年的明治宪法中，家督（一个家族的领袖）被制度化，通常由嫡长子继承家业并成为家族实际掌权者。为了确保家族永续，先辈创造了各种危机管理的方法，这是老一辈留下的智慧。另外，在坚持长子继承制的同时，企业为应对风险会根据实际需要导入养子制度，这也是日本企业的一大特征。

强烈的时代精神

日本老铺特别重视传统思想家的思想，特别是石田梅岩[①]的思想。他融合佛教、儒教、神道教提出的"石门心学"，对日本的商业发展产生了重要影响。石田梅岩在京都的活跃时期是18世纪前半期，弟子将他的思想普及到了全日本。二宫尊德的"报德思想"、涩泽荣一的"道德经济合一说"（《左手论语，右手算盘》），对经济发展的影响持续到明治维新以后。在重武轻商的时

---

① 石田梅岩（1685年—1744年）是日本江户时代著名的思想家和教育家，他开创的"石门心学"是日本重要的文化遗产之一，对日本近世和近代的精神和道德产生了深远的影响，并深深地融入了日本商业社会。

代，心学积极地肯定了商业活动的意义。提出"正当的利润和武士的报酬一样，没有什么可耻的"，给日本商人提供了强大的心理支持。江户时代后期，心学通过寺子屋等各种教育机构渗透到庶民阶层，为家业永续的强烈意志提供了精神支柱。

利他之心

对于日本长寿企业来说，利他之心相当重要。某种意义上来说，利他之心是企业基业长青的心灵动力与心理能量。利他之心决定了日本长寿企业在各个方面应遵循的价值观与经营原则。企业当然会获得利润，这是企业的财务基础，相当于一个人的血液。但是老铺认为，血液的目的是保持企业肌体的活力与健康，而不是牺牲肌体健康，为了造血而造血。当然，日本百年企业占总企业数毕竟也才1%。这也意味着，即便在日本，也有相当多企业并没有将这一观念融入自己的企业中。对于企业来说，坚守价值观远比挣钱难得多，特别是处于一个长期的历史发展中，这更凸显出企业核心价值观的珍贵与重要。

大家在日本老铺身上，有时候会发现一个很有意思的事情，就是很多日本老铺对暂时性亏损持有一种无所谓的态度，这与现代西方企业经营管理中利润至上的观点有很大的不同。老铺企业认为比盈利更重要的是企业存在的目的，企业要为社会创造一点儿价值，要为社会留下一点儿东西，盈利只是企业经营良好的一个必然结果。经营结果受多方面的影响，有时候由不得企业自己决定，但企业能决定的是自己的所作所为、所思所想。为社会留下一点儿东西这件事，企业完全可以自己把握。所以，哪怕是经营中暂时出现了一些亏损，也是可以接受的。当然，这一点也与日本人文化中的坚忍性格有关。

　　日本企业家确实也是这么做的。最负盛名的是我们熟知的、成功创办京瓷的稻盛和夫，原本早已功成身退的他却在78岁高龄时应邀出任破产的日航董事长，零工资投身于拯救日航的行动中，一年后日航实现了全球航空业三个第一（利润世界第一、准点率世界第一、服务水平世界第一），三年后日航成功重新上市。日本企业类似的故事还有很多，比如丰田公司在经营过程中始终立足于"追求人与社会、环境的和谐"这一利他的经营原则；松下公司始终以"为了人们的生活更加丰富、更加舒适，为了世界文化发展做出贡献"为使命从事经营活动等。这些都是日本企业家利他精神的真实写照。

　　老铺企业坚信利己可能让企业在短期内获取一定的生存空间，而利他则能让企业的生意做得更久。因为，企业的收入来自客户的信任与支持。因自私自利而失去了客户的信任是企业最不应该做的事情，只有把客户的利益与合作伙伴的利益放在首位，才能获得长久的支持与利润。所以，利他才能让企业真正实现基业长青，这就是日本老铺企业的经营逻辑。

工匠精神

　　工匠精神是什么？通常解释为以下五点。

- 精益求精。注重细节，追求完美和极致，不惜花费时间和精力，孜孜不倦，反复改进产品，把99%提高到99.99%。
- 严谨、一丝不苟。不投机取巧，对产品采取严格的检测标准，不达要求绝不轻易交货。
- 耐心、专注、坚持。不断提升产品和服务的质量，因为真正的工匠在专业领域上绝对不会停止追求进步。
- 专业、敬业。工匠精神的目标是打造本行业最优质的产品，以及其他同行无法匹敌的卓越产品。
- 伦理性、道义性。企业的长久生存有赖于社会的支持，所以要把大众的利益放在首位。

在阅读中国关于工匠精神的报告时，我发现第一点到第四点更受重视。这些都毋庸置疑。但我个人认为，第五点才是最重要的，也是企业做事的价值观。一个企业要为社会做出应有的贡献，遵从伦理性和道义性，这才是工匠精神中最应该强调的一点。还有人认为工匠精神在传统工艺中非常重要，但我认为不止如此，工匠精神应该广泛地存在于各行各业中。

日本有一些非常注重实践工匠精神的典型企业。制造业中，有丰田汽车、资生堂、东洋陶器。流通业中，有7-Eleven便利店、新干线、大和宅急便。这些企业都是工匠精神的典型代表，以它们为带头示范，整个日本国内不仅企业的经营者、管理者重视工匠精神，普通的员工也非常重视工匠精神。企业领导人与员工之间形成了一种文化与思想上的共同价值观，并由此培育出企业的内生动力。工匠精神不仅体现在为顾客提供最好的商品以及服务，满足顾客的需求，还需要有为了满足顾客不惜牺牲自身利益的觉悟。日本这些企业中都拥有这种传统又古老的特征。

这里，我特别想强调的一点是，日本被认为是工匠精神的典范，那么它的工匠精神的起源在哪里？是如何生成的？前文我提到长寿企业强烈的家族继承意志，是源于佛教、儒教以及日本自古就有的神道教的融合，工匠精神的生成与此也密不可分。换言之，日本的工匠精神学习的是中国。只要访问日本的长寿企业，就不难发现这样一个事实——长寿企业在制定家训的时候，很多内容都是基于儒教订立的。

其中最重要的也是非常有名的一个家训叫作"先义后利"。这是取自《荀子》的一句话："先义而后利者荣。"创立于1717年的大丸百货商店，是全球规模屈指可数的百货店之一。这家店在1736年由下村彦右卫门制定了家训"先义而后利者荣"，大丸百货商店非常重视顾客，也非常重视公司的社会信用。彦右卫门因救助贫困者而被称为"义人"，受到普通民众喜爱。

第二句非常有名的家训是"积善之家，必有余庆"，这句话取自《易经》。我去采访日本的长寿企业时，经常会看到类似的家训。日本之所以能够成为长寿企业大国，是因为我们非常认真地学习了中国古代思想。除了上述家训，还有仁义礼智信、修身齐家治国平天下、勤俭节约等，这些都源于中国的儒家思想。

实践证明，"工匠精神"和企业长寿的秘诀有非常大的关系。

一个企业如果越长寿,他的"工匠精神"积累就越多、越强。当一个企业的"工匠"文化很强时,它就越容易成为一个长寿的企业。

在1400多年以前,日本学习了中国这些古老的思想。在此后的时间里,我们非常认真地实践了中国的古老思想,并成为世界上少有的长寿企业大国。中国与日本一衣带水,我认为今后我们之间有必要继续相互学习。

第四章
/
长寿企业的心理品质

长久以来，企业都是用经济学与财务学的形式定义的，这代表了企业的第一目标是获取超额利润，在企业工作的人们，则是为了得到能生活下去的经济报酬而做事。上市公司披露的全部重要报表与信息，基本与经济事实或财务事实相关。我们从来没有见过有哪一家上市公司或哪一个证券交易所要求企业出具一个"心理资产负债表"或者"心理价值流量表"。企业自身也没有一个报表来统计自己的"心理财富"到底积累了多少。当然，这或许只是一个心理学教授，而非管理学或经济学教授的玩笑。

但事实上，通过大数据在一些关键词汇上的表现，这个来自心理学教授的玩笑似乎并不全是异想天开，有一些相当明显的蛛丝马迹显示，人们对于"企业"和"工作"等词汇的认知与态度，实实在在地遮蔽了它们在心理学上更加丰富的含义与价值，同时，也遮掩了企业家与企业更加丰富的经营生活。

我一直认为，企业是一个生命体，他不是冰冷的公司招牌与办公大楼，也不是面无表情或仅仅带着社交微笑而不是"迪香式微笑"的客户与员工，更不是每天遵循着严格的流程与会议制度的工作单元。企业是有灵魂的，也是有生命和气息的。企业不仅是一个工作场所，也是凝聚了所有工作人员生命时间的氛围空间。企业在经营管理上所做的每一件事，都不应该仅仅是为了经营管理或取得业绩目标而进行的，它应该传递某种观念与意义，为员工建立归属感。并且，企业作为社会体系中重要的一个单元，它在社会中呈现的样子，也不应只是公司营业执照与网络宣传片中的品牌或产品，它理应成为一个充满生命活力的有机体。

从管理领导力到积极心理领导力

管理的变迁

毋庸置疑，管理学自其诞生之日起，就一直在变化。不过，在某些时候，一些显著的变化更值得我们深思。当我们以"Management leadership"（管理领导力）与"Positive Leadership"（积极领导力）为检索对象时，Google Books Ngram 告诉了我们一个相当有趣的现实比较。我们将其称为"MBA 时代的管理偏好"与"心理时代的管理偏好"对照。

数据显示，自 20 世纪伊始，也就是现代管理学与现代心理学产生后不久，在经济与商业领域，管理成为一个越来越重要的话题。令人惊讶的是，管理中涉及管理氛围的探索居然比涉及管理技术的探索早近半个世纪。

一种可能的情况是，闻名世界的霍桑实验正是在那个时候对传统的泰勒工作制发起了挑战。霍桑实验是心理学历史上最著名的实验之一，1924 年由美国国家科学院全美科学委员会在西方电气公司所属的霍桑工厂进行，时间从 1924 年持续至 1932 年，历时 9 年。

当时的时代背景是，古典管理理论的杰出代表人物泰勒、法约尔等人在管理思想和管理理论的发展上做出了卓越的贡献，并对管理实践产生了深刻影响。但他们有一个共同的特点，就是都强调管理的科学性、合理性、纪律性，却忽视了管理中人的因素和作用。他们的理论是基于这样一种假设，即社会是由一群群无组织的个人组成的，他们在思想和行动上力争获得个人利益，追求最大限度的经济收入，管理部门面对的是单一的职工个体或个体的简单总和。基于这种认识，工人被安排从事固定、枯燥和过分简单的工作，成了"活机器"。从 20 世纪 20 年代美国推行科学管理的实践来看，泰勒工作制使生产率大幅度提高的同时，也使工人的劳动变得异常紧张、单调和劳累，因而引起了工人的强烈不满，并导致工人怠工、罢工以及劳资关系日益紧张。另一方面，随着经济发展和科学进步，有着较高文化水平和技术水平的工人逐渐占据了主导地位，体力劳动逐渐让位于脑力劳动。西方资产阶级意识到，单纯用古典管理理论和方法已不能有效控制工人，从而提高生产率和利润。对新的管理思想、管理理论和管理方法的寻求和探索成为必要。霍桑工厂也在那时候应运而生。

霍桑工厂是一个制造电话交换机的工厂，具有较完善的娱乐设施、医疗制度和养老金制度，但工人仍愤愤不平，生产成绩很不理想。为了找出原因，美国国家科学院组织研究小组开展实验研究。在研究小组经过了不太理想的"照明实验"与"福利实验"后，"访谈计划"与"群体实验"取得巨大的成功。

访谈计划最初是让工人就管理当局的规划和政策、工头的态度、工作条件等问题做出回答，但这种规定好的访谈计划在进行过程中得到了意想不到的效果。工人想就采访提纲以外的事情进行交谈，工人认为重要的事情并不是公司或调查者认为意义重大的那些事。访谈者了解到这一点后，及时把访谈改为事先不规定内容，每次访谈的平均时间从 30 分钟延长到 1~1.5 个小时，多听少说，详细记录工人的不满和意见。该访谈计划持续了两年多，工人的生产效率大幅提高。

在后来的"群体实验"中，心理学家梅奥等人选择了 14 名男工人在单独的房间里从事绕线、焊接和检验工作，并对这个班组实行特殊的计件工资制度。实验者原本设想，这套奖励方法会让工人为了获得更多报酬而更努力工作。但观察发现，其产量只保持在中等水平上，每个工人的日产量都差不多，而且他们并没有如实报告产量。深入调查后发现，这个班组为了维护他们群体的利益，自发形成了一些规范。他们约定，谁也不能干得太多，突出自己；谁也不能干得太少，影响全组的产量。并且，他们还约定不准向管理者告密。若有人违反这些规定，轻则受到挖苦谩骂，重则受到拳打脚踢。工人之所以刻意维持中等水平的产量，是因为担心产量提高，管理者会改变现行奖励制度——或者裁减人员，导致部分工人失业；或者惩罚干得慢的伙伴。

这一试验表明，为了维护班组内部的团结，工人可以放弃物质利益。研究人员由此提出"非正式群体"的概念，认为在正式的组织中存在自发形成的非正式群体，这种群体有自己的特殊的行为规范，对组内成员的行为起着调节和控制作用。同时，群体成员加强了内部的协作关系。

经过多年研究，梅奥等人终于发现金钱激励并不影响产能。在实验中，加薪或不加薪，产能都提升了，这是因为这些工人被选出参与实验时，本身感到一种个人的光荣，这种心态进一步催生了整个团队的荣誉感，触发了"情绪性连锁反应"。

霍桑实验证明，团队归属感也能满足个人的心理需求。此外，赋予员工个人或团队某项决策责任时，个人或团队将更可能视任务为己任，全力以赴。其次，当管理者对员工在整个事件中的贡献表示肯定和关怀时，员工会认识到自己在组织中的独特和重要性。

霍桑实验对管理理论有相当大的贡献。

- 它让工人了解自己不只是机械的延伸。
- 它引发产业界与学术界开展一系列的相关措施与研究。
- 它为管理学打开了一扇通往社会科学领域的门。
- 它也提醒研究者,在调查研究中不能与研究对象过于接近,否则会影响实验的结果(即"霍桑效应")。

事实上,在霍桑实验进行的同时,社会心理学家在情境管理领域也取得了杰出成果。最著名的实验之一,是社会心理学家勒温为弗吉尼亚州马里恩镇的哈伍德睡衣厂进行的管理改进指导。勒温的主要任务是解决工厂女裁缝工作参与度低的问题——她们士气低迷,对管理层特别不满,一些人甚至破坏设备,以此向主管表达敌意,或者干脆集体罢工。紧张的气氛在工人和管理层之间形成了"我们和他们"势不两立的严重态势。经理们抱怨说,任何微小的改变,比如减少睡衣上的纽扣数量以降低生产成本,都会引发女工的怒火。经理们用性别歧视的理论来解释为什么女工低效和不投入,但勒温坚决反对这种观点。在勒温看来,经理们对女工自上而下的专制式管理才是罪魁祸首,更加民主的管理方式才能带来更好的结果。

勒温的管理改进方式是基于专业的心理学理论,而非企业管理理论。他首先通过幽默与共情技巧拉近了与女工的心理距离,营造了一个安全、信任的氛围。这时候，女工就愿意向他吐露心声。更成功的是，勒温建议管理层给予女工一定的自由度来设定自己的工作目标。他们让女工聚集在一起，形成关系亲密的小组，讨论如何改进工作程序，并为每位成员设定了日产量目标。一些女工被授予"特别员工"的称号，以表彰她们的独特作用。管理层不再对女工进行说教。相反，管理层试图让女工意识到工厂正面临的问题，帮助她们理解只有削减成本才能保持竞争力。管理层也提出了一些自己的计划，并采纳了女工的许多建议。几周后，在勒温的"明智干预"实验组中，女工的生产力在经历了短暂的下降后实现触底反弹，最终超过了变革前的产出水平，而且没有人提出辞职。

哈伍德睡衣厂实验与霍桑实验一样，揭示了人类的情绪及与情绪相关的情境，对生产效率与工作质量的重大意义，证明了人类的心理与情感因素在企业管理中的巨大价值。

遗憾的是，心理学家早期的这些发现并没有促使管理人员对管理学的技术和系统论进行深刻反思，也没有在企业中得到更广泛的推广。这一现象不难理解，当时的管理科学无论是作为实践工具还是作为理论体系，都已经羽翼丰满，足以支撑大规模、高质量的生产制造。日本企业的精益制造就是在那个时期大放异彩。

不过，情况之后还是发生了转变。最引人注目的事件发生在20世纪90年代末期，Google Books Ngram的数据结果显示，1998年是一个具有划时代意义的分水岭。在这一年，人类所有的英文文本书写语言中，"管理领导力"与"积极领导力"发生了转换。从那一年开始，"管理领导力"在人类书写语言中的比重开始持续下降，而"积极领导力"的使用比重则迅速上升。到 2010 年，两个词汇的使用概率彻底倒过来，"积极领导力"也正式从比重数值上超过了"管理领导力"。

两个标志性的事件是：1998 年，"积极心理学之父"马丁·塞利格曼在就职美国心理学会主席的演讲中，首次提出将积极心理学作为一个独立学科的宣言；2010 年，来自哈佛大学的讲师本·沙哈尔讲授的被称为"幸福课"的积极心理学系列课程，从哈佛大学的课堂走向全球。

作为"人类第二轴心时代"标志的积极心理学

20 世纪七八十年代，心理学领域掀起了一场认知革命。其中最具有影响力的研究是对人类非理性认知误区的研究，并诞生了两位获得诺贝尔经济学奖的心理学家：丹尼尔·卡尼曼和理查德·H. 泰勒。我的博士生导师——理查德·E. 尼斯贝特教授，也是这一领域的领军人物。在这样的心理学大潮的影响下，我一直相信，帮助人类提高理性和认知能力才是心理学应该追求的主流方向，所以我的研究兴趣一直集中在人类的高级认知，如因果关系、虚假相关、价值观与行为不一致性、违背逻辑的"辩证思维"，以及文化对这些认知过程的影响等。

2008 年，应清华大学的邀请，我从加州伯克利分校回国主持清华大学心理学系的复建工作。一个很深切的感受是中国社会发展迅速，与1988年我出国时相比，人们的生活水平在20年间有了显著提升。但是，我发现我们面临的心理挑战有增无减，社会普遍存在一些急躁、烦恼、焦虑、担忧的情绪，我们在追求更大、更好、更高档次、更有面子的路上义无反顾，却没有用心体会内心的感受——那些精细的情感、流动的美以及大自然和人类社会留给我们的宁静与平和。在这样一种无比冲动的文化氛围下，焦虑症、抑郁症、躁狂症、自我封闭症等心理问题出现的概率逐年升高，并且开始蔓延到更年轻一代的身上。

是的，今天这个社会不管从哪个角度来看都不宁静。工业革命后几百年里，人类社会的喧嚣甚至超过以往几千年积累下来的总和。在这个现代化颠覆性变革的世界中，似乎每种文化、每个国家、每个人都在努力寻找自己的"第二曲线"。"增长"成为全世界所有学科努力的方向与新的信仰。中国也未能免受现代化陷阱的影响。虽然在绵延5000多年的中国文化中，沉淀了许多让我们不疾不徐的基因，但是全球化的步伐、地缘政治、军事威胁、科技与社会的颠覆式创新、人类物质财富的极大增长等诸多力量累加起来的作用力，都推动着这个蓝色星球"旋转得越来越快"，我们也只有加快脚步，迎头赶上。显然，这些变革在此时此刻具有更强大的诱惑力。

然而，这种诱惑并不全都是积极的，甚至可能会导致人道主义的灾难。作为一种应急技术手段的传统心理学，自然而然地成为处理这些并不积极的心理结果的良方。在这方面，传统心理学做出了巨大的贡献。但是，这还不够。

第四章　长寿企业的心理品质

　　传统的心理科学和实践研究，已经不能满足飞速发展的现代社会的需求了。如何从科学心理学的角度去帮助人们建立安全感、获得感和幸福感，需要一些新的思路和方法，尤其是面对中国这个更加具体的全球发展引擎时，这种紧迫性更加突出。这时，我发现了积极心理学，并开始关注这一领域的奠基人马丁·塞利格曼的诸多颇有成就的研究工作。

　　马丁·塞利格曼在20世纪六七十年代对"习得性无助"的研究，为科学心理学理论奠定了基础。这一理论解释了人类和动物如何学会无助，并感觉自己失去了对现实生活和自我的控制。塞利格曼将这种现象与抑郁症联系起来，指出许多患有抑郁症的人也感到无助。他这一富有洞见的灵感、想法和研究，对治疗抑郁症和预防抑郁症的策略产生了深远影响。尽管这项研究本身已经带来了深刻变革，但塞利格曼知道他可以为心理学界和整个世界提供更多东西，特别是在积极、令人振奋和鼓舞人心的方面。

　　在研究过程中，塞利格曼对传统心理学过于狭隘地关注消极因素感到沮丧，这与他自己的经历与觉悟有关。关于这段故事，大家可以去阅读他的《真实的幸福》一书。他发现，人们对精神疾病、异常心理、创伤、苦难和痛苦给予了太多关注，而对幸福、福祉、例外、优势和繁荣的关注相对较少。如果无助是可以习得的，那么幸福是不是也可以习得呢？人生并不总是悲伤与痛苦，更应该是积极乐观与蓬勃向上。

　　1998年，当塞利格曼当选为美国心理学会主席时，他抓住了这个改变该领域方向的机会。他提出了一个新的心理学子领域，重点关注赋能生命而不是消耗生命。2000年，塞利格曼与心流创始人米哈里·契克森米哈赖共同发表了《积极心理学导论》，标志着"积极心理学"这一新领域的确立。

从那以后，塞利格曼关于人类积极心理的呼吁得到了世界各地数千名研究人员的响应，引发了数以万计的关于积极现象的研究，并推动了将积极原则应用于教练、教学、人际关系、组织管理、社区治理等多个生活领域的实践。

2010年8月，我主导举办了第一届中国积极心理学大会，邀请了积极心理学的创始人之一、美国密歇根大学心理学系终身教授克里斯托弗·彼得森参会。第二届中国积极心理学大会时，马丁·塞利格曼教授亲临大会，并做了主题演讲《积极心理学与人类幸福》。中国积极心理学大会的巨大成功，推动了中国社会对积极心理学的关注。越来越多的人开始学习积极心理学，应用积极心理学来对待他们自己和身边的人。当然，这些人里面也包括了大量的企业经营者与职业经理人。

积极心理学领域虽然备受关注，但围绕其内涵存在一些常见的误解。我们用下面这段文字，简要描述一下积极心理学作为一项注定影响深远的运动，它到底意味着什么。

心理学被普遍定义为"是一门研究人类认知、情感和行为的科学"。因此，作为心理学新生代里一个重要的分支领域，积极心理学的定义也应该是"一门研究人类积极认知、积极情感与积极行为的科学"。这看起来似乎没有什么不妥，但在该领域普遍接受的定义是："积极心理学是对什么使生活最有价值的科学研究"。

前者经由逻辑推理得出的积极心理学的定义，与后者由积极心理学的创始人之一克里斯托弗·彼德森提供的定义有什么区别呢？

我们能够看到，第一个定义强调的是积极心理学作为心理学的一个分支所研究的主要领域，关键是"积极"两字，强调其与传统的心理学最大的区别在于关注优点而非缺点。克里斯托弗·彼德森的定义则强调积极心理学的目的与使命——"什么对人类的生活最有价值（或者最有意义）"。后者更偏重于阐述积极心理学的伦理观，即在生活中建立美好而不是修复损坏。同时，彼德森还在这一定义上加以解释——积极心理学致力于帮助普通人达到"伟大"，而不是仅专注于让那些正在努力奋斗的人达到"正常"。

简而言之，积极心理学到底关注什么？那么多积极心理学家每天的工作到底是什么？

积极心理学关注生活中的积极事件和影响，包括：

- 积极的经历（如幸福、快乐、灵感和爱）。
- 积极的状态和特质（如感恩、坚韧和同情心）。
- 积极的组织（在整个组织和机构内应用积极的原则）。
- 积极的文化与文化个性（与社会心理学相结合的对人类文化心理特质方面积极因素的考察）。

作为一个独立的学科，积极心理学家花费了大量时间思考诸如品格优势与美德、乐观、生活满意度、幸福、快乐、感恩、同理心、意义感、归属感、自尊和自信、希望和超越等。心理学家之所以研究这些主题，旨在了解如何才能帮助人们过上蓬勃发展并丰盛幸福的生活。

从诞生之日起，积极心理学就不是为了疗愈创伤而发挥价值；它致力于帮助人类心灵成长、认知提升与积极乐观地面对生活、追求真实的幸福。同时，它也旨在培养能够适应未来的社会精英，激发人的优势潜能，改造人们的学习方式，丰富人类对世界和自我存在意义的探索。无论如何，在一个更加多元、更加不确定、更加融合的概念时代里，这些目标都显得如此重要。

尽管社会上还有不少人对积极心理学的作用报以怀疑，但正如克里斯托弗·彼得森所说："……积极心理学不应与未经检验的自助、无足轻重的肯定或世俗宗教相混淆——无论它们让我们感觉有多好。积极心理学既不是积极思考力量的回收版，也不是《秘密》的续集。"

彼得森概述了迄今为止绝大多数积极心理学研究得出的重要理论和概念。

- 大多数人都是快乐的。
- 幸福是生活中美好事物的原因之一，能提高获取更多幸福的能力。
- 大多数人都具有很强的适应能力。

- 快乐、性格优势和良好的社会关系可以作为失望和挫折的缓冲剂。
- 危机揭示性格。
- 其他人很重要（就什么让生活变得有价值而言）。
- 人类需要灵性与悟性的启迪。
- 工作让生活变得有价值，只要我们投入其中并从中汲取意义和目标。
- 在达到一定程度后，金钱对幸福的回报会递减，但我们可以通过把钱花在别人身上来购买一些幸福。
- 积极的组织具备明显的特征，包括为他人着想、面向长远、造就幸福的氛围、高素质的精英的领导力、大爱、公益性及自我修复能力等。

当我们把这些重要理论和概念移植到长寿企业这个领域时，我们会惊奇地发现，它们对于长寿企业来说都是适用的，或者说，我们能从长寿企业身上找到相同的内容。因此，为了帮助企业家从积极心理学的视角洞察长寿企业的成功，我将从六个方面进行阐述，我将其称之为"积极心动力"。它们是：积极心态、福流感受、意义感、多元认知、意志品质、品格优势与美德。这六个方面可能无法完全代表老铺经年积淀下来的精神力量和心理财富，但我们希望这些内容能成为一个契机，帮助企业家换一个角度思考如何使企业基业长青。

积极心动力一：积极心态

简单来说，积极心态是一种正面、阳光的心理状态。它促使个体把注意力更多地放在那些让生命与社会更加美好的事物上，并对这些事物予以肯定和投入。这种心态强调积极的感受、积极的情绪、积极的接纳、积极的回应、积极的判断、积极的认知等，体现了人类认知、情感、意志共同构成的心理过程的强烈的存在感与自我觉察。

根据积极心理学的研究与实践，我们发现观念的力量相当强大，它是时间价值、财富、成就的来源。企业家的观念或企业理念上的小小改变，都可能导致员工福祉和生活质量的惊人变化。比如，为企业注入更多的乐观和感恩，这样简单的行动就可以让员工与企业对社会呈现更加积极的态度。作为一个大力推广积极心理学的学者，我还是要提醒企业家，不能只关注和思考企业生活中积极的一面。事实上，平衡很重要。积极心理学的建立并不是为了取代传统心理学，将积极心理学应用于企业经营管理也不是为了取代日常的工作制度、流程与管理方法，而是将积极的价值观作为管理价值与传承价值的补充与互鉴。

以下是企业家在思考企业长寿时，可以参考的关于观念与态度的积极心理学理念，每一项都是经过大量实验验证，具有普遍意义的科学结论。

- 人们过高地估计了金钱对幸福感的影响。它确实有一些影响,但没有我们想象得那么大,所以减少对获得财富的关注可能会让人更快乐。对于企业来说,积累财富很必要,但不要只为了积累财富而经营,企业需要把眼光从积累财富上移开,把事情做得更好,并在其间为企业建立快乐。

- **花钱买体验比买物质财富更能提升幸福感。**对于企业来说,通过产品与服务等要素为企业构建良好的情境与氛围会更吸引客户、员工及合作伙伴,因为人们在与企业打交道的过程中,获得的不仅仅是产品或服务,人们获得的是更加超值的幸福感。

- **感恩是生活幸福的重要因素。**这表明我们越多培养感恩之心,就会越幸福。对于企业来说,感恩之心相当重要,企业越懂得感恩社会、感恩员工、感恩客户与合作伙伴,企业越成功。

- **催产素能够激发人类的信任、同理心和道德感。**这意味着拥抱或其他身体情感表达,可能会给整体福祉带来很大的提升。培养企业的催产素就是培养企业的信任、共情与道德价值,这些富有感情的无形资产将成为企业的整体价值(包括商业价值、社会价值与传承价值)。

- **那些刻意在生活中积极表现的人,如果能够真诚地体验和表达积极情绪,并将之付诸行动,将会受益匪浅。**换句话说,"脸上挂着快乐的表情"并不一定会让你感到更快乐,但付出一点儿努力可能就会让你感到更快乐。企业的文化与宗旨不是放在办公室抽屉里的文件,或悬挂在公司品牌墙上的标语。积极的企业是能够真正构建起其乐融融的积极环境并为之付诸行动的，企业也将因此而获得更持久的成功。

- **快乐是会传染的。**那些拥有快乐的朋友的人更有可能感到快乐。企业家有创建一个充满快乐氛围的企业的责任。科学证明，无论是一个快乐的人还是快乐的组织都更有好人缘，也更能得到社会的信任与认可。注意，这里的快乐是真正有意义的快乐，而不是暂时的行乐与享受。

- **对他人表现善意的人不仅能提升幸福感，还更容易被同龄人接受。**这一点对于塑造正能量的企业文化尤其重要，与其自上而下的宣贯，不如在基层里建立和谐与融洽的工作环境。

- **为所信仰的事业奉献时间可以提升幸福感和生活满意度，甚至可以减少抑郁症状。**企业经营中复杂的商业挑战会对人的心理与行为产生重大的影响，不良影响将会使人的工作动作与工作心态变形，建立使命感与价值感对企业来说相当重要。

- **为他人花钱会给付出者带来更大的幸福与成功。**企业必须将利他精神放在重要的位置上。舍得，舍得，先舍才能后得，次序一颠倒就变成了"嘚瑟"。所以，企业要充分考虑他人、他组织的利益，才能保持长久的生意。

- **积极的情绪可以提高工作绩效。**工作场所的积极情绪具有传染性，这意味着一个积极的个人或团队可以产生正向的连锁反应，进而影响整个组织。企业处于积极情绪中，企业的管理成本会大幅降低，收益会大幅提高。
- 小而简单的行动会对我们的幸福感产生重大影响。这意味着不需要企业大动干戈就能使工作场所成为一个更幸福和更积极的地方。企业的战略固然重要，但具体项目与业务中的细小环节更需要关注。细小环节对企业带来的好处有很多，归属感、成就感、安全感、忠诚度、奉献精神等都是"勿以善小而不为"的回报。
- 积极的心理观念最重要的好处之一就是成功。无论是个体还是组织，当切实地沉浸在快乐之中，体验积极情绪的时候，实际上会大大增加成功的机会。
- 人的欲望和需要被满足时，会充满获得感，但对意义几乎没有影响。这表明当企业专注于获得时会增加企业的获得感，但不一定同时取得意义。意义对企业来说相当重要，因为它决定着企业能否走得更长远，所以，企业一定要在获得感之外补充那些使企业收获更深层次的意义感的工作与服务内容。
- 幸福是面向现在的，植根于当下，而意义则更注重过去和未来以及它们与现在的联系。这是积极心理学一个相当重要的发现，对于企业的长寿简直就是一个科学指南。如果企业不只是想获得当下的成功，而是想成为百年老铺，那就坚定地把思考企业存在的理由和存在的意义放在首位吧。至于当下的盈利带来的极乐，则需要警惕。
- "给予者"体验更多意义，"索取者"体验更多快乐。无论是企业家还是企业,如果发现自己缺乏意义,那就请尝试回馈他人;如果你缺乏快乐,那就请尝试接受别人的慷慨来给自己带来动力。

- **生活意义高、幸福感低的人更有可能感受到忧虑、压力和焦虑**。积极心理学特别强调平衡,正如它从来不否定人类的消极面一样。对企业来说,建立强烈的意义感是必要的也是应该的,但是需要注意的是不必对这个过程中的负面经历感到太沮丧。实际上,拥有一点儿负面的经历是一件好事,因为这些都是意义感的一部分,说明企业正走在一条通往长寿企业的正确道路上!
- **表达真实的自我意图和强烈的个人认同感与意义有关,但与幸福无关**。民主式的企业管理对很多企业来说其实并不容易,过于专断的管理者会失去了解员工与客户真实感受的机会。长寿企业直接与意义挂钩,所以如果你的企业正在寻求长寿,那么请给身边的人表达真实想法的机会。这么做可能无法让你快乐或幸福满满,但它很真实,也很有价值。

上面我们列举了17条积极心理学的观念与态度,这些都可以被企业家用作辅助观念来经营管理企业。我们提出这些观念的目的是从积极心理学的角度来探索企业的长寿基因。其实在积极心理学家眼里,还有大量诸如此类的发现,但无论如何,积极的人生与积极的组织运气总不会很差。

需要特别提醒企业家的是，学习与运用积极心理学不能过于极端。研究表明，强迫那些天生不乐观的人"只积极思考"可能弊大于利，不切实际的乐观主义和强烈的悲观主义都是有害的。所以，认为在企业中运用积极心理学就是"拒绝容忍任何负面情绪或观点，就能取得成功"，这是完全错误的观念。洛萨达线原理告诉我们，在一个组织中（包括家庭、学校、企业、社区），当正面信息与负面信息的比例是5∶1时，才是这个组织绩效与成绩最佳的时候。所以，企业中要有更多的正面因子，也要有适度的负面反馈。这样的组织才是平衡的、有弹性的、民主式的，也有发现与解决问题的最佳条件。这样的心态才是企业需要的高价值态度。

积极心动力二：福流感受

意识到"福流"可以作为一个理论进行建构，起于20世纪90年代末期，当时我将跨文化心理学的研究拓展到积极心理学东西方比较研究的领域。正是从那时开始，我与马丁·塞利格曼建立了长久的友谊。

积极心理学中的福流感受是一种全情投入、物我两忘、形神合一、心花怒放到极致的幸福体验。有人也将其称为"心流"。但事实上，我所提到的福流与心流理论还是有一些不同之处。这也是我多年来在积极心理学教学与科研中极力推荐的一种深度的意义沉浸感。人类的大脑是一个神奇的组织，它所分泌的奖励激素达到一定程度时，就会激发出人们充沛的福流感。其中包括类似于极乐、安全、自信、完美、超脱、意义、坚毅、松弛、幸福等多种身心体验。拥有澎湃的福流本身就是一件特别幸福的事情。随着脑科学的发展，我们越来越多地了解到人类产生幸福感的神经活动区域和神经递质的变化水平，这也是积极心理学家与认知神经科学家一直努力研究的方向。关于如何用科学的态度与方法理解幸福，我在《吾心可鉴：澎湃的福流》一书中进行了详细的阐述，这里就不再展开解释了。总之，幸福不是虚无缥缈的遐想，而是可以测量的真实感受。幸福是可以习得的，也是可以锻炼的，更是有方法的。

除了用科学的态度来看待幸福，我们内心深处的幸福还应该是什么样子的呢？

近几年在思考福流理论时，这个问题的答案越来越清晰地出现在我的脑海中。我是一个从事跨文化心理学与积极心理学研究的心理学家，我深知人类不同文化特质的现实差异，我确信，流淌在东方人血脉中的幸福感受与西方人的幸福感受存在着显著的不同，这一观点在我1994年关于"文化与归因"的大量研究中得到了实验的证明。

总的来说，建立于"救世主"信仰下的西方文明，将"救赎"与"无限接近上帝"作为人生的终极理想。而秉持着"天人合一""内圣外王"的中国文明，则将"仁义孝悌"所承载的伦理精神与"修身齐家治国平天下"的家国情怀结合起来，构成人生的崇高意义。因此，西方人的终极幸福带有一种宗教契约色彩，而中国人的终极幸福则更倾向于"道法自然"观念中的现实超脱。契约式幸福必然要依靠强大而缜密的证据与逻辑，依靠普世性的信仰与理性，而超脱式幸福必然更倾向于体味烟熏火燎的世俗现实，从中启迪空灵而深邃的生命感悟。因此，将东方文化心理与西方文化心理相结合而形成的一种新时代的幸福观呼之欲出，也就是辩证的幸福、境界的幸福、超越的幸福。

辩证的幸福

当我们讨论幸福时，不妨首先在心里想一下，幸福的背面是什么。我们可以选择很多词汇来进行表达，最简单的是不幸。通常来说，当我们提到"不幸"时，一般是指向一种极为痛苦的生活情景，包括造成不幸的具体事件，也包括当不幸发生时的心理损伤。当然，我们还可以联想到悲伤、痛苦、郁闷、压抑、难过、忧郁、愁苦、冷漠、伤心这些与情绪相关的词汇；或者自卑、不被爱、缺乏激情、自我效能感差、丧失意义、无价值感、虚无等心理层面的表述。尽管这些内容都可以被不同的人认定为幸福的背面，但几乎每个人都可以分辨出这些不同的词语代表的人类情感的细微差别。这意味着当我们谈论幸福时，也许不同人脑海中产生的对幸福背面的构想有很大的不同。这就造成了个人幸福观的差异，并引发了大量不必要的争执。

心理学家菲利普·津巴多在他的《路西法效应》一书开篇就提到了不能将"善与完美"与"邪恶与败坏"轻易地划为黑白两道。他通过著名的斯坦福监狱实验，证明了以下三个心理事实。

- 这世界充斥着善与恶，从前如此，现在如此，以后也一定如此。
- 善与恶的分界模糊不清且可以互相渗透。
- 天使可以变成恶魔，恶魔也可以变成天使。

其实，幸福与不幸难道不也是遵循着一样的道理吗？

- 人们都有着幸福与不幸福的时候，从前如此，现在如此，以后也一定如此。
- 幸福与不幸福的分界模糊不清且可以互相渗透（这取决于我们上面提到的个体对幸福背面的理解与心理承受程度）。
- 幸福可以变成不幸福，不幸福也可以变成幸福。

斯坦福监狱实验虽然没有直接验证以上关于幸福的观点，但我们完全可以想象，在经历了那么多天的实验折磨，无论从实验监狱中走出来的是"狱警"还是"犯人"，在第一缕阳光照射到他们脸上时，他们一定会感到极大的幸福。他们会由衷地感叹："这个正常的世界真是太美好了！"

从某种意义上说，我们在讨论幸福的时候，实际上也在讨论不幸。这意味着我们不能单纯地谈论幸福，或者说把幸福当成一种孤立的超然存在来看待。中文里有类似"乐极生悲""苦尽甘来""塞翁失马，焉知非福"的表达，这表明，幸福与不幸福在中国人的观念里从来都是可以相互转换、相互影响的。不仅如此，中国人认为缺了一方面，就不可能有另一方面。这种观念在中国的语言系统中比比皆是，如"有无""舍得""进退""缓争""阴阳""生死"等。这进一步说明，虽然积极心理学在东方视野中严格遵循其西方语境下的传统——关注人的积极天性和品格优势，但中国哲学中的强烈辩证观念和宇宙整体性观念，如《中庸》所说的"天命之谓性，率性之谓道，修道之谓教"，使得中国人更能发挥积极心理学中的敬畏和慈悲。因此，无论是东方底色还是西方底色，积极心理学总是不排除对人类悲伤或忧郁的同理与关切。事实上，我们都知道，很多幸福感的诞生正是来自对痛苦或不幸的超越，这正是我的幸福观中的最重要的一个命题：幸福的辩证逻辑。而且，对于中国人来说，辩证的幸福可能更加贴近于我们通常理解与接受的真实的幸福。

境界的幸福

谈到境界的幸福，我多次引用庄子在《南华经》中"庖丁解牛"的故事来阐述。

> 庖丁为文惠君解牛，手之所触，肩之所倚，足之所履，膝之所踦，砉然向然，奏刀騞然，莫不中音，合于《桑林》之舞，乃中《经首》之会。

文惠王在震撼之余，情不自禁地问庖丁："你解牛的技术为什么能做到如此的出神入化、行云流水？"庖丁回答："三年前解牛，我眼中只见牛，三年后解牛，我眼中已无牛。"

在《吾心可鉴：澎湃的福流》一书中，我提到庖丁在解牛时，表现出动作的洒脱、意念的旷达、心情的愉悦，他已经进入一种极致的体验状态，完全沉浸其中、物我两忘，这就是一种境界的幸福。事实上，还有一层意思是我在那本书中没有提到的，就是当我们阅读庄子所写的这个故事时，会产生一种情感的共鸣和理解。

首先，境界的幸福体现了一种深沉的思辨。中国人的生命中天然有一种超然的幸福感，即境界。境界，是西方语境里最难理解的一种中国人特有的哲学生命观。因此，要为幸福注入"境界"的观念，就不能不解释一下东西方文化中社会风俗、道德观念、心理取向、思维特征等种种文化差异。

我们知道，西方思想的起源可追溯至古希腊的早期哲学家。基督教的产生与发展，加速了以自然思辨为主导的西方思想，形成了宗教、哲学、科学更加泾渭分明的思想体系。不确定的神秘感受交给神学信仰，可进行理性的逻辑思辨的领域交给哲学，可通过实验进行验证的世间现象则划归给科学。这也形成了西方总体上"二元对立"的思维方式。

西方人喜欢在逻辑体系上下功夫，把体系的严密、完整、庞大作为理论高明的标准。亚里士多德、笛卡儿、康德、黑格尔、罗素、维特根斯坦等哲学家，包括牛顿、爱因斯坦等科学家无一不追求构建一个能统一学科的理论框架。相比起来，中国人则更讲究思想的意向性，喜欢用一两句话甚至一两个字，如孔子的"仁"、老子的"道"、庄子的"化"、韩非子的"法"、张载的"气"、朱熹的"理"、王阳明的"心"等来概况一个系统，甚至有些著作中的每一句话都可以作为名言警句，成为中国文化中一种简洁而深刻的思想表达方式。

其次，境界的幸福表现为一种关联美学。有人说中国人所用的语言与思维，是特别为"描绘"而创造的，而非仅仅为了"分类"。这种语言能够触发特殊的情感，是为诗人或怀古家所设计的语言。当人们感慨（注意这里是"感慨"，而不是"证明"）幸福时，人们援诗入文、以诗入画，然后通过这种审美情趣，达到一种极致的幸福描绘。天道、治理、伦理、道德，无不以此为轴心。当我们看到"落霞与孤鹜齐飞，秋水共长天一色"时，我们不仅能想象江天一色的风景，还有可能体会诗人在这种风景中复杂的情怀。中国的学子在参加各种官考时，所写的文章无不以文笔与思想并胜而出人头地。大多数哲学家在气质上都兼有哲学家与诗人（或文学家）这二重性，这与近代西方哲学家常常是科学家、数学家或物理学家这一现象形成强烈反差。

再次，境界的幸福还包括一种同理平衡。中国人关于境界的思维方式的一个主要特点就是"隐喻"，即说出来的并不是他最终想表达的，因此，中国人的幸福感也具有一种"隐而不发"的内敛，表面的幸福不是真正的幸福，背后还有更加隐晦的另外一种幸福。在表达幸福这件事上，哲人往往使用精练的警句，语言简洁明了，避免冗长和炫耀。而且说话谨慎，尽可能少说话，不张扬。炫耀幸福绝对不是中国人喜欢的方式。

在中国，比较流行的一句话是"沉默是金，雄辩是银"，圣人相见无须多言，双方对视一眼，就什么都明白了。小说中，武功高手之间的较量也是在意念中进行，身形不动，这才是顶尖高手。思维较量中失败的一方会心甘情愿地让出"天下第一"的珍贵名分，而见证者也不发一言，坦然接受这种现实。叫喊出来的幸福不能被称为真正的幸福，炫耀幸福的人往往被视为"庸俗"。相反，一个低调的人，不张扬地享受自己的成功，才能被视为真正拥有幸福的人，这也是中国文化所推崇的。因此，中国人的幸福观念里有着一种社会道德成分在内：给别人空间，不炫耀幸福。这是对别人的一种尊重与同理，展现了中国文化中关于境界的幸福的隐喻特征。

最后，境界的幸福还有一种宿命的含义。它富于暗示而明晰不足，是一切中国艺术与生活的理想，也是中国文化心理的基本特征，反映了人们追求超然的偏好。思想深刻又语言简短，就得借助于暗示。比如，人们喜欢用风、水来比喻中国人的思维方式。对古人来说，风与水只可意会，不可言传。它们无所不在，具有强大的力量，却没有固定的形态，且能深入、穿透到各种事物的内部，以无休止的运动在所到之处留下痕迹，人们却看不到、摸不着、抓不住。所以，中国思想家把风、水与话语看作一回事：它们都能发出不同的声音，都没有固定的形态，都因物件不同而不同。中国人甚至将这种不可捉摸的暗示特征放大到极致，与人生、命运、事物发展变化相对应起来，以"风水"命名，卜算命运。幸福也同样如此，它具备这种宿命性，既是个人的主观体验，也受到社会和文化环境的影响。

对于"为什么要去登山？"这个问题，很多西方人会回答"去征服"。同样的问题，很多东方人则会回答："山在那里，我想去看看。"

深沉的思辨、关联的美感、同理的平衡、宿命的情怀——这就是中华文化心理中关于境界的幸福最重要的几个特点。

超越的幸福

除了辩证、境界，在具体的幸福体现上，我的幸福观还包括"挑战极限与分享成功""履行职责与建立使命""探索未知与拥抱意义""面对苦难与坚忍牺牲"这四项内容，它们构成了"超越的幸福"。

挑战极限与分享成功。学习要建立兴趣，兴趣会带来动力，动力能产生福流，福流将收获丰盛。人是需要成就感的，这会让我们感到幸福。当一个人与大家分享自己的成就，并得到大家由衷的祝福时，那种幸福更强烈、更持久，更具感召力！这种强烈的幸福感夹杂着很多思绪：有对自己努力过的兴奋，有接受他人祝贺时的欣慰，更有对成就你的成就的人与时代的感激。一个人如果挑战了自己的极限，甚至幸运地超越了自己的期待，并且有人愿意为自己的成就施予祝福与分享，那么这种幸福感绝对不是一般的感觉。

履行责任与建立使命。在后藤俊夫教授的著作《继承者：日本长寿企业基因》中，我们看到不少日本老铺企业的继承人为了完成先人的使命，承担巨大的责任，并且将之代代相传。无论是什么职业或什么身份，责任感与使命感都是人获得超越感的关键动因之一。在积极心理学的24项品格优势与美德中，有一项大条目叫作"超越"。它可以让人在某个时间点完全专注于当下的活动，并从中获得高扬的价值感。人们会心潮澎湃，感到无比幸福——这与契克森米哈赖教授的心流体验十分相似。它虽然不是一种狂喜的幸福感，但平静之中孕育着实现他人愿望、完成他人嘱托的巅峰情感。这种幸福感来自使命的感召、来自责任的动力、来自承诺的决心，因而具有极为持久与澎湃的生命力。它不会因困难退缩，也不会被欲望动摇，更不会因诱惑迷失。这种幸福感是被生命激活的超越，推动着我们向前。

探索未知与拥抱意义。 如果在短暂的及时行乐与坚韧不拔的奋斗中做一个选择，你会选择什么？大家也许嘴上都会说"谁会选择及时行乐呢"，但心里是不是这么想又是另一回事了。是的，这个现象是有道理的。如果当面问人们这个问题，几乎所有人都会选择对自己有利的方面。但是当面对自己时，如果没有强大的意志，就很容易陷入懒惰、拖延与沉沦中。事实上，坚韧不拔的奋斗者是极少数的，马丁·塞利格曼很早就发现了这个现象，他用习得性无助来阐述这种因外界环境困难且自己无法做出改变而导致的消极心态。这个时候，探索未知与拥抱意义就会发挥重要作用。对于每个人来说，意义都应该是一个重大的人生命题，也是衡量持久的幸福的第一标尺。因此，超越的幸福，一定包括不断探索未知世界，在前人没做过的事情中找寻新的生命意义。超越感是人类积极天性与个体优势得以发挥的内在驱动力,而不是某种不甘心的妥协或某种焦虑意识。所以,客观来看,每个人都有探索未知与拥抱意义的需求。

面对苦难与坚忍牺牲。今天,我们的社会正从物化社会走向感性社会,人们对幸福的期待也已经从物理化的幸福,经由社会化的幸福,走向人格化与心灵化的幸福。这其中非常重要的一项内容是用积极的心态来面对自己的痛苦。无论是做人,还是做企业,都不会一帆风顺。每一件事情在最后结果产生前,都经历了无数的煎熬与痛苦。但这并不能影响我们对幸福的判断与定位,更不能因此而让自己成为一个"不幸"的人、自怨自艾的人、自我否定的人。煎熬与痛苦是人生的资粮,而人性恰恰是在这种煎熬与痛苦中得到铸炼。中国人信仰"苦尽甘来",所以在这一点上,东方民族的心理天然有一种面对苦难的勇气与在苦难中经受磨砺的坚忍牺牲精神。这种精神让东方文化从整体上不仅具备了内敛的特征,更在这种特征上加入了强烈的历史主义与伦理精神。

许多人发现,看日本工匠做东西是一种享受,我们能体会到匠人在全神贯注地制作中感受到的美与宁静。这便是福流。做事的人有福流,看的人也有福流。为什么我们提倡福流,尤其是在继承人、创业家和企业家群体中推广福流这个概念,就是因为福流体验能够提升人的能力,帮助大家实现人生目标。对于企业家来说,如果他们能体验高层次的福流,就会不畏艰难,把每一次挑战都看作一个持续提升能力的机会,不会停止思考。人们在获得一定财富之后，容易进入享乐状态或者产生惧怕失败的心理，从而导致事业停滞不前。可无论从哪个角度来讲，享乐会让人掉入深渊，惧怕失败容易让人患得患失，并最终错失良机。福流是一种现实的幸福观，强调在行动中获得辩证的、境界的、超然的幸福感。研究发现，福流不仅本身是一种充满乐趣和满足感的体验，它还能给人带来身心的健康，以及更高的学习和工作效率、更好的个人发展、更多的创造力和意义感。

积极心动力三：意义感

意义感是指人们通过追求自己认为有意义的目标和价值，获得满足感和成就感的心理动机，也是心理学家定义的"人们的学习与行为背后驱动的内在动机"。在学习中，我们通过理解和探索知识，不断扩展自己的认知边界和认知结构，并将其应用于现实生活中，实现自我成长和价值实现。在这个过程中，我们会对自己的能力和成长产生巨大的满足感和成就感。意义感不是天生的，而是后天习得的。这种感受是基于个体的价值观和人生经验建立起来的，需要学习者自主探索和认知。因此，"有意义的人生"意味着归属和致力于某些超越自我的东西，并能在这一过程中寻找到乐趣与自身的价值。

积极心理学从确定独立学科地位到今天，已经经历了30多年，形成了无数有价值的科研报告与实践成果，并且大量应用于各类型组织的价值建设上，其中就包括商业组织。正如我们在前几章看到的那样，长寿企业在经营管理中有很多涉及价值观、企业宗旨、社会责任、利他之心、节制欲望、服务社会等底层逻辑。能够实现长寿的企业必定是那些能够坚持这些涉及企业核心精神和价值观的企业，它们以勇气、坚韧、执着和顽强的态度面对挑战，而这些因素无一不是与意义感紧密相连。

最近的统计数据表明，全球发达国家有超过 1/4 的人深感无意义感。近年来，在全球经济低迷、传染病大流行、人道主义危机、地缘冲突、环境破坏和社会动荡下，人类生活显得尤其黯淡，表现为一种意义感的丧失。

纵观现代历史，人类问得最多的问题之一就是："什么是生命的意义？"维克托·弗兰克尔曾说："归根结底，人不应该问他的生命之意义是什么，而必须承认是生命向他提出了问题。简单地说，生命对每个人都提出了问题，他必须通过对自己生命的理解来回答生命的提问。对待生命，他只能承担自己的责任。"

何为意义

我们都渴望意义，这种渴望生命的价值大于其各个部分的总和。幸运的是，人类是足智多谋的，我们有无限的方法来寻找意义，也有无限的潜在意义来源——我们可以在每个场景、每个事件、每个背景中找到意义；我们可以在生命的崇高、荒诞、沉闷和悲惨中找到意义。

我们的直觉告诉我们，希望生活有意义，这种意义可以帮助我们茁壮成长，但我们很少会停下来问自己："我们为什么需要意义？意义如何影响我们？意义的本质到底是什么？"

首先对此做出回答的是哲学家。

在《西西弗神话》中，阿尔贝·加缪在面对他认为的存在毫无意义时，建议我们充分享受生活，而不是试图逃避。他的存在主义观点与让·保罗·萨特不谋而合，强调人类状况的独特性。根据存在主义的公式，生命没有内在的意义。我们有自由选择的权利，因此可以选择我们的价值观和目标。但存在主义从何而来呢？

存在主义提供的自由感至关重要，它能让我们摆脱舒适中的不适。它建立在弗里德里希·尼采的思想上，即不存在普遍的事实，人是孤立的，独自出生、生活和死亡。尼采告诉我们，我们应该创造自己的价值观和使命感，而不是遵循既定的生活方式。然而，如果获得了自由，我们又该如何创造意义呢？

埃德蒙·胡塞尔给出了回答。胡塞尔在其1900年的著作中，指出意义和感知是个体创造的。意义不是客观的，它可以在外部世界中找到，并且可以从我们的心理状态中建立起来。德国哲学家马丁·海德格尔在1927年写的重量级著作《存在与时间》中，进一步发展了这一思想。他说，"对于我们来说，要真实——在意识到我们是自由地认识而产生的焦虑状态之后——我们必须对我们的行为、我们的目的和我们的意义负责。"萨特在《存在与虚无》一书中延续了这一思路："……每个人，在没有任何支持或帮助的情况下，每时每刻都注定要发明新的存在。"

我们必须意识到可以自由地做事和创造意义有其可怕的一面。为了避免恶意（或不真实），我们必须承认对自己负责，而

第四章　长寿企业的心理品质

且对所有人负责。

对于存在主义者来说，意义来自我们所做的事情。随着心理学的发展，越来越多的心理学家意识到意义对个体福祉和幸福的重要性。积极心理学的研究表明，意义强的人生活得更好——他们看起来更快乐，生活满意度更高，抑郁程度也更低。意义是一个复杂的结构，可以从认知、动机等多个角度来理解。密苏里大学心理学家劳拉·金对意义感的定义被广为接纳："生命的意义可以定义为一个人体验到他或她的生活具有目的、价值和连贯性的程度。"

总的来说，无论意义感是源自哲学家深思熟虑的反思，还是心理学家认为的人类认知过程的产物，从现实角度来说，它对于个体健康和心理功能都至关重要。毕竟，时间是不可逆的，生命是一条单行道，是仅有一次的无法回头的旅途。只有人们认为这条道路有意义时，它才具了有意义。因此，意义是我们自己赋予的一种信念。在现代心理学中，几乎所有心理学家都同意，意义作为一个概念而存在，它可以在我们周围的世界中找到，并且我们也可以创造或发现自己独特的意义感。

目前，主流观点认为，意义在于我们如何"理解生活以及我们在其中的角色"，目的是"激励我们美好生活的意愿"。也就是说，作为人类，与动物的不同之处是，我们需要一些值得奋斗的东西，并为之奋斗。在这个过程中，我们感受到与这种奋斗的每一个重要时刻的联系。

1990 年，天文学家卡尔·萨根说服美国国家航空航天局旋转

"旅行者1号"太空探测器，以便探测器离开太阳系时最后一次观察地球。它拍摄的照片与之前任何其他照片都不一样。拍摄距离大约60亿英里（1英里约等于1.6千米），"旅行者1号"以每小时40 000英里的速度行驶，捕捉到了在阳光照射下呈淡蓝色小点的地球。这张图像在全球范围内引发了一场令人吃惊的大反思。有的人认为，这个图像让我们对地球在广阔、冷漠的宇宙中的渺小感到深深恐惧；有的人则认为，我们在这样渺小的地球上居然能够看到如此"广阔的宇宙舞台"，是一件令人无比好奇与自豪的事。

人们对这件事的看法正好可以验证人们是如何看待意义的。研究人员乔治和帕克提出了这样一种判断："生命的意义，是一个人的生活在多大程度上被体验为有价值，并受有价值的目标指引和激励，以及其对世界的重要性。"

我对这个定义的理解大致如下。首先，生命的意义需要一种内在的理解力，即人们对自己的生活本身要有明确的感知，知道自己是真实存在的。其次，生命的意义需要一种明确的目标感，并且这种目标是有价值的、可衡量的，也是能获得生活回馈的。最后，生命的意义需要一种仪式感，即人们认为自己的存在对世界来说是重要的，并且有证据证明。理解、目标和仪式感是三个互相联系又互相制约的三角结构，它们共同构成了人们生命的意义。当一个人认为自己的人生有意义时，这个三角结构就表现稳定；如果三角中的任何一个角过于突出或缺失，那这个人的意义感就会出问题。

弗兰克尔将这种现象解释为"意义意志",指为生活中的事件寻找答案和解释的内在动机。而根据马丁·塞利格曼的说法,有意义的生活涉及归属感和为比自己更伟大的事物服务的感觉,人生来就有寻找意义的根深蒂固的需求。

意义如何影响我们

积极心理学对意义如何影响我们的生活提出了三个主要观点。

第一,当人们能够做出贡献或做出改变时,就会感到自己很重要。所以积极心理学鼓励个体发挥自己的优势,改变生活,这是将意义付诸实践的一个相当有效的方法。

第二,人们要清楚自己的人生目标。"个人知道自己为什么而活,就可以忍受任何一种生活。"尼采虽然不是心理学家,但他的这句话形象地说明了心理学家想表达的观点。一个拥有明确的人生方向或核心目标的人每天都会信心满满,他们也知道如何驾驭时间与事件,并且从中体会到积极与快乐的幸福感。

第三,人们要有一种历史感,或者说要有明确的时间意识。要能在过去、现在和未来之间建立正向的联系,并由此建立自己的人生观、世界观与价值观。积极心理学中有一个"建立自己的生命线"的活动,就是组织大家画出自己期待的生命线,并与自己现实的生活状态相比较,从而帮助人们找到人生的意义。

积极心理学特别关注人们在具体的生活场景中如何进行意义创造,帮助个人从无意义感或无助、沮丧、失意等引发的情绪压力中恢复。以下是积极心理学提供的如何创造意义的一些建设。

创造整体意义

通过采访，我们知道宇航员在进行太空行走时，并不像人们想象的那样充满喜悦与兴奋之情。人类在地球上看夜空是繁星闪烁，但进入太空，则只有一片近乎实质性的漆黑。面对这种巨大差距，宇航员会从生理上感到无比的压抑与恐惧。但是，当宇航员想到自己的任务与责任时，这种情绪压力就会得到极大地缓解。这种现象体现了意义是一个人的总体定位系统，由他们的信念、目标和感受组成。所以，整体意义感是相当重要的一种意义感受，也是意义创造中最容易被忽视的内容。人们习惯于在具体的生活情境与人际关系中寻找意义，但对于涉及天地万物、宇宙洪荒这方面的宏大的意义感就相对少得多。这很容易理解，人类的生活是具体的、现实的，也是功利的。超然物外的生活在某种程度上是一种文化追求，而不被认为是一种具体生活的指南。那些太过缥缈的意义，在一个越来越世俗化的社会中显得越来越不重要。

但，事实真是如此吗？显然不是。人类需要一种整体性、宏观性、深远性的意义感。正如宇航员身处太空时的那种感受。虽然我们每天的生活看似如斯如彼，但这些生活背后是一个更宏大的运作系统在发挥作用。这并不是某些有宗教信仰的人士所说的"救世主"或"神"，而是世界观——你如何看待这个世界，以及你如何看待自己与世界的关系，它决定了一个人的价值观与其人生选择。

第四章　长寿企业的心理品质

创造情境意义

情境意义是指在特定环境或遭遇（通常是有压力的环境或遭遇）下的意义。社会心理学家很早就意识到情境对事件结果的影响，它往往大于个性的影响。最著名的实验就是破窗实验。破窗实验是由美国斯坦福大学心理学家菲利普·津巴多于1969年进行的一项实验，他找来两辆一模一样的汽车，把其中一辆停在加利福尼亚州帕洛阿托的中产阶级社区；另一辆停在相对杂乱的纽约布朗克斯区——他刻意地把车牌摘掉，打开了汽车的引擎盖。结果，停在布朗克斯区的汽车在被"废弃"后10分钟内就遭到了破坏。最初的"破坏者"是一个三口之家，父母带着年幼的孩子卸走了车上的冷却器和电池。接着，仅仅在一天之内，汽车上几乎所有值钱的东西都被拆了个精光，然后是各种随意的破坏：车窗被砸碎、组件被扯下、内饰被撕坏，最后连车壳子也变成了孩子们的游乐场。

而放在帕洛阿托的那辆车，整整一个星期，竟然没有任何人对它"下手"；并且在下雨时，一位路人还把引擎盖放了下来，以免引擎被弄湿。后来，津巴多将车移动到斯坦福大学校园内，并用锤子把那辆车的玻璃砸了个大洞，结果过路的行人立刻加入了破坏，仅仅过了几个小时，汽车就被翻了个底朝天，彻底毁坏了。以这项实验为基础，政治学家詹姆士·威尔逊和犯罪学家乔治·凯琳提出了"破窗效应"理论，该理论认为：如果有人打坏了一幢建筑物的窗户玻璃，而这扇窗户又得不到及时的维修，其他人就可能因受到某些示范性的纵容去打烂更多的窗户。久而之，这些破窗户就给人造成一种无序的感觉，在这种氛围中，犯罪行为就会滋生、猖獗。

意义感也是这样。如果在一个缺乏意义感与价值感的氛围里，仅存的一点儿意义与价值自然也会像被打破的窗户一样遭到更大的破坏。反之，如果创造出一个富有意义与价值的氛围，那么某些不小心丢失的意义也会被重新找回来。这一点在企业管理与教育方式上表现得尤其突出。否定员工与否定学生的影响是相似的，而激励员工和赞赏学生的效果也是相同的。让个体感到自己的行为被他人认可，可以极大地增强他们的意义感和价值感。反之，如果个体感到自己无用、一事无成、无人关心，他们的意义感和价值感自然会下降。

创造评价意义

评价意义是情境意义的一个组成部分，在上面我们已经提到评价员工与评价学生的例子。其实，在家庭生活与社区生活中也是一样的道理。评价是一个人自动赋予情境以意义，我们对情境的看法很大程度上决定了这种情境下所能传递出的信息偏好。心理学上著名的米尔格拉姆服从实验，就验证了评价与情境营造对个体的惊人影响。

1961年，纳粹分子阿道夫·艾希曼被抓回耶路撒冷审判，次年被判死刑。一年后，耶鲁大学的米尔格拉姆设计了一个实验，为了测试"艾希曼以及其他千百万名参与了犹太人大屠杀的纳粹追随者，有没有可能只是单纯地服从了上级的命令，从而成为十恶不赦的刽子手"。

实验小组招募了不同年龄和教育背景的参与者,他们被告知这是一项关于"体罚对学习行为的影响"的实验。参与者被"随机"选为"老师"的角色,以教导隔壁房间的另一位参与者——"学生",实际上"学生"是由实验人员假冒的。实验小组给了扮演"老师"的参与者一张"答案卷",并向他说明隔壁的"学生"拿到了一张"题目卷"。"老师"和"学生"分处不同房间,他们不能看到对方,但能隔着墙壁对话。其中一位参与者还被特别告知隔壁"学生"患有心脏疾病。"老师"被给予了一个电击控制器,并被告知这个控制器能对隔壁的"学生"施加电击。实验中的"老师"需要教导"学生"进行单字配对,并对其进行考试。如果"学生"回答正确,实验继续;回答错误,则"老师"需对"学生"施加电击,电击强度随着错误次数增加。

实验参与者相信,"学生"每次作答错误会真的遭受电击,但实际上并不会。在隔壁房间,由实验人员假冒的"学生"会根据发电机的动作播放预先录制好的尖叫声,随着电击伏特数增加,声音也会变得更加痛苦尖利。当伏特数增加到一定程度后,"学生"会开始敲打墙壁,在敲打墙壁数次后会开始抱怨他患有心脏疾病。接下来当伏特数继续增加到一定程度后,学生会突然沉默,停止作答,并停止尖叫和其他反应。这时,许多参与者都表现出希望暂停实验,检查"学生"的状况。许多参与者在到达135伏特时暂停,并质疑实验的目的。一些人在得知无须承担任何责任后继续测验,甚至在听到尖叫声时紧张地笑了出来。

若是参与者表示想要停止实验，实验人员会按以下顺序回复他：1. 请继续；2. 这个实验需要你继续进行，请继续；3. 继续进行是必要的；4. 你没有选择，你必须继续。如果经过4次回复后，参与者仍然希望停止，那么实验便会停止。否则，实验将继续进行，直到参与者施加的惩罚电流提升至最大的450伏特并持续3次后，实验才会停止。

在进行实验前，米尔格拉姆曾和他的心理学家同事进行了一次预测，他们全都认为只有少数几个人——10%甚至只有1%的人，会狠下心来继续惩罚直到最大伏特数。结果，在米尔格拉姆的第一次实验中，65%的参与者（40人中的26人）都完成了最大的450伏特惩罚，尽管他们都表现出不适感。每个人都在伏特数到达某种程度时暂停并质疑这项实验，一些人甚至说他们想退回实验的报酬。但是，没有参与者在到达300伏特之前坚持停止。后来米尔格拉姆以及全世界的许多心理学家都做了类似的实验，结果并没有太大差异。

马里兰大学巴尔的摩郡分校的托马斯博士在重复进行了多次实验后，得出了整合分析的结果。他发现，无论实验的时间和地点如何，每次实验都有一定概率的参与者愿意施加致命的伏特数，这个概率约在61%~66%之间。

这个实验的结论令人震惊，也颠覆了人们对自己品行的习惯认知。实验证明，成年人对权威者有多么强大的服从意愿，哪怕权威的指令是明显错误的，人们也仍会执行。

评价意义在某种程度上就是一种处于权威角色的意见，经由上面的实验，我们知道，给予一个人何种评价对于他人意义感的塑造或者崩溃将产生难以估量的影响。

最后，需要提醒企业家的是，意义的创造可以是自动的，也可以是有意的；一个人可以无意识地参与意义创造，也可以有意识地参与这个过程，从处境中创造意义。拓宽思维有助于个人体验到更多的生活意义。扩大人脉圈与交往圈也是丰富意义感的好方法。用成长的心态增强目标感，摆脱固定型思维模式，通过探索和挑战开放地寻找新目标，亦能带来意义。此外，一定要发挥各方的优势，通过向内探寻找到激励自己的方法，并帮助他人，这些都是创造意义的重要途径。

积极心动力四：认知健康

脑科学与认知神经科学技术的飞速进步，已经能够在很大程度上揭示人类认知的某些重要生物机制。对于人类来说，认知是个体在社会学习中积累的知识与经验与个体思维能力的结合，体现为对事物的系统感觉、逻辑判断、定义与归因等。一个健康且持续发展的认知，能在系统性、维度性、理解丰富性等方面实现全面提升，它是人类理性价值的集中体现，对人们的幸福有着重要的作用。

何为认知健康

在过去的 500 年，人类在认知研究领域一直没有停下探索的脚步。从20世纪50年代至今，人类对认知的探索与成就呈现突飞猛进的进步。也正是从那个时候开始，人们开始将健康和福祉看作涉及多个因素的复杂结构，这些因素包括饮食、锻炼、睡眠、社交参与、情绪平衡和认知健康。虽然认知健康早在七八十年前就被视为衡量健康和福祉的一个维度，但将其作为单一焦点的研究是最近几年才蓬勃发展起来的。

1964年，世界卫生组织对"健康"进行重新定义，其中最显著的思想转变是认为健康不仅仅是没有疾病。2018年，世界卫生组织确定健康是"身体、心理和社会福祉"的积极状态。随着健康的新定义，人们开始关注积极的做法，如积极预防疾病，以及通过体育锻炼、认知挑战和社交技能培训来培养与健康相关的优势。

从理论上讲，认知是指人们获取或应用知识的过程，或信息加工的过程，大脑接受外界信息，经过加工处理，转换成内在的心理活动，进而影响人的行为。这是人类最基本的一项心理过程，它包括感觉、知觉、记忆、思维、想象和语言等。而认知健康显然就是整个认知过程的积极状态，其基础是大脑必须保持健康。

人类的大脑非常神奇，也非常复杂，至今人们对大脑的认知也只是冰山一角。就目前的研究来看，大脑有理性脑和情绪脑之分。认知就属于理性脑的功能。一个健康的大脑应能高质量地执行多种能力，包括：注意力、指导并完成复杂的动作、理解和表达语言、处理视觉空间刺激、学习新事物、回忆过去的事情、社会感知和判断、调节情绪等。与情绪与意志一样，认知是大脑最重要的功能之一，也是人类心理过程最重要的一部分。今天，科研人员将认知健康视为心理健康的一种高级形式。大量关于认知健康的研究结论，都反映出那些从事高需求和高风险领域的精英人士，如精英军人、职业运动员和商业领袖群体，对认知的适应性要求更高。也就是说，在这些人从事的职业与接触的事件中，灵活、系统、多元化的认知是必不可少的关键要素。

除此之外，认知准备度也相当重要。认知准备度最初由美国国防专家提出，旨在解释军事人员如何在高度复杂和多变的现代战场上为意外情况做好心理准备，它主要包括情境意识、记忆、技能迁移、心理灵活性、快速反应和情绪控制/引导等。这一概念已被应用于需要高认知能力的民用领域，如职业体育、商业和金融活动。

基于此，心理学家认为认知健康是一种"高度的心理准备和执行力"。正如所有政治、经济、文化、科技、法律、商业等行业精英身上展现出来的那样，一个卓越的人需要在知识储备、社会经验、思维模式几个方面，拥有可以随时启动的"高度的心理准备和执行力"。

根据这些定义，我们可以知道人有认知优势与认知劣势之分。

简单来说，认知优势是特定个人或群体具备相对强大的心理准备能力与执行力；而认知劣势则是指特定个人或群体的心理准备能力与执行力相对有限。一般人群的优势或劣势可能体现在其专注力、言语推理、视觉空间处理、言语或视觉空间记忆以及阅读、写作、数学等方面。我们以生活中人们提到最多的专注力为例。

心理学家认为，专注力可以分成三个维度。第一个维度是持久性，第二个维度是爬升性，第三个维度是切换性。简单来说，持久性是指人们对一件事物或所从事的"工作"的持续时长，这也是很多人心中对专注力的理解。爬升性是指人们从开始注意某事到关注某事的时长。这里需要说明的是，注意与关注是不同的，其最大的区别是对这些事物投入的心理资源或注意力资源的多少。切换性是指人们从一件事物转移到另一件事物时的时长。这也是一个反映人们专注力的效率指标。

根据这三项指标，我们可以具体地分析日常生活中的一些专注力场景。比如，在生活中我们经常会说某人专注力不行，总是分心。这其实是专注力的持续性指标相对较"弱"的表现。当然，这里的弱是一个相对概念，强与弱并没有一个绝对数值。再比如，有时人们会有这种感受："我前一件事表现挺好的，但接下来的事就跟不上大家的思路了。"这种情况涉及切换指标。有些人更擅长在不同任务或情境之间切换，而有些人则难以适应变化。还有一种情况是关于进入工作或学习状态的问题——有些人进入状态慢，有些人则快一些。我们常常听到人们说，"这个孩子怎么总是慢半拍啊""这孩子反应怎么这么慢呢"等。这些说法实际上是对孩子专注力爬升性的不理解。每个人对一件事情都有一个反应时间。运动员在起跑线上聚精会神地等待指令，枪响后，某些运动员会比他人更快地冲出去，这是他们的先发优势。

某些人反应慢,但是其后程发力非常厉害,比如世界上最著名的短跑运动员博尔特。

每个人关于专注力的三个维度都有其天生的禀赋。科学证明,如果不是特别加以训练,一个人在这三个方面的禀赋是有终生持续性的。

需要注意的是,反应快与慢、坐得住与坐不住、做事情能不能持久并不能作为判断人们能力的标准,但是可以判断其认知心理资源的分布特征。例如,有些人擅长在给定空间中布置物品,如在手提箱中整理旅行物品,他们的视觉空间技能更强大;而有些人虽然视觉空间技能稍弱,但有比较强的言语推理、阅读或写作技能。所以,问题在于能不能找到与自己认知特征相匹配的工作与学习情境。事实上,不同的职业需要不同的认知特质。所以,无论是工作、生活还是学习,适宜性远比其他因素重要。

基于此,科学家建议,认知健康最好根据特定个人或群体的特征来确定,包括基线智力、职业地位和性格因素,如压力承受能力和恢复能力。例如,对于美国的许多成年人来说,认知健康涉及注意力水平、记忆能力以及实践和社会判断力,认知健康使他们能够每周从事约40小时的中等要求的工作。这种认知健康还将使他们能够从事独立的日常自我护理活动,如健康管理、休闲活动、阅读或商务谈话等。

如何保持认知健康

通过定期的心理挑战来保持认知健康非常重要,因为认知能力与一个人执行复杂和基本日常生活活动的能力相关。认知能力下降会扰乱洗澡、穿衣和使用手机等基本能力，还会影响思考、决策、判断等高级思维活动，甚至会对情绪控制、意义感、幸福感产生重大影响。这意味着，认知健康不仅对日常生活中的"琐事"很重要，也对那些"关键时刻"更重要。

许多研究表明，定期锻炼是维持基本认知健康的最佳手段之一。心理学家多尔蒂等人在2017年研究了93名健康的中年人，结果表明，即使是中等水平的体力活动，也与主管记忆的海马体和其他对认知功能至关重要的大脑区域的神经元活动相关。日常适度的体力活动对增强正常人群的大脑功能和认知健康有显著贡献。需要注意的是，精英人士对认知能力的要求与普通人有程度上的差别。任何行业的职业人士，包括运动、写作、艺术、影视、商务、管理等领域，所需要的认知资源比非专业人士要高许多。

认知健康的"用进废退"的进化理论认为，大脑就像一块肌肉，其认知强度随着使用而增强，如果闲置则认知强度下降。积极心理学中著名的"长寿修女研究"就证明了这一点。

心理学家斯诺登在美国明尼苏达州的曼凯托市的一个修道院内，对678名天主教修女展开研究，这些修女从75岁起就定期接受认知检查。该研究还涉及对被试的脑组织进行尸检分析，用于检测是否存在任何阿尔茨海默病的变化。这项研究的一个主要推论是，尽管一些修女存在阿尔茨海默病的变化，但定期参与具有认知挑战性的活动，如阅读、写作、记忆练习等，有助于在晚年保持认知能力。同时，由于偶然的机会，这项研究还发现了另外一个更重大的事实，修女早期文章中表达的积极情感与其60年后的长寿密切相关。这意味着那些更加积极乐观的修女活得更久，并且罹患阿尔茨海默病的概率也更降低。

认知锻炼是保护我们的大脑的好方法，它可以增加大脑中神经元之间的连接。当我们在大脑中的神经细胞之间建立新的连接时（这种现象称为神经可塑性），大脑的这些区域会更有能力进行各种活动，并且更能抵抗疾病。随着积极心理学的兴起，以及其对认识和发展个人优势的强调，神经心理学也开始转向培养认知优势。

专注于认知优势有两个主要好处。

第一，关注认知优势有助于准确评估我们能做什么，从而能够正确部署优势。例如，当主管交给你一项新任务时，你可能会想："我没做过，我不知道该怎么做。这超出了我的技能范围。"然而，当你评估自己的认知优势时，你可能会意识到，长时间集中注意力和已掌握的技能将有助于你完成这项新任务。在关注认知优势时，我们更有可能体验到积极的情绪状态，如自豪和自信，并且可以增强思维能力。研究表明，在积极的情绪状态下，被试的思维更加灵活。因为负面情绪则可能限制我们的视角，使我们更容易关注潜在的威胁。

第二，生活中本来就有太多事不尽如人意，关注认知优势能够让我们更积极地面对。有证据表明，积极情绪可以保护神经，并增强关键认知能力，如心理灵活性和创造力。

以下是确保认知健康的几点建议。

- **睡个好觉**。毋庸置疑，良好的睡眠对于认知健康至关重要。
- **锻炼**。体育锻炼是增强大脑和认知能力的最佳、最可靠的方法之一。
- **加强肌体与心理的运动动力**。锻炼对身体和大脑都有好处，但我们如何确保自己有足够的动力付诸行动呢？世界知名的梅奥诊所提供了让我们保持锻炼动力的基本技巧，包括设定锻炼目标、让锻炼变得有趣以及在每次锻炼时奖励自己等。
- **沉浸于大自然之中**。对于整日忙碌的人们来说，回到大自然中去呼吸、徜徉相当值得。
- 多读书，多听音乐，多与人交流，多进行思考训练，多参与社群活动。

积极心动力五：意志品质

意志品质指的是人为了解决"怎么办"或"实施什么行为"的问题而投入的心理能量。这种投入是基于对事物品质特性及其对人的价值的认识，个体会选择最合适的行为以充分利用事物的价值特性。因此，意志的本质是人对自身行为关系的主观反映，并受客观环境的影响。

第四章 长寿企业的心理品质

意志的力量

意志的力量到底有多么强大呢？这里我们来看一个真实的案例。这个案例选自我的老朋友杰弗里·科恩的《归属感：建立联系和弥合分歧的科学》一书。

安德森在纽约布鲁克林长大，生活贫困，少年时因交友不慎而误入歧途。后来，他因盗窃被捕，并被判处10年监禁。在服刑期间，监狱引入了一个被称之为"康奈尔监狱教育"的犯人改造计划，由大学教授授课，为囚犯提供了获得大学学位的机会。安德森给授课老师们留下了深刻的印象，老师们认为他是一个有潜力的人，人生不应该止步于此。该项目的一位创始人得知了安德森的情况后，决定帮助他。有一天，她对安德森说："如果老师们对你的评价属实，我将帮助你进入哈佛大学。"安德森非常惊讶。他原本只希望能减轻刑期，去哈佛的想法对他来说简直是天方夜谭。安德森甚至说："我认为她疯了。"

安德森的名声逐渐在囚犯和看守之间传开，大家开始以各种方式帮助他，希望他能实现成功。即使他不相信自己，他们却相信他。他说："那些凶恶的帮派成员也开始相信我了。"一个犯罪头目的囚犯也自告奋勇要保护安德森，避免他被其他囚犯伤害。他告诉安德森："我们会让你离开这里，你将成为杰出的人。"有一次，安德森即将被送往另一所监狱，这是一种用于防止囚犯之间建立密切联系的常规做法。安德森非常惊慌，因为他明白这意味着他将无法继续参加教育项目，也会断送他改善未来的希望。但在最后关头，一名看守介入了，他向典狱长说明情况，为安德森争取到了一个豁免转移的机会。安德森用"被宠爱"来形容自己心态的变化:"这已不再是能平安吃完早餐的事儿了(是对所有帮助自己的人履行承诺)。"安德森最终没有进入哈佛大学,而是去了斯坦福大学。在上学期间他处于假释状态,最终他成功毕业了。

毫无疑问,一个人仅具备某种技能和才华或某种天赋是远远不够的,真正改变命运的是他对自己潜力的信念——这种信念可以来自自己,也可以来自他人的给予。这种强大的信念激发出的所有富有想象力的情境,将塑造一个完全不同的未来。

意志与动机

意志经常与内在动机与外在动机联系在一起,无论是个体还是组织。动机相当重要,动机是决定人类表现和行为的关键力量,它可能源于生理或心理需求、观念或情绪。生理需求帮助人们保持最佳的身体机能,心理需求则帮助人们茁壮成长。对于企业来说,也是同样的道理。在上一章,我们看到长寿企业的经营密码中有一条"继承意志",实际上这与心理学中的意志与动机十分契合。当企业从事生产经营活动时,不仅会受到来自内部目标战略或者价值观的激励,也会受到来自客户市场的认可的激励,从而形成企业坚定向前的意志力。这一点对于今天的企业来说十分具有参考意义。

积极心理学研究表明,一个良好的动机激发的意志力,很大可能使一个人在做事时进入心流状态,也就是深度参与、精力充沛、注意力集中和扭曲的时间感。积极心理学为意志品质的培养提供了一些建议,我们可以将这些建议应用于长寿企业的意志品质建设。

自主权。为了优化企业活动,企业必须先优化其自主意志,即保持决策的独立性和坚定性,不受外部环境波动和诱惑的影响。

决策能力。企业每天都需要进行决策,无论决策过程简单还是复杂,容易还是困难,都需要有建设该项事件的意志能力,这是促进决策的内在动力。企业家可以通过调整目标活动的难度级别,来匹配公司的能力并达成目标。

相关性。为了增加与内外部利益相关者的关联感或归属感,企业可以与客户达成一种更加紧密的关系共同体;与合作伙伴共同进行目标活动,甚至加入行业协会或志同道合的圈子;也可以寻找机会支持合作伙伴甚至竞争对手,共同为社区服务,这是培养企业公益意志品质的好方法。

强化企业的价值观。企业可以通过进一步明确自己的价值观,确定所有与价值观相关的直接或间接的活动要求,将培养和支持这些价值观的做法进行总结提炼,并反哺到企业的日常经营管理中去。

消除阻碍内在动机的因素。有时,企业会感觉没有动力或耐心去完成某项任务或工作,这并不是因为企业缺乏意志,而是因为有太多其他事情削弱了企业的专注度。这时候,要运用意志品质的力量为企业做减法。

外在激励的时机选择。企业面临的外部机遇诱惑众多,这并不是要企业完全抵制，而应认识到外在的机遇是对企业的一种潜在奖励。企业需要认清奖励的属性，更重要的是把握时机。了解在何时、以何种方式、依据何种原则来获取这种外部奖励对于企业的成功至关重要。研究表明，融入社会，融入客户是企业把握机遇的重要方式，这需要企业强大的意志品质作为支撑。

我们曾接触过一家名为"北京生态家园科技集团"的企业。这家企业虽然不是百年老店，但它在疫情期间成功进行了自我拯救，很好地体现了意志力的作用。这家公司的领导者刘克俊带头制定了北京"零甲醛"白乳胶企业标准。2001年，是一个商业地产刚刚兴起、装修行业躺着赚钱的时代。如果抛开社会责任的话题，推动"零甲醛"标准的制定，就相当于给自己增加生产成本，在技术上给自己出难题。但这家公司坚定自己"站在未来看现在"的经营理念，坚信环保与可持续的企业才是未来的主导者。疫情期间，装修辅材相关的企业关门了几千家，北京生态家园科技集团也受到了冲击。现实的难题摆在眼前——施工困难、没有客户。于是，刘克俊转换思路，谋求新的经营策略。他以首席知识官的身份开通视频直播，带领大家了解更多装修知识，避免装修陷阱，这一做法增加了顾客的好感度，为企业赢得了潜在客户。不仅如此，在出行难的情况下，不少企业开始减少广告投入，刘克俊则选择主动出击，做了高铁的冠名广告。加之公司之前很早就坚定"零甲醛"的战略，正符合了人们疫情后对健康的无比关切的心态转变大趋势。这套组合拳成功地让公司在疫情结束后的第一季度，便实现了两位数的增长。

有人说这是北京生态家园科技集团运气好，但这已经不能用运气来解释了。所有的好运都是积累而来的，因为坚持正确的方向，并投入坚定的意志，好运才会光顾。只要企业还在经营，问题就不可能有穷尽的一天。与其被动等待小问题变成大麻烦，不如主动发现问题、解决问题，以强大的意志力量为企业创造新的生存机会。

积极心动力六：品格优势与美德

24 项品格优势与美德

马丁·塞利格曼带领的积极心理学科研团队研究了横跨 3000 年历史的全球各种不同文化后，归纳出了 6 个放之四海而皆准的人格美德，即智慧与知识、勇气、仁爱、正义、节制和精神卓越。每个美德下面都有 3~5 个品格，最后一共形成了 24 种品格。积极心理学认为，培养这 24 种品格优势是达到这 6 大美德的途径。

1. 智慧：从最基本的好奇心到最成熟的洞察力依序进行。
① 好奇心：对不符合预想的事物产生尝试的兴趣。
② 热爱学习：无论在课堂、工作还是生活中，在没有任何外在诱因的情况下，仍然想要学习新的东西。
③ 判断力：客观理性地筛选信息，根据真凭实据做出利己利人的判断。拥有这种优势的人能周详地考虑事情的方方面面，不会草率地下结论，并且愿意随机应变。

④ 创造力：不满足于常用的方法，以新的、不同的方法做事情，这包括了日常生活中发生的一切有创造性的事情，且不局限于科学发明。

⑤ 情商／社会智慧：能评估自己的感情或者了解他人的动机和感觉，并且能做出很好的回应。

⑥ 洞察力：拥有对自己和他人都有意义的世界观，可为他人提供帮助。

2. 勇气：指在很不利的条件下还能为达成理想目标而勇往前进。

⑦ 勇敢：虽然害怕但仍能面对危险。在威胁、挑战、困难或痛苦面前不畏缩；在有反对意见时依然能够为正义、真理辩护。

⑧ 毅力：做事情有始有终，面对困难时坚持不懈，有毅力，并以积极乐观的心态完成任务。

⑨ 正直／诚实：真实地面对生活，真诚地对待自己与他人，无论说话办事都很诚恳、说一不二。

3. 仁爱：指与朋友、亲戚、点头之交甚至陌生交往时的积极表现。

⑩ 慷慨／仁慈：无论是否熟悉，都会对他人伸出援助之手，乐于帮助他人、关怀他人，并且能够看到他人的价值，凡事先替他人着想，有时甚至会将自己的利益放在一边。

⑪ 爱与被爱：重视、珍惜与他人的亲密关系，对方也同样重视自己，拥有爱与被爱的能力。

4. 正义：指个体与集体的正向价值关系，包括人、家庭、社区、国家及世界的关系。

⑫ 公民精神 / 团队精神：作为一名团队成员能够很好地与大家协作，对团队忠实，乐于分担。

⑬ 公平：不让个人感情影响自己的决定，给每个人同等的机会。

⑭ 领导力：有很好的组织才能，并能监督任务的执行。

5. 节制：指恰当、适度地表现出个体的需求。

⑮ 自我控制：在某些情况下，人们能够控制住自己的情绪、欲望、需求和冲动。

⑯ 谨慎：有远见，三思而后行，能够为了将来的成功抵抗眼前的诱惑；不做过度的冒险行为。

⑰ 谦虚：保持谦逊的态度，不认为自己高人一等。

6. 超越：指一种情绪优势，是个体与更宏大、更永久的东西相连接的感受，与他人、未来、进化、神圣或宇宙相连接，体现为中国人所说的灵性、觉性或悟性。

⑱ 美感卓越 / 对美的欣赏：从自然到艺术、科学，对生活中不同领域的美丽、卓越和才华的欣赏。

⑲ 感恩：对他人的帮助予以感激，并时常表达出这种谢意；

对生命的惊讶、感谢和欣赏。

⑳ 希望：期待未来会更好，并为了实现这一目标而做好计划并努力工作。

㉑ 灵性：对人生的意义有坚定的信念，对自己的人生有明确的目标，并会因信仰而塑造自己的行为，同时把信仰作为慰藉的源泉。

㉒ 宽恕：原谅他人的错误，接受他人的不足并给予第二次机会。

㉓ 幽默：带给他人欢乐，能够看到事物积极、光明的一面。

㉔ 热忱：充满热情，全心全意地投入工作。

24 项品格优势与美德的发现是积极心理学一个重要的里程碑事件，它将优势理论推向了一个新的认知高峰。一直以来，我们都习惯于补实自己的短板，并为此花费了大量的时间、精力与金钱。木桶的短板理论甚至作为管理学中最重要的一个理念流行了几十年。但是积极心理学的优势理论彻底打破了短板理论的价值观。大量积极心理学的科学实验证明：与其补足短板，不如发挥优势。短板瞄准的是尽可能不失败，而优势理论则旨在追求更大的成功，这是一次具有划时代意义的观念革命。

成功领导者的 34 项优势

那么，如何将品格优势与美德应用于企业组织呢？

20 年前，民意测验和商业调查咨询机构盖洛普公司基于积极心理学的优势理论，研究如何打造高效的领导者。他们筛选的数据非常广泛：为期 50 年的盖洛普民意调查、20 000 次对高级领导者的采访，10 000 多名员工的详尽调查，以及对来自世界各地超过 100 万个团队的研究。汤姆·拉思和巴里·康奇在《现在，发现你的领导力优势》一书中概述了最有效的领导者具备的普遍能力。

- 投资员工的优势。
- 聚集合适的人，确保最好的团队。
- 了解追随者的需求。

事实上，最有能力的领导者并不像我们期望的那样全面，具有均衡的优势。没有一个领导者能够样样都擅长，他们应该专注于发挥自己的优势。此外，每个人都是独一无二的，没有两个领导人具有相同的优点和缺点，试图模仿他人的技能只会带来有限的好处。

虽然伟大的领导者可能有相似之处，但他们也表现出许多差异，这些差异定义了他们作为领导者的身份，并推动他们走向成功。"优势心理学"之父的唐纳德·克利夫顿与同事一起比较了 20,000 名接受采访的领导者。他们发现，没有一种优势是所有或大多数领导者共有的；相反，领导者大都了解自己的优势，知道如何以及何时运用这些优势能产生最大的效用。报告进一步指出，**如果企业家试图在每件事上都擅长，那么他很可能只会在平庸方面表现得更加出色**。事实上，研究证实，忽视自己的优势，拼命补足劣势，努力成为一名优秀的全能选手是完全错误的。例如，一位有远见的领导者可能不是一位出色的沟通者，而擅长分享知识的人可能缺乏对公司未来方向的深刻洞察。所以,组建一支能力互补的最佳团队(并听取他们的意见)将弥补缺陷。

在盖洛普的研究中,不仅采访了数千名领导者(通常是首席执行官级别),还采访了大量经理级别的成员。他们发现领导者的优势主要体现在"执行""维护关系""影响力"和"战略思维"这4个方面。

- 执行:能够使事情发生并完成工作,将想法变为现实。
- 维护关系:将团队凝聚在一起、创造和维持团结的能力,而不是作为个体的集合而存在。
- 影响力:接触更广泛受众并在组织范围之外推销创意的能力。
- 战略思维:一家想要持续生存的公司需要有远见的领导者,他必须有能力看到未来。

科研人员还建议,一个高绩效的团队应该拥有代表这4个领域的管理者。

以下是拉思与康奇对优势领导力做的分类表,供企业家参考。共34个主题,分别归属4个领域。

表1 优势领导力分类表

执行	维护关系	影响力	战略思维
成就他人	适应性	催化剂	分析能力
管理节奏掌控	连通性	指令有效	情境能力
价值观驱动	鼓动者	沟通有效	未来导向

(续表)

执行	维护关系	影响力	战略思维
保持组织的一致性	共情力	竞争识别	构思设计
执行中的深思熟虑	建构和谐	价值最大化者	创造性输入
纪律性	包容者	自信	情绪智力
抓住重点	个性化协作	意义	终身学习者
责任担当	积极性	说服者	战略远见
危机处理	关系者		

在执行领域，成功的领导者会为实现目标而不懈努力，并在组织内外为人们实现目标的理想寻求平衡。

在维护关系领域，积极和谐的领导者会注重减少对团队的干扰，让团队成员能够专注于手头的任务。这类领导者更像是团队的导师，是让团队发挥真正潜力的热情向导与领航人。

在影响力领域，具有指挥力或自信的领导者擅长传达强有力的信息。那些善于沟通的领导者会将员工安置在让他们感到舒适的位置，并尽最大努力工作。

在战略思维领域，个人经验或战略意图较强的领导者会从过去的经验教训中汲取经验，创造对未来的愿景。通过详细的商业事实与商业数据了解企业取得成功的因果关系。

无论如何，请企业家记住：不存在理想的领导者，也没有最好的一项优势，每个领导者以及他们的优势都是独一无二的。最关键的是在组织中要寻求领导团体之间的能力平衡与互补。也许最重要的领导力弱点是没有意识到并利用自己的优势和性格特征。

以上这6点，我将其称为概念时代相当重要的6个"积极心动力"。虽然这些观点最初是针对个体的发展和成功提出的，并不是针对具体的组织或企业，但是经由后藤俊夫教授对长寿企业经营密码的发现，结合积极心理学迄今为止确立的一些普遍观念，我们有理由相信，这些来自个体发展的"积极心动力"也将为企业家和企业提供有价值的参考。作为积极心理学最重要的6根支柱，到目前为止，积极心理学几乎90%以上的研究内容都是建立在其上的，它们之间紧密相连、相辅相成，共同构建起一个健康、强大、正向、富有魅力与感召力的积极心理环境。

积极心理学多年的研究表明，拥有强大的积极心动力的人，无论是事业、婚姻、家庭、成就、人际、财富、健康、寿命等，都会得到显著提升。如果用一点儿玄学意味的解读，那就是"积极的人总是好运连连"。

最后，请企业家再次回顾在序章中我们团队用了近20年时间进行的调查推论。

- 我们的社会正从物化社会迅速走向多元社会。
- 人们对企业家的人格定位与期待，也已经从物理化的人，经由社会化的人，走向心灵化的人。

而我想在这两条下面再加上一句话。

- 无论世界如何变迁，从一个更宏观的历史角度来说，人类创建一个更美好生活的现实努力一定能得到回报。

第五章
/
长寿企业的生存基因

我们一直坚定地认为，做一个小本生意与经营一家企业在本质上是一回事。但是今天仍然有许多人并不认同这一点，至少在大量商学院的课程里，精英们学习到的都是关于大企业，特别是跨国企业、全球企业的案例，而极少提到小本生意。你无法想象他们花着高昂的学费，怀着兴奋的心情，穿着干练的职业装，坐在宽敞舒适的独立座椅上，端着一杯咖啡，盯着阶梯教室前方豪华的投影屏，参加一堂名为"战略与竞争分析"的课程时，教授发给大家的案例是一个小区门口卖烤羊肉串或煎饼果子的小商贩烟熏火燎的写实生活。

的确，自古以来，小本买卖在人们心中就是仅供谋生的一种手段，甚至不算是一个职业，与企业更是相差甚远。但问题是，几乎所有的百年老铺都是从"小作坊"做起来的。它们成长为今天的企业，踩过了无数的坑，经历了无数的挑战和变迁，才能在竞争激烈的市场中生存和发展。

每一家企业的成长都不是一帆风顺的，大量企业在时间的长河中无法在保持本色与突出重围中找到平衡，更多的是随波逐流。所以，成就百年老铺相当不容易。一不小心就会掉入失败的陷阱，以至于百年基业毁于一旦。

从某种意义上说，在成为百年老铺的道路上，第一个挑战是如何避免失败，第二个挑战是如何持续繁荣。本章要回答的就是这两个问题。

警惕失败的陷阱

导致企业无法长期存续的原因并不是单一的。2008年9月，有着158年历史的美国雷曼兄弟公司提出了破产申请，这一举动引发了全球范围内的金融风暴。据统计，在这场金融风暴的影响下，2008年度日本公司的负债总额达到了13.7兆日元，是"二战"后继1997年金融危机后的第5个负债高峰。作为当时情景的见证者，至今回想起来，我（后藤俊夫）仍心有余悸。

从 2009 年 3 月的负债额类型来看，小规模企业破产（负债 5000 万日元以下）占总体的 39.8%，而负债超过 10 亿日元的中坚企业也相当多。不仅中小企业，当地很多大型企业也受到影响，这场金融风暴对上市企业也造成了毁灭性的打击。

从破产原因来看，"不景气"（销售缓慢、矛盾未解决、资金回笼困难）占总原因的 79.7%，且连续 3 年都处于增长状态。这个比例到 2009 年 3 月上升至 81.3%，难以想象这种状况持续下去会是什么结果。

基于我对长寿企业的长期调研，我想重点呈现那些曾经辉煌无比的企业是如何一步步走向没落的，以及导致企业无法走向长青的关键原因。这些企业都有曾经的伟大时刻，可是为什么在巨大的外部冲突之下就坚持不下去了呢？相反，同样的情况，为什么有些企业一样艰难却安然度过？这是我在探索老铺的长寿基因时，时时萦绕在脑海中的问题。通过广泛的案例分析，我们能发现其中的问题所在，总结失败原因，避免重蹈覆辙。

我们将企业经营失败的原因大致分为以下 6 种类型，在本书中，我们称其为"失败的陷阱"。

- **道德沦丧的陷阱**：过度投资，投机倒把，无视法律，没有底线。
- **公私不分的陷阱**：把亲情凌驾于企业之上，把德不配位的家族成员推上领导岗位。

- **刚愎自用的陷阱**：自负顽固，刚愎自用，成功后不思进取，醉心于追捧者的谄媚。
- **继任危机的陷阱**：无合适继承人或对继承人疏于管教，导致继承人能力不足与道德缺失等。
- **家族纷争的陷阱**：家族内财产、经营纷争，导致大权旁落。
- **管理不善的陷阱**：管理者能力有限。

道德沦丧的陷阱

基业长青的企业，一定不能在道德问题上有任何瑕疵，而这一点恰恰是对人性最重要的考验。商业中因为利益的驱动，很多人坚守不住道德这条底线，如果企业没有建立起相应的监督与管理机制，就无法保证一旦某个管理者出现重大的道德问题时，企业能及时进行内部纠错。一步错，步步错。当错误到了无法挽回的地步，企业也就走向了没落。本节中赤福和果子店的案例就是如此。

> **案例：赤福——过度集中的权力和道德沦丧**
>
> 在日本伊势神宫内宫五十铃川河畔，有一间名叫"赤福"的和果子店，它始创于1707年，店里主营的赤福饼深受人们喜爱。赤福饼是一种糯米团子，外面裹着一层甜甜的豆沙。其形状取决于五十铃川河流的潺潺流水，红豆泥上的压线代表清流，而底下的白糯米团子则代表河底的

小石头。赤福的名字源自"赤心庆福",寓意倾注爱心,使人感到幸福。

赤福一直是典型的家族企业,员工几乎全部是家族内部成员。它的经营问题逐渐暴露是在2007年前后。因为经营成本的增加,工作人员将每天卖剩下的产品重新包装,更改保质期;在发往外地的产品包装上故意将制造日期和保质期延后;将回收的赤福饼的糯米团子和馅分离,糯米团子重新做成赤福饼,馅料则再加工后卖给有业务往来的公司。而这些行为在公司里竟然已经习以为常。而且,为了避免这些问题产品再被回收,赤福还在生产日期后面印上记号,这种不正当的做法已经成为有组织、有预谋的行为。不仅如此,他们还在包装上印上"为了保证最佳口感,请尽快食用"的字样,强调产品的新鲜度,实际上是为了让顾客在产品过期之前尽快吃完。与此同时,公司内部规定"修改生产日期的期限是两周以内",这是为了避免产品真的过期而出现问题,他们甚至连店里销售的产品也不放过。

公司恶意修改生产日期至少有三四年的时间了,而回收再使用的做法从7年前就开始了,被修改过生产日期的产品竟然占了所有产品的20%。造成这个局面的原因是赤福一味地拓展业务和规模,独断经营而忽视了完善的生产体制和合法合规的准则。底层工作人员即使发现问题想要纠正,也很难传达到高层管理者的耳中,这充分暴露了企业体制的问题。

后来这一系列行为被曝光，企业 300 年的积累付诸东流，而后公司失败的危机公关更是激起了民愤，这都是经营者自作自受的结果。

此事曝光后的第一次新闻发布会上，时任社长的滨田典保表示剩余货品被做了焚烧处理；但短短 6 天他又推翻了自己的说法，并推说是店里员工私自做的，想要撇清公司的关系。事情曝光的 20 天后，滨田益嗣会长宣布辞职，作为公司的首要负责人，事件发生后他一直未露面，也始终未给消费者一个满意的交代。22 天后，滨田典保社长召开了新闻发布会，发布会上他的发言毫无反省的意思，他们有的只剩一家创业 300 年老字号的空牌子而已——我们 300 年来只专注于一种产品，这种荣誉和骄傲不能因为一件事情而被全盘否定。

我们采访滨田社长是 2007 年 6 月，大概是事情曝光的几个月前。在采访的最开始，我们问了最为关注的问题——公司能够经营 300 年的秘诀是什么？"是欲望。"对第一次见面的我们说出这个词，实在让人不敢相信自己的耳朵。更让人震惊的是下面的话："人从出生就想吃美味的食物，想住宽敞明亮的大房子。人类是被欲望驱使的。"

赤福曾经拥有值得炫耀的历史。特别是第二次世界大战后粮食缺乏，制作赤福饼的 3 大原料（小豆、糯米、砂糖）被食品管理法列为限制品。但当时的经营者秉持着"在能够堂堂正正获取原材料之前，我们不能仅看眼前的利益，而做有辱先祖的事情"的信念将店铺暂停营业，直到1949年才重新开张。这期间陆续有14家店铺销售过类似的产品，但赤福一直极力坚守着。所幸店铺重新运营后的短短数年时间，赤福就重振其名，为地区经济的发展做出了杰出的贡献。那时候的赤福坚信，这是其社训"赤心庆福"带来的福气。曾经为了合规经营坚守底线的赤福，如今却轻易受"欲望驱使"，令人唏嘘。

《赤福规范咨询委员会报告书》中有一项"家业经营系统弊端的表面化"，报告指出公司权力过度集中，"组织中的大部分决策由创始人或其中一部分高层管理人员制定，无法构建相互牵制的组织体系，这样就会造成权力和情报过度集中，不仅影响决策的正确性，还会降低组织的适应能力，不能及时纠正错误"。造成权力过度集中的原因则是创业家族不透明的人事制度以及扭曲的价值观。赤福就是因为上述原因导致公司消息闭塞，基层的正义发声无法传到被欲望蒙蔽了双眼的管理者耳中。最后，基层为了达成领导层下达的"无剩货"的经营目标而不择手段，而企业领导者价值观的扭曲更加重了企业无底线的损失，最终酿下大祸。

幸运的是，赤福在经历了一系列整顿和改革后，现在又恢复了往日的经营。

第五章 长寿企业的生存基因

警示：

- 对食品生产企业来说，良心是第一位的，产品的质量管理与食品安全是不可触犯的生命线。生命线断了，企业也就走到了尽头。
- 这并不是说家族企业的模式有问题，问题在于家族企业的内部管理与控制，以及家族成员伦理价值观的培养与监督机制的订立。如果没有良好的制度与文化基础，当某些道德与价值观扭曲的家族成员掌握公司的管理权后，将给公司带来重大的危害。
- 企业家的社会公德永远要排在第一位，并且不容玷污。这涉及企业的宗旨与目标。企业不能把盈利作为唯一的目标，金钱是诱惑力最大，也是杀伤力最大的武器。没有了社会公德的挣钱无异于自我毁灭。
- 企业不能为自己在道德方面的错误而寻找任何开脱的借口，企业道德是不容有任何瑕疵的，不以恶小而为之。这应该成为一种颠扑不破的企业准则，企业的全体人员都要恪守。尤其是对于企业的领导者来说，一旦发现这种情况就要严格处理。如果领导者自己触犯这条准则，那么企业中就需要有一个明晰的弹劾程序，以保证没有良知的领导者会被处理。
- 没有制约的企业领导权力是可怕的，造成的损失是灾难性的。家族企业选拔领导者更需要慎之又慎，绝不能让那些居心不良的家族成员担任领导职务。这同时也为家族企业的传承机制提出了挑战。

企业的品格

公私不分的陷阱

很多年前，有一部日本电视剧《阿信》风靡一时，几乎家家户户都喜欢看这部电视剧，剧中讲述的是女主角阿信从贫困之极通过自己的奋斗，最终和丈夫打拼成功的励志故事。这部电视剧女主角的原型就是知名的日本商业公司八佰伴的老板娘。这家曾经享誉世界的超级商业王国，却因为家族内部的公私不分而迅速从巅峰落入深渊，实在是令人叹息。

> **案例：八佰伴——败给骨肉亲情的裙带关系**
>
> 八佰伴于1930年由农民出身的和田良平创办，仅用了半个世纪就形成了强大的商业帝国，全盛时期在全球15个国家拥有400多家连锁店，营业额高达5000亿日元。1992年它进军中国并将中国作为重点市场；1995年在上海浦东地区开设了全亚洲最大的百货店——上海第一八佰伴，开业当天的客流量高达107万人次，创下了吉尼斯世界纪录。
>
> 由于扩张过快，导致八佰伴负债过重，同时许多新设门店未能达到预期的盈利目标，经营逐步陷入困境。再加上1997年亚洲金融风暴、日本泡沫经济等诸多因素影响，八佰伴于1997年9月18日在日本通过公司重建法申请破产，当时公司负债高达1613亿日元，是当年日本最大的零售业破产事件。2000年3月，八佰伴被日本零售商永旺集团收购，并易名为东海株式会社。

第五章 长寿企业的生存基因

八佰伴究竟是如何一步步走到破产的呢?

这不得不从和田良平背后的家族说起,和田良平与妻子加津于1928年结婚,膝下育有五子。

长子和田一夫于1951年入职八佰伴商店,1968年就任社长并将商店更名为八佰伴百货店。从31岁继任社长到68岁企业破产的30年间,他一直是集团的领军人物。期间,他跟随集团总部,从日本举家搬到香港,后又搬至上海,这些年,他始终坐镇总部。

次子和田晃昌为热海市火灾①后的企业复兴做出了很大的贡献,主要负责辅助社长并积极践行他的重建方针。和田一夫曾说"没有晃昌,就没有现在的八佰伴",由此可见,晃昌曾是八佰伴不可或缺的功臣。1989年晃昌继任社长后,正好赶上日本泡沫经济崩溃,企业的销售业绩出现大幅下滑,为了让远在香港的哥哥安心,晃昌开始做假账,并在公司严重亏损的情况下给股东们分红。1998年,也就是公司破产的第二年,和田晃昌因涉嫌非法伪造财务报表等被逮捕,并判处3年有期徒刑,缓期5年执行。

三子和田尚己在进军巴西市场时,因其行事坚决果敢被委以重任,作为领导者远赴巴西,最终获得了成功。后来,由于通货膨胀,公司面临危机,和田尚己引咎辞职。

---

① 1950年4月13日,日本静冈县热海市一间化学品仓库发生爆炸。因为日本民居以木质结构为主,爆炸引发的大火烧毁了1000多间民房和商铺,全城1/4的人露宿街头,经营了20年的八佰伴在这场大火中化为灰烬。

四子和田光正进入伊藤忠商事工作，后因公司业务扩大，在母亲和大哥的劝说下进入公司。他为了拯救巴西危机举家搬至巴西，并用了3年时间帮助公司渡过难关，获得了和田一夫的信任。之后他成为新加坡IMM社社长，1997年，八佰伴面临危机时他临危受命，继和田晃昌后就任社长。

五子和田泰明继承父亲的遗志，研究生毕业后进入本部位于广岛的Izumi株式会社旗下的便利店POPLAR。后来受到创始人山西义政的赏识，与其次女结婚并入赘山西家。现在是上市公司Izumi株式会社的第二代社长。

兄弟五人以大哥和田一夫为中心为八佰伴的发展和崛起做出了巨大贡献，八佰伴鼎盛时期曾出版过一本名为《八佰伴的文艺复兴：和田五兄弟谈话录》的书，记载了五兄弟这些年的经历。但是，这种羁绊也成为集团毁灭的原因。和田一夫于2001年将失败的教训总结成书，名为《不死鸟：和田一夫自叙过去和现在》，书中陈述了破产的真相，毫无保留地讲述了八佰伴从商业奇迹到破产倒闭一路走来的经过。

"最终，我的过错，是败给了骨肉亲情。"和田一夫如是说。他于1989年让出社长之位，本意是"二弟为了公司鞠躬尽瘁，想让他体验一下上市公司社长的感觉"。但由于海外市场业务繁忙，和田一夫忽略了对社长工作的监督管理，没能及时发现财务报表造假等问题。等他发现弟

第五章 长寿企业的生存基因

弟的问题时，已经伤到了日本市场的根基。

1995年，公司上市以来首次出现经营赤字，和田一夫建议卖掉热海和伊东的店铺，但未被和田晃昌采纳。虽然想要收回其社长的职务，但是和田晃昌用想以社长身份参加女儿婚礼为由提出了请求，和田一夫表示体谅，为了二弟的面子成全了他。和田一夫认为他将兄弟感情凌驾于公司利益之上，最后导致的结果完全是自作自受。

宣布破产的半年前，八佰伴放弃了日本国内的所有业务，想要靠中国内地和中国香港的分公司东山再起。对于经营者来说，公司就是孩子，不想轻易放弃也不想交给其他人。虽然尽了最大努力，但最终也没能让公司起死回生。对过去和亲族的执念彻底打乱了作为经营者的判断。

对于和田晃昌的罪行，2001年静冈地方裁判所进行了声讨："公司是社会的存在，而和田家把他当成了自家的私有物品，这种自私自利、以自己为中心的做法是要付出代价的。"

目前，上海第一八佰伴依然在继续经营，但已同和田家族没有了任何关系。

警示：

- 企业战略和经营模式固然重要，但是家族企业的人际关系也不容小觑，更不能凌驾于企业之上。
- 东方文化注重家族关系、伦理关系，这本无可厚非。但是当经营管理与家族伦理发生冲突时，错误地判断家族伦理与社会责任之间的先后顺序，是造成八佰伴快速走向没落的原罪。

- 不能仅仅因为一个家族成员比较勤奋，或者曾经为公司做牛做马，而把一个不合格的人任命为企业的领导。领导者当然需要首先是一个好人，但一个好人并不一定就是合格的领导者。领导者需要多方面的能力与素养，并且在道德上不能有任何瑕疵。
- 八佰伴并不是没有优秀的家族领导人可以选择，它却偏偏选择了一个不具备领导如此大型的企业的蹩脚领导者，其主要责任在于和田一夫把讲亲情凌驾于企业价值之上的传承观念。对一个亲人好，并不代表一定要把企业交给他，而是要给他一个适合的领域。否则，德不配位、能不配职，只能让当事人也痛苦不堪，从而做出错误的事情。
- 公司是社会的肌体，不是个人与家族的玩具。企业首先要做到为社会负责，为客户负责，为合作伙伴负责。只有在这些责任全部履行到位后，才有资格或者有可能考虑个人与家族之间的事情。这一点，对于东方文化背景下的大量企业具有普遍性。许多企业正在上演着类似八佰伴的故事，只是可能有些企业还没有爆雷，但是不能等到爆雷的那一天才后悔，这一点特别值得企业警示与反思。

第五章　长寿企业的生存基因

刚愎自用的陷阱

诚然，创始人的商业意志对于一家企业来说相当重要，企业的成功大部分来自创始人或创始团队最初的商业洞察与商业意志。但正是因为创始人相当重要，所以，企业才更要提防因为创始人的错误而对企业造成毁灭性的破坏力。对于企业来说，创始人是一把极其锋利的双刃剑。好的时候，可以带领企业披荆斩棘，勇往直前。但不好的时候，反而会拖累企业停步不前，错失良机。本节中的案例大荣株式会社在这个问题上就没有处理好，导致原本经营良好的企业最终湮没于人们的记忆中。

> **案例：大荣株式会社——一代神话的凄凉落幕**
>
> 大荣株式会社是在1957年由号称"日本商业圣手"的中内功创立，从一家小肉铺一路发展成为当时日本最大的超市集团，年销售额超过一万亿日元，是一个见证日本经济高速增长的企业神话。然而神话的落幕，也让人十分唏嘘。
>
> 率领大荣公司实现伟业的中内功极度不信任除自己家人之外的任何人，由于种种原因，他甚至连一起打拼的亲兄弟都不信任。从大荣公司卸任时，他将公司的要职交给了自己的儿子中内润、中内正和女婿。
>
> 创始人中内功是家中长子，他还有三个弟弟。战后中内功从菲律宾复原回来，继承了家里的药店，并于1948年将其更名为友爱药局重新开业。有着"二战"残酷经历

的中内功在日本战后兴起的黑市贸易中如鱼得水，后来又参与了二弟和四弟的药品生产生意。同年，他撤出一切投资，在大阪市旭区开了一家主营药品和食品的零售店"大荣药局"，主要以主妇为客户群体，实行薄利多销。这便是大荣一号店。在这里，他完成了店铺从药品到食品的业态转换。

1958年，中内功在神户三宫开了第一家分店，大荣从此踏上了连锁经营的道路。中内功实行价格战，凭借低价抢占市场，赢得了顾客青睐。很快，大荣建立起了现代连锁零售企业的规模，并逐步发展成为日本最大的零售帝国。

1964年，大荣与松下爆发巨大冲突。大荣将松下电视以低于指导价20%的价格对外销售，松下随即停止供货，与其对抗，并以违反《禁止垄断法》为由将大荣告上了法庭。这场商战持续了30年，直到1995年两家才最终和解。中内功在其著作《我的低价哲学》中提到"大荣的存在价值就是破坏既存价值"。这句话是大荣公司获得成功的法宝，也是后来葬送公司的一条祭文。

1972年，大荣超过三越百货，销售额跃居零售业第一；1980年，大荣销售额突破1兆日元，打破日本零售行业最高纪录。其后，中内宫趁热打铁，扩展业务。到了20世纪90年代，大荣集团已拥有300多家企业，包括酒店、餐饮和一个职业棒球队，收入高达400亿美元。1990年，中内功当选日本经济团体联合会副会长，成为业界的领军人物，

第五章 长寿企业的生存基因

真正实现了名利双收，与此同时大荣也达到了鼎盛。

但是，事业发展的背景却是中内一族关系的分裂。1957年，大荣一号店开业，得到了其父秀雄（时任会长）和三个弟弟的帮助和支持。但是当大荣进军东京市场时，中内功与当时主管财务的弟弟中内力意见相左，导致员工和银行方面也卷入了二人的战争，最后以中内力辞职作为结尾，他卖掉了大荣的股份，转而在神户创立了波特匹亚酒店。

在卸任前，中内功已经选定了儿子中内润作为继承人。中内润大学毕业后就进入大荣担任要职，年仅33岁就升为副社长。他在日本大规模地设置折扣店和超市，于1999年正式升任大荣控股公司社长。为了让继承人中内润在公司树立威望、站稳脚跟，中内功以各种原因将公司重臣陆续辞退。许多当初好不容易请来的公司骨干被迫辞职，只留下一群趋炎附势之徒，独断专行的弊端逐渐暴露。河岛博（原副会长）、平山敞（原副社长）、高木邦夫（原社长）在公司连续三年经营赤字的情况下力挽狂澜实行Ｖ字改革，为企业复兴做出了极大贡献，但之后都因受到不公平待遇被迫离职。中内功刚愎自用，将"大荣的存在价值就是破坏既存价值"这条箴言无所不用其极地用在各种地方，他自己也从来没把这种背信弃义的事情当作一回事。后来的事实证明，这是他经营生涯中最大的败笔。

20世纪90年代日本经济泡沫破裂，经济长期低迷，受经济形势影响，消费者的意识从重视价格向重视品质转变。而大荣一味追求低价格，营销方式守旧，日本几百家店铺都是一个面孔，甚至商品的陈列摆放都一成不变。当年的经营先锋变成了落伍者，结果失去了不少顾客。但是导致大荣失败的最重要的原因，是其经营初衷的变质——依仗消费者青睐，渐渐丢失了初心；听信谗言，任人唯亲，重用趋炎附势之徒；忽视基层诉求，管理逐渐官僚化。

2001年，中内功引咎辞职，破产前他曾放弃全部股权，捐出私财企图让公司起死回生，但没有成功。2002年开始，大荣关闭了大量店铺。2004年，大荣集团被"产业再生机构"接管，宣布事实性破产。2005年，中内功先生看着他一手创建的企业化为乌有最终饮恨而终，葬礼在流通科学大学内举办，大荣并未为其举办社葬，结局无比凄凉。现在大荣同丸红株式会社、永旺集团联合，经营着仅剩的零售产业，一直为偿还有息债务而努力。

警示：

- 大荣集团惨烈的经营历史告诉我们，当企业家自负顽固、刚愎自用，成功后不思进取，醉心于追捧者的谄媚，就如同寓言故事里的"皇帝的新装"一样可笑。
- 中内功提出的"大荣的存在价值就是破坏既存价值"并不是真理，它只是在特定时代针对特定情境正好适合的一种投机观。大荣公司在不同时代潮流下的迥异表现，更加证明了这句话的投机与赌博性质，而这不应该成为企业的原则。对于很多企业来说，企业家曾经在某些时刻的灵光乍现，很容易与当时的商业成功联系起来，成为一种金科玉律。事实上，任何企业的成功，本质上都是来自对社会有益的服务与对客户有利的坦诚，而不是什么"颠覆一切价值"的噱头。遗憾的是，很多年轻的创业者总是习惯性地将某些老牌企业家曾经不知道什么时候说的一句话作为自己公司的座右铭，而完全不顾及这句话当时所处的时代背景与商业环境，也不顾念这句话的前因后果。虽然有些老牌企业家没有出现问题，但这并不意味着这些人的话都可以成为经典。失去了基本的判断力与选择力，丧失了思想的年轻创业者注定要在这上面吃大亏。

- "根据市场的变化而变化，根据客户的需求而改变"不是真理，只是一种选择。企业可以选择适应，也可以选择坚守。在这些选择中，存在着一种更为深刻的真理性质的价值判断，那就是企业行为是否真正有助于提升人类的生活品质和塑造美好精神。企业在遵循这样的价值观时，就知道如何针对当下的情境做出变与不变的正确选择或适度调整。美国医疗保健公司西维斯健康（CVS Health）与大荣集团的商业业态十分相似，那么，为什么西维斯健康可以基业长青，哪怕在信息与科技时代到来后，依然持续提升着自己在全球500强上的排名？就是因为这家企业从来不随波逐流，而是把客户至上与履行社会责任，置于提高人们生活质量与社会服务美好性这样一个更大的价值观念下。西维斯健康没有在沃尔玛、塔吉特或者7-Eleven等各种不同的商业模式流行时迷失自己，它一直坚持并改进自己"药物清单+清选日常用品"的服务。

- 企业要有公德心，同时也要有感恩之心。不能只因为一己私利而放弃那些为公司发展做出卓越贡献的员工与合作伙伴。这种背信弃义的做法是不会得到好结果的。企业家更不能成为这样的人，这样只能给那些没有真才实学，只靠溜须拍马上位的小人以机会破坏公司美好的发展前景。

继任危机的陷阱

老铺企业一定会面临着一个传承的任务，后续者能否在先人基础之上更上一层楼，还是因为各种问题使企业走向没落，是大量企业家面对的一个商业事实。在本节中，我们介绍三个案例，分别是做料理的吉兆的堕落，做玩具的佃屋的消亡，以及做相机销售的土居的落寞。这三家公司的问题都出在继承人那里，吉兆是"一粒老鼠屎坏了一锅汤"，佃屋是所托非人，而土居则是无人可继。

案例：吉兆——名门没落背后的私欲

著名日本料理吉兆的创始人是汤木贞一，汤木贞一的祖父明治维新时放弃了武士阶级的身份，开始经营水上餐厅并举家迁至关西，后来父亲改为经营料亭①，取名"中现厂"。贞一16岁时子承父业。由于贞一热衷茶道，想将茶道和料理结合起来以提升料理的品质，但这一想法并未得到父亲的认可，于是毅然离家自己创业。

当时30岁的他开了一家名叫"御鲷茶处吉兆"的小店，小到只有吧台，而且据说开业当天竟无一人光顾。但他并没有放弃，经过坚持不懈的努力，店里有了常客，渐渐稳定下来。1991年，贞一以开设分店的方式将家业分给了子女们，于是有了本吉兆、东京吉兆、京都吉兆、船场吉兆、神户吉兆。由此，吉兆成为集团公司，坐拥五家料亭和五家房地产管理公司，同时还有一家汤木美术馆。

本来集团发展一帆风顺，但后代的管理者因一己私利，最终使长久的努力毁于一旦。2007年，船场吉兆被发现每天都将卖剩的黑豆布丁等五种产品，更换生产日期标签以充新品。同年11月又被曝出10余种产品涉嫌产地伪装，将九州产的牛肉伪装成但马地区的牛肉②，将肉鸡伪装成走地鸡。最终，船场吉兆因违反了反不正当竞争法被大阪府警强制搜查，涉嫌违法的店铺全部被迫停业。次年1月，正德社长引咎辞职，由其妻子佐知子就任社长再次

---

① 料亭，是较高级的日本餐厅，在以前最重要的是拥有奢侈的大空间，供表演节目等娱乐之用。现在的料亭餐厅不仅价格昂贵，且一般只接待熟客，头一次光临的客人必须由老主顾引见才能入内。
② 世界上最有名气的牛肉——神户牛肉，就产在但马地区。

开业。但同年5月，同样的事情再次上演，导致营业额骤减，船场吉兆无奈彻底停业。

记者会上，卖场的四名女员工爆料称，"店长直接要求我们将产品的保质期错后一个月，并让我们重新更换标签"。这位店长就是作为公司董事的汤木贞一的孙子汤木尚志。此事曝光后，汤木尚志将责任推到临时工身上，强迫他们在事故报告书上签字并写出售卖过期产品、更换标签的理由，但几位临时工拒绝签字。而关于产地伪装这件事，吉兆的鸡肉供应商鸟安则表示"这15年间从未向船场吉兆供过走地鸡"，店员也表示"一分钱一分货，这件事情大家都知道"。

经过这一连串的事情，船场吉兆不仅失去了顾客的信任，就连供货商和员工都对其失去了信心。2007年末的公司高层记者见面会上，佐知子在旁小声传递信息，教儿子怎么回答记者提问，长男喜九郎（45岁）鹦鹉学舌的回答方式更是让人嗤之以鼻。

因此，尽管其他几家吉兆品牌没有像出了事的船场吉兆那样，但最终也不得不合并，往日荣光一去不返。

案例：佃屋——权力交接不当引发的覆灭

玩具批发商佃屋是由佃光雄创立的，前身为佃屋商店，他们售卖的玩具至今仍是很多日本人难以忘怀的回忆。1958年，佃屋将美国流行的呼啦圈引入日本，引发人们争相购买，掀起了一股呼啦圈热潮。1960年，佃屋又推出了一款黑皮肤的"抱娃"玩偶。起初，这一玩具销量惨淡，于是佃屋想到把黑色"抱娃"挂在女模特雪白的手腕上，通过黑白肤色的鲜明对比，来吸引顾客目光。这一策略大获成功，原本无人问津的"抱娃"一下子成为热门商品。随后，佃屋又请了几位皮肤白皙的女孩，穿着夏装，手持"抱娃"，在东京繁华的街道上进行宣传。这个方法不仅吸引了众多行人的目光，甚至新闻记者也前来采访。第二天，报纸上纷纷刊登了照片和报道，"抱娃"玩偶迅速火遍了东京。截至1960年底，"抱娃"销售量达到240万个，处于断货状态。（后因涉及歧视问题，该公司停止制造该产品。）

后来，佃屋又掀起了一阵黑白棋热潮，这个游戏虽然以往就有，但是佃屋在1973年正式注册了商标进行销售。佃屋不仅销售这款玩具，还在1977年举办了"世界黑白棋大会"，使黑白棋一度成为最畅销的玩具。后来，公司又陆续引进了魔方、史莱姆，销售量均在百万以上，一度风靡日本。

上述商品的热销让佃屋商店的知名度越来越高。为强化根基，实现多元化发展，公司设立了子公司，将销售对象由玩具扩大到生活用品等方方面面。1998年3月，其年销售额达到287亿日元。

好景不长，2002年，佃屋由于经营不善被万代收购，成为其子公司；2003年佃屋申请民事再生手续，最终宣告破产，负债总额高达 80 亿日元。

佃屋破产的原因，一方面是经济形势不好，大家开始理性消费；另一方面是玩具市场竞争的白热化。实际上，导致公司破产最重要的原因是权力交接不当——创始人佃光雄退休后，继任社长是其女婿佃义范。佃义范想实行改革，但因其威望不足、缺乏向心力而被孤立。同时，他在管理经验和洞察力上也有所不足，无法有效地引导和管理组织，导致业务屡遭搁置。知情人士透露，与豪爽磊落的"玩具之神"佃光雄先生相比，佃义范社长心思过于缜密，他以为同所有人推心置腹没有边界就可以得人心，但没想到适得其反，反被利用，最终导致公司覆灭。一个缺少领导力与人格魅力，也缺乏自信与原则，靠四处讨好的领导对企业来说，真的是一场灾难。

案例：土居——继任危机与领导力断层

土居是土居君雄于 1949 年创立的销售相机及周边用品的商店。1959 年在福冈市注册公司，1975 年在东京都新宿开设店铺，除销售相机外还提供多样化产品和服务，如感光材料、光学器材、专业暗房等。

当时的新宿遍布电器店，以友都八喜为首的电器店互相竞争，展开价格战，被称为"新宿相机战争"。土居趁势而上，渐渐有了知名度。1975 年，土居君雄亲自前往德国收购派宝公司，以及旗下 Makina 相机商标，同时还带回来一份全新设计的相机图纸——67 makinette。为了制造出理想的相机，土居君雄先后找到尼康、小西六（后来的柯尼卡）分别设计生产镜头和机身。1978 年 Makina 67 横空出世，其精密的金属机身和锐利的镜头风格被称为"天才设计"，与此同时，这也是全日本乃至全世界第一台由经销商主导开发的相机，其影响力不言而喻。

到了 1989 年，土居在日本的分店已经多达 130 家，成为日本国内第三大相机连锁企业。当时，土居不仅经营相机类产品，还销售家电、情报机器等多种类产品，并在首都圈开设了多家小型写真冲印店。

1989 年 3 月，土居销售额达到 346 亿 2900 万日元，但随着 1990 年创始人突然去世，公司经营状况急转直下，短时间内就跌入低谷。随后迎来的价格竞争、消费低迷，以及数码相机的兴起，使土居经营进一步恶化。2002 年，公司将业务缩减到 DPE 业务和中古相机销售，但仍没能挽救损失，最终于 2003 年申请适用民事再生法，并宣告破产。2004 年，在民事再生计划的支持下，土居计划重建 11 家店铺，但最终没能在激烈的竞争中存活下来，且 2006 年彻底宣告破产。

对此，多数人表示"没有提早做好继承人的培养"是导致土居悲剧的重要原因；公司员工也称，"如果土居君雄社长还活着，就不会发生这样的事情"。当然，土居的没落其实也有运气不佳的成分，但不能因为社长不知道自己会突然离世而没有培养接班人，就认为土居公司没有任何责任。事实上，在继承人问题上，早准备是企业基业长青中的一个重要课题。

警示：

- 继承人问题是家族型企业基业长青中最重要也是最首要的问题，因为在这种企业中，家族关系总是高于商业关系。家族涉及伦理与血缘，亲情、利益等各种错综复杂的关系；而商业关系仅仅是利益关系，出了问题相对好处理，若涉及血缘与伦理就没有那么容易了。因此，企业必须在这个问题上有明确的规则与完善的传承系统来进行保障。
- 虽然土居领导者突然遭遇不幸是其没落的诱因，但与第二代、第三代继承人没有扛起公司大旗也是息息相关，领导力断层带来的管理混乱会给企业带来致命的伤害。这对所有企业经营者来说都是一个警示——企业应该在合适的时机着手培养下一代领导者，确保公司在遭遇意外风险时也能够平稳发展。

家族纷争的陷阱

很多老铺企业都是家族企业，所以，家族中对企业资产的拥有权始终是悬在企业头上的一把利剑，如果处理不好，则会在短时间内给企业带来剧烈的伤害，有时甚至会一剑封喉，置企业于死地。本节中一泽帆布的经历就是这方面的写照。

第五章 长寿企业的生存基因

案例：一泽帆布工业——兄弟阋墙，溃于内部

一泽帆布工业是一泽喜兵卫于1905年创立的，最早从事缝纫业务。大正时代，随着自行车的普及，一泽为京都各行各业的匠人做出了各种适配的帆布工具袋、配送袋，并帮他们印上属于各家的牌子。职人腰间系着的、自行车外送员身上挂着的帆布包，既实用又有广告效果，当时在京都颇受欢迎。

"二战"后海外文化的输入，让一泽喜兵卫嗅到了商机，他开始生产登山背包和帐篷，并在匠人用帆布包的基础上尝试制作各种各样的包。用帆布制作包有一种统一感，设计朴实且坚固耐用，成为男女老少竞相购买的人气产品。

一泽帆布经历了第二代常次郎、第三代一泽信夫后，来到了第四代一泽信三郎手中。信三郎继承了父亲技术的同时，对帆布的质量要求更加严格，并注重员工福利，立志将一泽帆布打造成现代化企业。

转折是从2001年第三代会长一泽信夫去世后开始的。公司法律顾问将一泽信夫在1997年立下的亲笔遗嘱公之于众，遗嘱中交代，其所持股份的67%由三儿子信三郎夫妇继承，剩余的股份由四儿子喜久夫继承，长子信太郎则继承全部银行存款。考虑到四儿子喜久夫在1996年前参与了家族企业的经营，长子信太郎因就职于银行并未涉足过家族产业，这种分配其实是相对妥当的。

但是2001年7月，在遗嘱公开的4个月后，信太郎拿出了第二份遗嘱，遗嘱是2000年3月9日封印的。这份遗嘱中写道，一泽信夫保有的股份80%给信太郎，剩余20%给喜久夫。民法认定第二份遗嘱有效。

显而易见，一直以来负责打理公司的信三郎如果没有股份，将很难继续经营公司。而且据信三郎所说，新遗嘱封印时一泽信夫由于脑梗死已经失去了书写能力，这份遗嘱的真实性存疑。2001年初审败诉的信三郎提起上诉但被驳回，2004年最高裁判所最终判其败诉。

在这过程中，信三郎成立了一泽帆布加工所，以租赁一泽帆布工业店铺及工厂的方式继续进行生产活动。期间，公司65名匠人全部跟随信三郎转入新公司，在他最艰难的时候无条件支持他。

最终判决下达后，拥有公司最多股份的信太郎于2005年12月召开临时股东总会，解雇了一泽信三郎和全部董事，自己出任社长并任命女儿及喜久夫为公司董事。

由于没有了工人，公司被迫停业，信太郎试图通过外包生产与信三郎竞争，但未果。直到喜久夫培训的新员工上岗后，公司才于2006年10月恢复营业。之后，信太郎和喜久夫指责信三郎模仿一泽帆布，并以商标侵权要求其赔偿13亿日元。另一方面，在夹缝中求生存的信三郎的新公司，得到了大批忠实客户的支持，这些客户坚信"信太郎的第二份遗嘱是假的"。信三郎的妻子以遗嘱无效再次提起诉讼,大阪高等裁判所于2008年宣布判决结果,这一次信三郎取得了逆转性胜利。判决书中称:"让从未参与公司经营的长子继承大部分股份,明显是不合理的……因此不能认定为信夫先生所写。"

这就是一泽信夫两封遗嘱的故事。没有制造能力的信太郎,和没有商标权的信三郎,让这个曾经备受欢迎的品牌,失去了光环,变得岌岌可危。信太郎在银行工作,却不了解最基本的市场营销概念——品牌。品牌是产品与消费者之间的纽带,品牌的真正含义是"与消费者建立持续的品质承诺和信任关系"。一个连自家工匠都不愿意追随的人、一个不懂得打造物品辛苦的人,却想要成为品牌的社长,怎么会让消费者放心购买呢?

幸运的是,信三郎随后推出的新品牌"一泽信三郎帆布",在匠人和合作供货商的支持下运转良好,目前仍在经营中。

警示:

- 企业想要基业长青,继承人人选是一个问题,但是上一代领导者对继承者的身份认定与资产分配同样值得关注。
- 公司领导者给家庭成员的遗嘱一定要在清醒且有能力的情况下书写,这样才能保证遗嘱的清晰性。如果是在弥留之际写下遗嘱,那么遗嘱是否有效或是否为本人亲身所写都会成疑。

- 本案例中的企业最后没有倒闭，是一种幸运，这是因为原来的品牌价值与某个人的强大声誉受到了客户的认可。但企业在整个过程中的损失一定是存在的，而且需要很多时间来挽回名誉。

管理不善的陷阱

对于企业来说，经营管理不善是最常见的陷阱，也是最可惜的陷阱。与家族继承、亲情关系与道德问题相比，管理不善对于企业来说算是影响相对不太严重的，但恰恰有很多企业跌在这个问题上。因为对管理的不重视、对公司信任的经理人的不恰当使用以及疏于管理监督，导致公司陷入危机，实在是可惜。本节中的案例森八公司就是在管理上犯了错误，创业者授权经理人，但又没有建立很好的控制与监督机制，导致了经理人的错误，让一家经营近400年的老铺伤痕累累。

> **案例：森八——过度依赖经理人导致的不幸**
>
> 森八位于日本石川县金泽市，从1625年创立果子店以来，已经有近400年的历史了。森八一直专注于糕点制作，其创作的和果子"长生殿"被称为"日本三大名果之一"，也成为金泽市的名果，深受著名茶道师小堀远州的喜爱。
>
> 此店铺最初名为"森下屋"，1869年更名为"森八"。几百年来，森八一直秉持传统，一心只想做好和果子，在

动荡的时代环境下存活下来。但1995年,突如其来的60亿日元的债务改变了它的命运。

1995年的一天,一位手持1200万日元票据的来访者出现,森八社长却对其一无所知。调查后才发现,光是用于工厂建设,森八在黑市的贷款就有2亿日元,加上欠银行和供应商的钱,一共有60亿日元的债务。而当时店铺的年收入才30亿日元,这对公司来说无疑是致命的打击。

对此森八的老板娘中宫纪伊子解释:"有一些元老级别的员工从我先生小时候就在店里工作,先生对他们非常信任,因此我们基本只做些需要抛头露面的工作,实际的经营则交由老员工打理。这些借款都是他们背后搞的小动作,平时的财务报表估计也是假的。那时我们在东京工作,对金泽市这边的状况一无所知。"

公司紧急申请合议,最终双方达成一致,免除65%的债务,剩余的债务分10年还清。但当时公司银行账户中连1000万日元都没有,随时面临倒闭。

这时,中宫纪伊子临危受命出任董事,同第18代传人中宫嘉裕一起重建森八。经过二人的努力,当年公司就开始盈利,并比计划提前两年还清了所有债务,期间的辛苦恐怕只有他们自己知道。中宫纪伊子将这段经历写进了自传中,并回忆说这种老字号的毛病在公司和员工身上体现得淋漓尽致:"有一天,店里陈列柜旁边的电话响了,但是谁都不接。我提醒后,他们却说,'我们做的是销售工作，接电话是办公室的职责'。"

资金出现问题之前，公司还给社员发了5个月的分红，但是从未制定过针对员工的奖罚标准，员工没有危机感是必然的。企业重建的基本方针是意识改革，要实现经营的现代化，就必须进行生产和库存的管理，控制支出，重新制订开店计划。"之前的生产和销售毫无规划，造成了库存积压。今后要实行零库存的体制，客人在购买商品时，不是直接取店里陈列的商品，而是从仓库打包商品——这种方法非常奏效。"

在控制支出方面，公司取消了员工的单独房间，并由老板娘带领大家一起打扫店铺。日本"女性不净"的迂腐观念根深蒂固，女人不被允许进出店铺前厅，但老板娘打破了这一落后的观念。为了制订合理的生产计划，她经常与生产负责人探讨方案。

最后，公司对旗下店铺进行重新整顿，关闭了大阪和名古屋的店铺，并有序地开设新店铺。

关于家业重建，老板娘的话值得深思——导致森八出现问题的原因是我们把公司的命脉交由他人；使森八发生改变的，则是我们重掌经营权。

提前还清债务少不了当地社会人士的支持，包括自治体在内的很多组织纷纷献策，以挽救森八。得知森八进行合议申请，当地群众也自发声援森八。他们说："长生殿和果子是金泽市的颜面，它的存亡我们不能放任不管。"

森八重建时采取管理者和员工为一体的方针，加之社会大众的支持，客人逐渐增加，使森八平稳地渡过了难关。这背后，森八平日对当地所做的贡献，也起到了至关重要的作用。

警示：
- 管理层如果对老员工过度信任而缺乏必要的监督，极易导致财务问题和内部腐败。森八的债务危机揭示了公司缺乏有效的监督和管理机制的问题。因此，建立透明的财务和管理机制，防止权力过度集中，是保证企业健康发展的关键。
- 森八能够成功重建，得益于当地社会人士的支持和企业平时对社区的贡献。企业在经营中应重视社会责任，树立良好的企业形象，赢得社会和客户的信任与支持。

通过分析企业衰败的几种不同原因，我们可以发现有如下特征：

第一，除了后继无人外，导致企业经营失败的原因大多不止一个，而是由多种原因综合导致的。而且，几乎所有存在问题的企业都有公私不分的情况。家族纷争型企业也多伴有自私自利、排除异己等公私不分型问题。在刚愎自用的企业中，也很容易同时存在道德沦丧或者传承危机。因此，毫不夸张地说，企业的兴衰取决于人，经营者责任重大。经营者行为过于控制或者过于失控都会损害公司利益，这一点是不言而喻的。

第二，家族企业是由家庭要素、所有权要素和商业要素构成的，如不能妥善调整则会引起麻烦。特别是各要素间若起冲突，这将关系到企业股份转让和继承问题，甚至会因所有权不明朗而成为家族纷争的导火索，因此我们应事先做好预案以防患于未然。

追求持续的繁荣

"繁荣"是什么意思？

对大自然中的植物来说，健康地开花结果可以说是"繁荣"。对于企业家来说，取得成长、取得健康、取得成就可以说是"繁荣"。对于一家企业来说，健康地经营，对客户与社会提供价值并获得可观的收益可以说是"繁荣"。

但如果是"持续繁荣"呢？

在植物那里，只要加上一个"年复一年"，植物年年如常，开花结果就算是"持续繁荣"。可是对于企业家与企业来说，"年复一年"似乎无法等同于"持续繁荣"。植物的繁荣是延续过往，而企业家和企业则需要不断演进、推陈出新。植物在生态巨变时，难以保持适应。而企业家和企业则随时处于变化的环境中，也必须做出改变。

持续繁荣对任何一位企业家或一家企业来说，都很不容易，可是恰恰有一些企业家和一些企业就是能做到持续繁荣。哪怕在遭遇重大挫折后,他们依然能够通过迅速而有效的干预系统使品牌起死回生,再创辉煌。我们接下来可以看一家知名企业三井集团的案例。

> **案例:三井集团**
>
> 江户时代具有代表性的商人莫过于三井家族。三井高利在1673年创立了吴服店"越后屋",也就是现在依然繁荣的三越百货店前身。在越后屋的生意稳定后,1683年,高利涉足金融业,开设了兑换钱庄。到了18世纪20年代,钱庄经办银行汇兑业务,开始资助诸侯,甚至代征贡米,受到了当时政权的保护和支持,迅速积累了财富。明治维新时期,三井家族坚决支持新政,并为军队支付军饷。明治击败幕府后,政府将资金的管理权交给了三井家族。
>
> 1876年,三井在替政府管理资金的基础上创办了私盟会社三井银行,也是日本的第一家私营银行;紧接着又创办三井物产,逐渐成为日本最大的财阀。虽然财阀是垄断资本集团的代名词,但无法否认三井是日本经济工业化进程中的重要力量。1945年11月6日,麦克阿瑟正式发布命令,解体三井、住友、三菱、安田四大财阀。三井因与政府关系长期密切,在财阀解体中受到沉重打击,直到19世纪50年代后期,三井的核心业务才开始恢复经营,以企业集团的方式经营到今天。探索三井集团经过大起大落

走到今天的351年历史，我们认为有三个人对这家公司的影响最为深远，也正是这三个人真正塑造了三井集团的长寿基因。

三井真正的创始人——三井殊法

三井殊法是公司创始人三井高利的母亲，被称为三井家的商业鼻祖。根据三井家族的家谱记载，三井殊法是一位优秀的商人、朴素勤奋的贤夫人。

殊法的丈夫三井高俊，原本是一位武士，他不怎么热心商业，只专注于在自己的爱好连歌俳句上，生意上的事情实际上都是妻子殊法在处理。殊法是一个非常节俭的人，禁止家人奢侈浪费，自己也从不穿华丽的衣服，从不随意丢弃物品，用不上的东西一定想办法再利用。比如，她会让侍女把断了的头绳搓成小捻，把掉了底的研钵当导水管的接头。

当时的越后屋除了销售酒、味噌以外，还有当铺的业务。殊法为了提高当铺的营业额，为了增加典当量，采用了降低利息的经营方针。在招待客人方面，殊法也十分用心，她会带头站在店门口迎接客人。对于前来买酒和味噌的客人，殊法常常亲自拿出酒和烟来招待，有时候还和大家一起分享饭团。同时，殊法非常注重个人的品行道德，虽为商人看重钱财，但是捡到钱包后会主动到附近寻找失主并送还。因此，殊法在周围的信用度越来越高。

殊法的种种行为，不仅为工人树立了很好的榜样，也赢得了顾客以及工人的信任，商店逐渐兴隆起来。顾客至上的经营观念，为三井家日后的事业发展奠定了坚实的基础。

殊法与高俊生了四男四女，相传殊法对子女管教十分严厉。节俭的殊法，哪怕碗中剩下一粒米都会提醒孩子吃完，教导他们节俭和礼仪。在母亲的熏陶下，孩子们在年幼时就立志于走经商的道路。

殊法87岁时去世。据《商卖记》中记载，殊法的遗物、葬礼都是她自己生前安排好的。到了弥留之际，她想到了身故后手脚会僵硬，便留下一句："我现在就弯腰。"《三井家传记》里这样写道："宗寿（高利）等能成为天下知名的大商人，是继承了殊法血脉的缘故，因此殊法被称为三井家商业王国的元祖。"

企业中兴的灵魂——三井高利

三井高利是三井家第二代，主要负责松阪的金融业务。1673年，三井高利在江户创立了吴服店越后屋（现在的三越），并在经营方法上进行了革新。在此之前，销售吴服通常是上门服务，没有固定价格，以和客户交涉的结果定价；客户可以赊销，但布匹要整匹的买。高利在销售方式上大胆革新。首先，提供店内服务，给客户看好样品后，根据需要裁剪出必要的量，明码标价，只要对方带有现金就可以带走货物。关于定价销售，美国大约是在1823年的A.T.斯图尔特商店或1876年的约翰·沃纳梅克百货店才开始使用。英国的罗伯特·欧文在18世纪中叶采用定价销售制度，开始现金买卖；到了18世纪末，定价销售制度才在英国逐渐流行起来。在这方面，日本领先了英美大概100年。

这种销售方式在吴服行业是头一次，他们一方面要求顾客用现金支付，另一方面要求商家用低廉的价格出售优质商品。现金支付减少了赊账而导致赖账的风险，因此没有必要把风险加到价格上，

这对顾客来说更为方便。但是，这种新的销售方式违反了吴服行业原有的规则，虽然生意兴隆，但遭遇了同行的排挤和迫害，甚至被行业协会驱逐，高利的店铺也被迫搬到骏河町。在德川家的近侍牧野成贞的推荐下，三井高利成了幕府的御用商人，因为攻击幕府御用店被视为对幕府的不敬，那些针对他的迫害举动才终于停止了。

在三井高利主导时期，吴服店越后屋的规模不断扩大，奠定了后来的三井财阀的基础，被称为三井的"中兴之祖"。随着业务的发展，店内佣工开始增多，店铺组织也变得复杂起来。高利以佣工为对象，提出了店制、店务、服务规则、作为商人的须知等规定。这些被称为"定"或"式目"的文书，从1673年第一家江户店开张时制定，一直到1735年，其间共制定了27项制度条款。

例如，1673年的"定"，提到了"持续一年不迟到不无故旷工的员工，给予奖励"的规定。1675年追加的"式目"中，提到了关于每年两次的结算和各种报告的规定，以及对不良库存的减价处理方法。

晚年的高利病重，自知不能恢复健康，考虑到事业和家产可能存在的问题，决定制定"三井家永世家法"。高利将反复思考的家法腹稿给四个儿子示范，等大家达成一致后，最终做出决定。家法明确规定了独特的遗产继承法、家族组织的构成、普通合伙企业形式等。

这里最重要的点，不在继承时的财产分配上，而是在作为共有财产的基础上决定兄弟们的利益分配概率，也被称为"一家一本""身底一致"。高利强烈的遗愿是家族共同努力发展事业。1694年三井家族成员共同见证了遗嘱，规定了一族的利益分配比例。高利没有将遗产分给子孙，而是将遗产作为共同财产，子孙后代按照比例分配利益。这个做法无论是在当时还是在现在，都是非常科学且有远见的。

开辟三井新纪元——三井高平

三井家继殊法和高利后，第三个值得关注的是高利的长子三井高平。为了尊重父亲三井高利的遗志，永续家业，兄弟四人在协议的基础上，采取了集团管理体制。高利去世的第二年，家族成员首先增补了三井高利的"式目"，制定了"家内式法"，要求店员贯彻到底。1703年，兄弟们为了减轻店务的负担，过渡到以佣工为主体的经营体制，佣工的笔头成为每家店的管理角色，代替主人代理店铺务，三井家族的人则从大局总括事业全貌。

三井高平实施的一次最大的变革是在1710年设置的"大元方"。"大元方"简单地说是三井事业的最高管理机构，三井家的资产全部集中在"大元方"，各营业店铺以"元建"的方式（现在的资本金）出资，必要的周转资金用贷款的方式。各店铺每半年将账簿和一定金额的利润上交给"大元方"，三井十一家的报酬由"大元方"支付。

高利晚年的烦恼是成为豪族的三井家如何实现家业永续，当时三井家族商业版图分为和服和货币兑换，根据地域分为东西20个店铺，如何才能让这份家业世世代代地持续下去是一个难题。长子高平给这个难题提供了答案，通过设置"大元方"，创造了一个与现代"控股公司"相匹敌的组织管理方式，新次元的事业也从这里开始发展。

1722年，三井高平以三井高利的遗训为宗旨，以"大元方"规则为基础，制定了新的家族规章《宗竺遗书》。《宗竺遗书》详细规定了三井家族的处世方法、事业上的处理措施、财产的分配比例、子孙的教育方法等，旨在保持三井家族的繁荣和持续发展。其内容从三井家族要团结一致开始，涵盖了继承人的地位、权限，养子的待遇，幕府御，用物心信心等50项内容。主要包括：

- 不能扩大同族的范围，同族的无限制扩大必定引起

第五章 长寿企业的生存基因

骚乱。

- 结婚、负债、债务保证等必须经过同族协商。
- 每年的收入必须有一定金额的储蓄,剩下的部分各家按照定率分配。
- 必须终身工作,不可无故隐居、贪图安逸。
- 不能贷款给大名[①]。因为回本困难,一旦结下孽缘,越陷越深,容易陷入沉没的危险。在不得已的情况下,可以借出小部分,但是不要指望回本。
- 做生意贵在及时止损。若不及时止损,则必会招来他日更大的损失。
- 带领他人做事必须精通业务,因此培养同族的子弟必须从学徒做起,从基础开始熟练业务。

此后《宗寿遗书》被历代继承人守护,直到1900年,修订为《三井家宪》。在近200年间,被视为"三井精神"。第二次世界大战后,日本有关新宪法和民法的制定,对家族制度进行了重大修改,三井家族无一例外受到影响。此外,财阀本身也发生了解体等重大变化。

时代变迁,日本泡沫经济崩溃后,各行各业加速重组,三井旗下公司也经历了各自的变迁。进入20世纪80年代,三井系和住友系的联系越来越紧密,在激烈的企业重组过程中,三井集团各公司在维护三井的纽带的同时,

---

① 大名,日本古时对领主的称呼。

> 发展成为适应新经营环境的企业集团。但三井集团依然秉承三井的历史及理念，"三井高利在江户开设三井越后屋布料店至今已有350余年的历史，三井先人留下的教诲和精神至今仍被三井集团各公司继承"。

存在与繁荣是两回事。存在不意味着繁荣，但繁荣一定是更好的存在。繁荣是一个多维度的结构，这意味着它由几个重要部分组成。当一个人体验到每个维度或组成部分的健康水平时，才能实现最大的繁荣。企业的繁荣也是一样的道理，如我们所认为的那样，企业是一个生命体，企业得以生存的每个维度或组成部分都呈现健康水平时，才能说企业处于繁荣之中，否则，只能说它是勉强活着。

对比本章第一部分那些因各种原因而出现重大问题的公司，我们发现，三井集团在其历史长河中确立的关键要素对于确保企业持续发展是极其宝贵的。百年老铺，实际上就是在相当长的一段时间内保证了持续繁荣；而持续繁荣的关键并不是做什么产品或从事什么服务，而是那些在不同时代都具备普世意义的企业核心价值观、利益分配原则、根本立基制度、继承与传承规则、社会价值呈现与卓越的领袖等。这些至关重要的老铺资产，我们将其称为"老铺企业的长寿基因"。

繁荣不仅是衡量公司基业长青的一个标准，它也是积极心理学自创立至今最重要和最有前途的研究课题之一。学习如何有效地将研究成果应用到现实生活中，不仅有益于企业家个人与家庭,而且对企业家所服务的企业机构也有着巨大影响。

在心理学家的研究成果中,繁荣超越了简单的幸福,它涵盖了广泛的个体积极心理结构与组织文化心理结构,无论是对于个人还是组织都提供了更全面的视角。马丁·塞利格曼教授认为,繁荣是认真关注构建和维护 PERMA 的五个方面的结果。PERMA 是塞利格曼关于人类真实幸福与成功的五根支柱:积极情绪(Positive Emotion,明朗的心情);投入(Engagement,专注度);人际关系(Relationships,满足度);意义(Meaning,现实生活);成就(Achivements,目标的达成度)。这些要素对于实现和保持繁荣至关重要,无论是对于个人,还是企业、非营利机构、行政单位,乃至国家、民族与文化,都具备相当重大的意义。

正如我们在三井集团的案例中看到的那样,早期三位创始人为这家公司树立了充沛的意义感与价值准则。对于企业的事业以身作则、全情投入,为企业建立了精细、勤俭、公平、正义、协作、分享等一系列具备根本性的原则。他们对待客户、员工、家族成员都怀抱着尊敬与感恩之心,将和谐的社会关系与饱满的情绪体现得淋漓尽致。企业不断突破困难、做大做强的强烈成就感,又与一代代坚守企业根本宗旨、价值观与处事原则的卓越领导者息息相关。从这个意义上来看,长寿企业的基因与积极心理学持续繁荣的理念与支柱不谋而合。当老铺企业与积极心理学在"持续繁荣"这一对所有人都有价值的课题上相遇时,铅华褪去,我们发现的是那些最根本的成功基因——长期主义、工匠精神、利他主义、创新不竭、文化坚守、领袖精神。

基因一：长期主义

长期主义、心理资本与心理韧性

巴菲特曾说："时间是优秀企业的朋友，平庸企业的敌人。"无数的事实案例证明，所有基业长青的企业都是长期主义的坚守者，越是在艰难时期，越要坚持长期主义。

从心理学角度讲，我们认为长期主义的心理储备应该包括希望、乐观、心理韧性、幸福感和福流体验等内容，我们将其统称为"心理资本"。

企业的人力资本强调，"你会什么，你有什么技能，你掌握了什么知识"；心理资本则强调，"你是谁，你想成为什么样的人"，更关注人的积极天性和优点，比如自信、希望、乐观、幸福以及面对恶劣环境时的积极心态等，通过挖掘一个人的心理潜力、提升其心理素养来应对经营企业时面临的心力衰竭和心理危机。路桑斯指出："心理资本历史性地突破了传统的人力资本、社会资本和客户资本的思维模式，对于理解知识经济时代日益变革的组织中的经营者具有极其重要的意义。"后藤教授主编的《家族企业白皮书（2022年版）》也指出，传承了几代人的日本企业，即使遭遇危机，也能迅速恢复正常状态。从心理学的角度，我们认为长寿企业积累的不仅是财富资本、社会资本，更多的是心理资本。

在会计学中有一个最基本的公式：资产＝负债＋所有者权益（资本项）。套用这个公式，我们就可以提到一个关于心理资本的公式：**心理资本＝心理资产-心理负债**。

积极心理学一直强调人类的品格优势与美德，强调美好生活，强调幸福，强调所有那些人类正向、积极的心理特质。这些都是我们的心理资产。但同时，负面的情绪、错误的认知、萎靡的意志、拖拉的习惯与恶劣的态度等这些消极与负面的东西就是我们的心理负债。

某种意义上，积极心理学的优势理论与传统心理学的干预理论正是上面这个公式的缩影。积极心理学一直关注人类正向、积极的心理特质，相当于把目标放在如何增加心理资产上。传统的疗愈式心理学则把目标放在如何减轻痛苦，也就是减少心理负债。当然，从公式上来看，这两种努力都没有什么问题，只是方向及运用的方式方法有所不同，但目的都是提高人们的心理资本，也就是我们能真正拥有的心理价值。

为企业的长期主义储备心理资本，最需要的就是心理韧性。这是保证企业长期主义得以实现的不可或缺的一分子。

2023年8月，在接受《企业家》杂志的采访时，我（彭凯平）表示，企业家真的不容易。企业家比普通人承担了更多压力。第一是责任感压力。个人得病，自己调整就行了；但企业家一身维系着成百上千，甚至上万的员工和家庭，还有客户、上下游等利益相关者。如果企业没做好，不仅企业家自己过得不好，很多员工也会过得不好，这是企业家的担当。第二是名誉压力。企业家有社会形象、社会身份、社会地位。如果普通人过得不好，他可逃可走；但企业家即使躲到深山，他的责任仍在。所以，尊严、社会地位、社会价值，会让企业家无法逃避。第三是法治感压力。企业是现代社会的法治存在。如果个人破产了，熬一熬就行了；但企业家撂挑子了，则会带来很多法律问题。企业破产牵扯到很多经济、社会问题，其影响会被放大。

当然，除了上述三种压力，企业家还有来自企业业绩本身的压力、竞争对手的压力、产品与服务升级换代的压力、新科技新商业模式的压力、概念时代高数据与高感性的压力、国际化压力，以及企业团队管理与继任者选择等诸多压力的叠加。伟大的企业家能够将事业做到极致，其背后有一种共同特质，就是必须能抗住这些压力，有一种坚韧不拔的精神——我们将其称为"心理韧性"。

心理韧性通常指个人面对逆境和困难时能够独立做出理性的、建设性的、正向的选择，在处理方法上具有韧度和柔软性。举例来说，心理韧性就像竹子压弯后立即反弹的恢复力、网球凹陷后弹回的反弹力。一句话解释，心理韧性就是在严酷环境下的心理适应力。它是个人的一种资源和资产，是从逆境、矛盾、失败中恢复常态的能力。在心理学上，它被认为是一种稳定的人格特质。

2004年，美国宾夕法尼亚大学心理学系副教授安杰拉·达克沃思通过在西点军校的研究发现，一个人成功的核心要素，不是智商，不是情商，不是家境，更不是所谓的考试成绩，而是这个人坚韧不拔的心理韧性。心理韧性，其实是企业家成功的一个支柱。那些能够从逆境中挺过来、熬过来的企业家，都非常坚强，非常乐观，他们具备对命运不服输的抗争精神。

我认为心理韧性包括三层含义。

第一，复原力，也叫心理弹性，指人们在痛苦、挫折、磨难、打击、失败、压力的挑战下，能够迅速恢复到正常状态。南非前总统曼德拉曾说："生命的伟大不在于永不失败，而在于失败后能再度崛起。"生命的反弹力和韧性，是我们笑对人生的基石。

第二，坚毅力，指面对长远目标时体现出的努力和耐力。心理学家安吉拉·达克沃思称之为"坚毅"（Grit）。"Grit"在英文里的本意是砂砾，引申为无论怎么碾压都不变形、不走样。坚毅就是学会面对失败和对抗逆境，并在此过程中提升抗逆力、锻炼意志力，这也是人一生最大的资本。就像达尔文所说："生存下来的往往不是最高大、最聪明的，是适应环境变化最强的物种。"

第三，创伤后成长，指从失败中学到成功的经验，从打击中得到进取的力量。尼采曾说："杀不死我的都会让我变得更强大。"这再一次给我们启示，能在危机中不断成长，我们才能更容易成功，不要怕变化，不要怕挫折，不要怕折腾，这些过程会让你心中更有力量。人不是被过去的经历决定的，最主要的是对未来的希望和奋斗的精神。人生是一场马拉松，真正能够走到最后的人，靠的一定是心力。在日本，有种传统工艺叫金缮，是指用金粉来修补破损陶瓷器、漆器。被修缮的物件重新复合为一体而且更加坚固，因为金粉对裂痕处的醒目修饰，让修好的物件有了一种别具一格的美感。人们发现，修缮后的物件反而更美丽。这其实蕴含着一种人生哲学，就是坦然接受过错，用更好的方式修补伤疤并展示出来，将会获得更完美的成长。

心理韧性是企业巨大的无形财富，也是企业能够完全自我控制的最有价值的资本。心理韧性受到遗传的影响——有的人天生乐观、快乐、耐磨。但遗传的影响只占20%~30%，更多的是靠经验、经历和后天的努力，如学习、交流、沟通、表达，还有亲情、友情、爱情，对心理韧性的提升都有帮助。人需要互相合作、互相成全、互相体贴，单打独斗做不成事。另外，还有环境因素——你再努力、再有韧性，可遇上天灾人祸，也有可能崩溃，但这不超10%。市场经常发生革命性的变化，企业家需要认识到这种风险，以坚韧的内心应对激烈的竞争、变化的世界。对企业家来说，当危机来临，我们无处逃避，只能在承受的同时快速适应这一状况，并做出积极应对，这是现代企业家必须具备的一种能力。

心理韧性有六个重要特质。

- **特别积极的认知风格。**大部分时候决定我们生活幸福的要素不是事情本身，而是我们怎么看待这件事情。
- **乐观的情绪调节。**情绪的起伏波动是很正常的，人不可能没有消极情绪。关键是，当我们遇到消极情绪时，如何快速复原，这才是重要的。

- **健康的身心状态。** 看起来朝气蓬勃、走路虎虎生风的人，心理韧性大都很强。如果一个人总是躺着、睡着，那相对来说其心理韧性可能较弱。
- **自我效能感。** 认为自己有用、能成事——这是非常重要的。
- **解决问题的行动精神。** 有了想法之后能否付诸行动，也是心理韧性的重要指标。
- **良好的人际关系。** 如果一个人的人际关系很好，多半是因为这个人的容忍度非常高，遇到挫折和打击时，不会迁怒于他人。这样的人一般来说，更容易讨人喜欢，更容易得到别人的支持、理解和欣赏。

企业家为什么要提高心理韧性

从 20 世纪 90 年代开始，"VUCA"这个词开始被普遍使用，它是指易变性（Volatility）、不确定性（Uncertainty）、复杂性（Complexity）和模糊性（Ambiguity）。VUCA 原本是一个军事术语，用来描述作战环境的高度复杂性，后来战略管理领域的学者将这个概念应用于风云变幻的商业环境。进入 21 世纪，区块链、人工智能等新技术引发了颠覆性革命，医疗技术的高速发展正将人们带入超高龄化社会。另一方面，全球变暖引发的异常天气和自然灾难一直威胁着人们的生命财产安全，加之各种军事冲突不断升级，从全球化到反全球化浪潮一浪高过一浪，这都使得未来充斥着更多的不确定性，VUCA 一词已经很难概括当今时代的特征。2016 年，美国未来学学者贾迈斯·卡西欧提出了一种新的模型——BANI，即脆弱（Brittle）、焦虑（Anxious）、非线性（Nonlinear）、不可理解（Incomprehensible）。现今，我们正走向一个"混沌"时代，过去稳定的事物将不再可靠，人们除了感到深深的不确定性，还涌现了巨大的焦虑感、脆弱感，无法看清未来方向。

这对于任何国家、企业或个人，都是前所未有的大挑战和压力。在这种极度未可知的商业环境中，过去储备的知识经验、工作技能可能无法帮助我们应对眼前的BANI时代。让我们更好地生活下去的信心，也许不再来源于外部力量的储备，而是内在力量的积蓄，即我们拥有多大的心理韧性。

在很多灾难和危机面前，人们最先崩溃的可能就是脆弱的内心。传统观念认为，人要变得坚强，一定要把自己打造成一个能承受任何打击的钢铁堡垒——强壮的躯体和顽强的斗志。在商界，企业家不顽强吗？很多人的创业都是九死一生，他们建立了顽强的心理屏障，看似任何困难都不能将其击倒；可是，有时候面对一个细微的问题，甚至在别人眼里不是问题的问题时，他们却突然崩溃了，原因恰恰就在于其心理屏障过于顽强。以往的危机虽然没有把企业家的心理屏障击穿，但多次的伤害累积，让企业家的心理负担不断加重，久而久之，等压死骆驼的最后一根稻草落下，他的心理屏障就突然碎裂了。我们可以称这些人为心理顽强的人，但他们不是心理韧性强的人。因此，我们需要区分这两种心理概念。

心理顽强是对抗压力的力量，而不是接受压力、化解压力的力量。许多企业家就像故事里坚毅勇敢的骑士一样,身披盔甲,一路披荆斩棘,最终收获了属于自己的荣誉,受到了大家的认可。但习惯了盔甲庇佑的他们,没有注意到盔甲可能会生锈。直到有一天,一个突发事件让曾伴随他顽强地走过辉煌岁月的盔甲完全裂开,坚强的企业家轰然倒下,从此不得不放下事业,去寻找自己的救赎。其实这个自我救赎的方法,正是心理韧性。拥有心理韧性的企业家,在面对问题、困难、压力时,不会将所有期望都押在外部保护上,而会用强大的内心力量灵活柔韧地与之相处,与压力和解,形成更强大的抗压能力,从而确保自己与企业不会轻易被压垮。

在我们与企业家的访谈中,很多心理韧性强的人向我们列举了高心理韧性的种种好处,我们做了如下汇总。

- 提高专注力和工作效率。
- 创造性地、综合性地解决问题。
- 提高有效利用有限资源的能力。
- 恰如其分地发挥自身作用。
- 提高识别并应对风险的能力。
- 对消极现象采取积极应对措施。
- 提高抗压能力。
- 惹出麻烦问题的行动会减少。
- 提高企业营业能力。

如何培养企业家的心理韧性

对于这个问题,我们有如下几点建议。

冷静客观直面现实。 心理韧性强的领导者,能沉稳地看待所有问题,即使遇到严重的突发问题,也能冷静地直面现实,做出最佳选择,将问题的影响降到最低。冷静应对问题是解决问题的第一步,有助于人们客观、理性地分析问题。心理韧性弱的领导者在遇到问题和麻烦时,会暴跳如雷,把下面的员工骂得战战兢兢,再开会讨论,揪出一个"麻烦制造嫌疑人",最后把这个人开除或者降级处理。简单粗暴的处理方式,反映了管理者既没有心理韧性,也没有担当。

多角度把握问题点。 在一个传统领域里做出自己的特色是一件十分不容易的事情,长时间受一种技术、一种想法的禁锢,这也是百年企业经常遇到的难题之一。如何在一个固有的环境下突破自己,更多需要企业家的心理韧性。通过积极的转换思维,找到观察社会、自然的独特视角,形成自己独一无二的思考,才能立足于行业。当企业利益受损时,尝试多角度思考,既能有助于企业家解决当下问题,也能让他们在问题中看到机遇,坏事也能变好事。

案例:In blue 晓

百田晓生,出生在佐贺县有田町,喜欢瓷器的人们一定知道日本的有田烧,有田烧距今有400多年的历史,传闻是日本第一个烧制瓷器的地方。有田从古到今诞生了无数名陶艺师，给人们留下了无数的瓷器作品。

百田家族便是其中之一，从1647年到1871年在锅岛藩的有田皿山代官统领下从事窑烧工作，1893年在芝加哥世界博览会上展出并获奖。百田家族的先祖对烧制陶器充满了热情，十分重视陶器的形状和用料，在风格上追求独特创新，想必这也是手艺能传承几百年的原因。

与众多百年家族企业的后代不同，百田晓生自幼的梦想是有自己的工作室，然后在日本的百货店、展厅展示自己的作品。1991年，20岁的百田晓生拜师副岛四郎先生。大概是因为出生在陶艺世家，1995年，百田晓生便能独立创作自己的作品了，2015年还成立了自己的工作室"In blue 晓"。

百田晓生说，在40岁之前，自己大多数的作品都是失败的。从20多岁制陶开始，百田晓生一直以"创作出只有自己能做到的东西"为信念，通过自己的情感表达与陶艺对话。百田晓生早期的作品常因出现裂缝而失败，他发现只有情感而没有技术是无法达到自己的理想的。十几年来，通过不断磨炼技术，不断尝试不同的釉料，终于在40岁时找到了自己的作品形式。百田开玩笑地说，正是过去的失败造就了今天的自己坚韧的心理素质。成名之后，他还在不断地挑战自己，尝试各种创新。

百田晓生的作品以端正的器型、淡蓝色青瓷釉或白色磁肌上的釉料设计而得到人们的青睐。每件作品都展现出

> 优雅和庄严的风格，奇妙的是，还能让人感受到柔和、温暖的氛围。他介绍说，他的创作灵感来源于大自然，如空气、土地、植物等。由于大自然每天都在发生变化，因此他汲取灵感的作品也必定是独一无二的。

保持无理由的乐观心态。虽然概念时代为我们的生活带来了很多便利，但不确定性的增加也让我们产生了越来越大的压力。对于企业来说，内外部的各种变化与突发事件、行业与竞争伙伴的加速变迁、工作边界的模糊化与虚拟化、相关各方利益者的要求或质疑等，都会让企业家疲于奔命。这个时候，他们容易产生大量的负面情绪与负面心态。这正是保证企业繁荣的大忌，因为企业家一旦失去了定力、陷落于不良情绪与氛围中，员工的归属感就会消失，工作环境可能变得不和谐，创意和合理化建议可能会被扼杀，士气低落等问题也会随之出现。所以，我们建议，无论何时，企业家都要保持最大的乐观。

不苛责自己。自我谴责倾向性强的人，总是对自己过分严苛，习惯把责任全部归结到自己身上，并进行自我谴责。这很容易给当事人带来精神上的障碍，最终会导致他们不能客观面对事实。苛责自己跟勇于承担是两码事。勇于担责是为了解决问题，有时候也是为了保护他人；但是苛责自己，常常让人背上沉重的心理负担，而无益于解决问题。培养心理韧性并不是让自己无限地承受压力、惩罚自己，而是找到解决问题的办法，增强战胜困难的意志力。

中国人受传统文化影响,习惯"严于律己",这当然是没有问题的。企业家作为企业的领头人,自然要以身作则,以更严格的标准要求自己,上下一心,把企业搞好。但严于律己跟苛责自己也是两回事,苛责自己并不是美德。现实中,很多企业家在遭遇重大挫折后,往往难以快速恢复。特别是对企业、对员工造成损失后,企业家往往陷入深深的自责中。虽然推卸责任不可取,但苛责自己也不可取,因为这并不会改变现状,只能让现状更糟。心理韧性好的企业家遇到问题,不是急着追责,而应分析原因、解决问题,只有渡过危机,解决了所有难题,才能把那些让人自责的事情变得有意义。

科学应对压力。在我们的大脑中有一个非常重要的器官叫作"杏仁核",位置大概在鼻子后方。当我们遇到不开心的事情时,杏仁核就会变得特别活跃,它负责加工我们的负面情绪。焦虑、恐惧、愤怒,甚至压力性的社交,都会让杏仁核充血。所以应对压力的一个特别简单的方法,就是抑制杏仁核活动。企业家可以尝试以下做法。

- **当杏仁核温度升高时,多吸几口凉气,可以让杏仁核的温度缓解下来**。很多人在山上呼吸新鲜空气时会感到心旷神怡,其实也是类似的道理。
- **使用香气缓解心情**。心情不好时,闻一闻香氛,或者抱抱孩子、宠物,都有缓解压力的功效。有时候洗个澡、换件衣服、喷一点儿香水,也可以在一定程度上让人的心情变好。

- **写日记**。大诗人歌德曾经想要自杀。自杀前,他决定写一封遗书,结果写着写着,他的心情好了很多,于是就把枪放下,专心写作。到了第三天,这本书完成了,它就是《少年维特的烦恼》。

另一个应对压力的脑组织叫脑腹侧被盖区,这个地方负责释放各种积极的神经化学递质,激发人类快乐、期待、学习、利他等各种积极情绪。目前,我们发现的积极神经化学递质主要有四种——多巴胺、血清素、内啡肽、催产素。

- **激发多巴胺:做自己爱做的事**。一个聪明的人,一定要让自己的快乐延续一段时间。快乐的感觉如果延续超过4分钟,我们的大脑就会形成对这个快乐体验的记忆,并由此形成一个与之相关的神经网络。以后即使我们没有实际参与,仅仅是看别人做这件事情,我们的快乐神经也会被激发,给我们带来同样的兴奋和快感。这就是很多球迷看球赛可以获得极大愉悦感的原因。我们应该多做一些自己喜欢和擅长的事情,让自己形成各种各样的快乐神经网络,增加我们随时随地获得快乐的能力。同样,这些技巧也可以放在组织里面进行。如果一个员工业绩很好,老板会发奖金,团队伙伴会拥抱他。让这样的快乐体验持续4分钟以上,该员工就会形成积极的大脑记忆——如果自己做得好，就会得到类似的成就和快乐。

- **激发血清素：有意识地帮助别人**。2020年，诺贝尔生理学或医学奖获得者迈克尔·霍顿教授，他的成名就来自对血清素的发现。他发现，血清素能够振奋人的心情，防止情绪低落。当我们意识到自己有帮助别人、成全别人的能力，感受到自我价值时，大脑就会分泌出血清素，这让我们感到振奋。反之，当感受不到自身价值时，对周遭环境失去掌控感时，血清素的水平就会严重降低。现在，我们已经发现太阳光是合成血清素的天然"催化剂"，晒太阳能够刺激大脑中血清素的产生。这也解释困惑了心理学家很长时间的一个问题：为什么自杀率在春夏之交的四五月份最高？因为冬天没有足够的阳光，这消耗了人们大量的血清素；而到了春天，血清素不足就导致人们心情低落。

- **激发内啡肽：保持定期运动**。内啡肽是一种非常特别的激素，它只有在人感到身心痛苦时才会被释放出来，发挥减痛作用。有规律地运动能产生内啡肽。如果你经常锻炼或跑步，你会发现每当你完成一组剧烈的运动，或者跑了更长的距离时，你的内心就会生出一种成就感和满足感，疲劳感也似乎一扫而空，这就是内啡肽在发挥作用。同理，所有先苦后甜的体验，背后都有内啡肽的刺激。比如，烧脑的幽默，一个要思考后才能领悟的笑点等。过程越痛苦，得到答案之后就越快乐。

- **激发催产素：增加爱的体验**。催产素也是我们应对压力的一个天然解药。过去我们以为催产素是女性特有的激素，后来发现并非如此，男性也拥有催产素。要说明的是，催产素不是催产，其主要作用是增加爱的感受和体验。如何获得催产素呢？笑、拥抱、夸奖和赞美、富有同理心的对话、陪伴家人等，任何能够增强爱、归属感和信任感的人际互动行为，都会让我们分泌催产素，感受到快乐和开心。

基因二：工匠精神

近些年，中国政商两界在很多场合多次提到"工匠精神"。"工匠精神"日益被社会关注，相关的书籍也出了很多。2018年，我（后藤俊夫）的书《工匠精神：日本家族企业的长寿基因》在中国出版，十分感谢中国读者的厚爱。在那本书里，我将工匠精神视为日本家族企业重要的长寿基因之一。到今天，我依然这样认为。

事实上，工匠精神不止日本有，全世界所有勤奋、务实、精益求精、一丝不苟的企业都有工匠精神。只是不同的国家、民族由于自身的文化与历史特点，对工匠精神的具体阐述略有不同。比如，美国人的工匠精神起源于最早的一批建立美国的重要人物的个体经历，他们务实而热衷于实物的创造。美国早期的工匠精神概念是一种极度私人和孤独的努力，并不惠及大众，而且工匠行为的成果常常无法在短期内显现出来。随着时间的推移，美国

第五章　长寿企业的生存基因

式的工匠精神逐渐融入了人类的精神意志和思维状态，而早期纯粹出于兴趣的追求则有所减弱。到今天，这种美国式的工匠精神添加了人类的精神意志与思维状态，而早期为了兴趣所展现的技术这个元素大大降低了。

相较而言，东方民族的工匠精神一开始就是由精神、意志与价值观主导的，中国与日本都是这样。对于大量的中国企业来说，精益求精、严谨、一丝不苟、耐心、专注、坚持、专业、敬业等能够代表中国企业对工匠精神的理解与定义。在这些方面，日本企业也基本相同。根据我的调研，企业的工匠精神还有一条，那就是要有服务社会的精神，也就是利他之心。那些真正践行工匠精神的企业，一定会与利他之心结合起来。因为在这些企业看来，无论是工匠精神还是利他精神，都需要一颗赤诚之心——若没有这颗赤诚之心，嘴上说自己有工匠精神或者利他精神是不能算数的。赤诚之心不是企业的营销宣传语，是一种发自内心的热爱与敬畏，甚至愿意为此牺牲自己的一种纯粹的执着与投入。

大家知道新津春子这个人吗？她被称为"中国大妈"。她出生在沈阳人，是中日混血儿，17岁时来到日本，最初甚至都不会说日语。她在日本当过清洁员，在她的努力下，日本羽田机场多年位居全球最干净的机场行列。她是大家公认的"清洁女王"，被评为"国宝级匠人"，成为中日匠人共同的骄傲。

中国现代市场经济的时间并不长。1978年改革开放后，相当长的时间内，中国不是以市场经济为主导，直到20世纪90

年代初，中国才开始更加全面地推进市场经济。因此，中国企业现代化管理的时间也相对较短。但中国有着5000多年的悠长历史，中国优秀的手工艺者在历史上一直威名远播。日本在很多方面都在向中国学习，尤其在传统文化思想与佛教思想上，受中国的影响更深刻。工匠精神就是日本学习中国文化的结果。

"匠人须知30条"与企业精神

日本有一位知名的匠人叫秋山利辉，他写过一本《匠人精神》。秋山利辉少年学习木工手艺，27岁创业——他创作的"秋山木工"是一家为客户提供可以使用100~200年产品的优秀企业。本着为社会培养优秀人才的出发点，秋山制定了一份"匠人须知30条"，格外注重人才的品格和道德修养，并打造了一批批顶尖的木工工匠，为社会各行业的匠人提供了学习和借鉴的榜样。

"匠人须知30条"明确规定了公司匠人在做人、做事方面的具体要求，让学徒们知道通往一流匠人的道路上必须做到哪些事情。具体内容如下。

> **案例：秋山利辉的"匠人须知30条"**
> 1. 进入作业场所前，必须先学会打招呼。
> 2. 进入作业场所前，必须先学会联络、报告、协商。
> 3. 进入作业场所前，必须是一个开朗的人。
> 4. 进入作业场所前，必须成为不会让周围的人变焦躁的人。
> 5. 进入作业场所前，必须能够正确听懂别人的话。

第五章 长寿企业的生存基因

6. 进入作业场所前,必须先是和蔼可亲、好相处的人。
7. 进入作业场所前,必须成为有责任心的人。
8. 进入作业场所前,必须成为能够好好回应的人。
9. 进入作业场所前,必须成为能为他人着想的人。
10. 进入作业场所前,必须成为"爱管闲事"的人。
11. 进入作业场所前,必须成为执着的人。
12. 进入作业场所前,必须成为有时间观念的人。
13. 进入作业场所前,必须成为随时准备好工具的人。
14. 进入作业场所前,必须成为很会打扫整理的人。
15. 进入作业场所前,必须成为明白自身立场的人。
16. 进入作业场所前,必须成为能够积极思考的人。
17. 进入作业场所前,必须成为懂得感恩的人。
18. 进入作业场所前,必须成为注重仪容的人。
19. 进入作业场所前,必须成为乐于助人的人。
20. 进入作业场所前,必须成为能够熟练使用工具的人。
21. 进入作业场所前,必须成为能够做好自我介绍的人。
22. 进入作业场所前,必须成为能够感到"自豪"的人。
23. 进入作业场所前,必须成为能够认真发表意见的人。
24. 进入作业场所前,必须成为勤写书信的人。
25. 进入作业场所前,必须成为乐意打扫厕所的人
26. 进入作业场所前,必须成为善于打电话的人。
27. 进入作业场所前,必须成为吃饭速度快的人。
28. 进入作业场所前,必须成为花钱谨慎的人。

> 29. 进入作业场所前,必须成为"会打算盘"的人。
> 30. 进入作业场所前,必须成为能够撰写简要工作报告的人。

我相信,第一眼看到这30条的人,如果之前没有接触过,肯定觉得这些条目太过琐碎。我们平时的生活中可能极少用这种方式与语言教育员工或孩子,但这就是匠人的典型特色。不只是秋山利辉,很多百年老铺内部的企业信条都很"琐碎"。它们看似是对一些"无关紧要"的小事的要求,其实这正是工匠精神最突出的一个特点——精益求精。

想一想,如果这些精小的事情都想不到、看不到、做不到,那么工作里一天哪有那么多大事情给你做呢?再退一步,就算公司有大事情,但如果你没有精益求精的习惯积累,又怎么能把大事做好呢?很多人误认为"成大事者不拘小节"是指做大事的人可以不管小事,其实并非如此,这句话说的是,做大事的人需要有长远的眼光和跳出细节看宏观的能力,而非忽视细节。所有的大事都是由无数小事构成,越是大事,越需要精细的能力。

在日本的制造业中,丰田、资生堂和东陶在践行工匠精神上算得上典范。丰田企业因其精益的管理实践而闻名世界,并一直努力成为世界上最大的制造商。丰田创始人丰田佐吉提出的"五条训诫"是丰田公司一直践行的纲领,用一句话总结就是,"获得的利润不是用来改善生活,而是要增加生产投资"。这意味着企业家要肯吃苦,能吃苦,会吃苦;挣了钱不能想着享受,而要不断投入研发设计与制造。资生堂是著名的化妆品企业,自

1872年创立后，百年来一直致力于对美的追求。它的宗旨是为了美而做到极致，所以资生堂的产品永远不惧怕任何欧美大牌化妆品的竞争，因为它为了实现这个使命，不断进行研发和市场研究，它可能是这个世界上对客户需求和身体特性了解最深刻的公司之一。东陶公司于1917年成立，致力于坐便器的尖端技术。东陶一贯追求高品质，让用户享受卫生健康舒适的生活。多年来，东陶一直专注于这个领域。如果没有他们的工匠精神，半个世纪前日本就无法实现厕所革命。在中国的地标性建筑内，如水立方、鸟巢等，我们都可以见到东陶洁具的身影。

除了工作上的精益求精，我们还看到秋山利辉在"匠人须知30条"里对做人的要求。在非制造业中，7-Eleven便利店、新干线和帝国饭店都是匠人精神的代表。这里我重点给大家讲讲新干线和帝国饭店的小故事。

案例：新干线

日本新干线公司自1964年东京奥运会期间开始投入运营，以其高速、安全和优质的服务闻名于世。同时，高度清洁也是其重要特点。

哈佛商学院研究人员对新干线的保洁情况进行调研后，制作了一个"奇迹7分钟"的教科书。列车停车到开车之间有12分钟暂停时间，除去上下车的5分钟，只有7分钟清洁时间。在平均年龄50岁的保洁员的高效作业下，他们仅用了5分27秒就完成了列车的清洁工作，并且清洁质量非常高。新干线之所以能够创造"奇迹7分钟",主要是因为保洁员有为乘客服务的使命感,这使得他们的工匠精神奇迹般地发生。负责欧洲高铁运营的法国国铁总裁曾自负地说:"与新干线相比,在技术上我们是不输的。"但是参观完新干线的服务后,他幽默地说:"这个我模仿不了,必须把日本的超级保洁员带回去才行。"

中国近年来在高铁运营方面发展得相当快,其规模与速度让日本望尘莫及。当然,除了高质量的硬件设施,还要在软件上更加深耕。简单来说,餐食、保洁、服务响应、车站卫生与秩序控制,以及对儿童、老人、孕妇、病人、残障人士等弱势群体的关怀上仍有很大的提升空间。

案例:东京帝国饭店

东京帝国饭店兴建于1890年。1923年日本地震后,饭店周围的很多房屋都倒塌了,但东京帝国饭店经受住了考验,并且在地震之后的火灾中成了一个安全岛,庇佑了很多人。当时,帝国饭店还给英美法意大使馆以及中瑞等领事馆提供了临时工作场所。地震后的4天内,帝国饭店每天为人们免费提供食物,最多时每天有2500人。

这是帝国饭店的历史,我再给大家讲讲帝国饭店有关工匠精神的两件事情。

新加坡前总理李光耀曾在回忆录里面写道,帝国饭

> 店有位擦鞋工是他的"老师"。这个擦鞋工在帝国饭店工作,他不仅擦鞋技术一流,而且对于那些每年只来一次的客人,他都过目不忘,会主动与客人打招呼。尊重客户,正是这个擦鞋工的工匠精神的核心,所以李光耀尊称他为"老师"。
>
> 东京帝国饭店还有一位客房服务人员小池幸子,在其50年的工作生涯中,她曾服务了7万多位客人。她一直尽心尽力地为客人服务,据说她清扫完毕后会亲自喝马桶里的水,作为其服务质量的证明。
>
> 总结来说,工匠精神不是上级对下级的要求,而是公司的每一位员工都要主动去实现,并做到极致。

所以,回过头来看,秋山提出的"匠人须知30条"既是对员工的要求,也是对他自己的要求。匠人首先要以自己的工作为荣,再推己及人。在日本企业里,工匠精神是领导者与员工之间形成的一种文化与思想上的共同价值。长寿企业将这份工匠精神代代相传,并将其作为员工长期的工作价值。

对企业来说,沉浸于工匠精神是释放企业生命活力、创造力、审美与同理心的最佳途径。有意义、有吸引力的工作不仅能提升企业员工的专业成就,还能促进企业组织健康发展,并创造一种与所有个人奋斗相呼应的集体成就感。

如何培养深度工作的习惯

那么,工匠精神有科学原理吗?当然有,而且它还得到了积极心理学的大量证据支持。

在积极心理学中,有一个概念叫作"深度工作",这与工匠精神的种种内在表现相当契合。深度工作很大程度上与米哈里·契克森米哈赖的心流理论相关联。

想知道自己有没有工匠精神,你可以先问自己一个问题:"我热爱自己的工作吗?"

热爱自己的工作就是全身心地投入,体验一种完全的专注感,即行动和意识的融合。当我们与自己所做的事情融为一体时,就会带来最佳的认知表现和情绪表现,我(彭凯平)将这种表现称为"沉浸"。沉浸有两个最基本的判断指标:第一个指标是"对当下情境的通透体验",指向情绪表现;第二个是对"存在的理由的深切感受",指向认知表现。两者结合,就是一种高度感性与高度理性的结合,"心流"就是这两者结合后的心理反应。因此,沉浸是心流的前提。要达到心流状态首先需要进入沉浸状态。也就是说,想达成深度工作的状态,首先需要高度感性与高度理性地热爱自己的工作。

我们一生中很大一部分时间都在工作,工作对我们许多人来说是生活与意义的源泉。但扪心自问,我们有多少工作时间是在沉浸的状态中度过的呢?又有多少人进入过深度工作的状态?沉浸意味着一种卓越的热爱,充满感情,又充满智慧。深度工作意味着我们在工作中学习到幸福的生命体验。还有什么能够比这种状态更能形容一个匠人的工匠精神呢？

心理学家通过分析组织中的敬业度数据，讨论如何改善员工的工作环境，并深入探讨心流理论的要素以及个人如何在工作和生活中培养敬业的艺术。今天我们已经知道，卓越的业务成果与员工敬业度密切相关。每家公司都希望员工充满热情、积极参与并热爱工作。

盖洛普的一个组织行为调查报告，揭示了疫情暴发前近10年来美国"敬业"员工的百分比，这些数字每年都在提升。2018年，美国超级敬业度员工的比例为34%，积极敬业度员工的比例为13%，两者之比约2.6∶1。其中，有53%的员工既不快乐也不痛苦。他们对工作表示很满意，但只完成了最低要求的工作。调查显示，这53%的员工对工作缺乏热情，与工作场所也没有什么连接，他们很可能会因为下一个更好的工作机会而离开。由此可见，培养企业员工深度工作相当重要，也相当急迫，它是企业最值得投入的价值改造活动，而培养的核心就是使员工具备工匠精神。

培养工匠精神，或者让员工投入工作，并非简单地让员工忙碌起来，而是让员工更专注于手头的工作，并沉浸其中。卡内基梅隆大学的一项调查显示，生产力并不等同于忙碌程度。如果我们不能集中注意力，就无法充分发挥自己的潜力。多任务处理已经在我们的文化中根深蒂固，这使得放慢速度的选择变得没有吸引力且有违直觉。但是，人类的智力资源是有限的，而且实验证明，任务之间的频繁切换会导致我们的生产力下降40%。

许多全心投入且对工作满意的员工都具有以下特征：绩效提升、创造力更强、更容易获得直觉信息以及不断增强的深度学习能力。培养企业深度工作的习惯，或者激发工匠精神，不仅取决于个人的努力，还取决于领导力和组织文化。

那么，具体如何做呢？我们给企业家的建议如下。

- **明确的目标**。对于不能深度工作的员工来说，他们的工作只是例行公事。他们常常觉得自己投入了大量精力来实现别人的目标，有时甚至违背了自己的意愿。公司需要建立正向积极的普世价值观和以公司文化为基础的组织目标，才更有可能让员工认同自己的工作，并相应地调整他们的个人努力。同样，为各项工作任务提供切实有意义的描述可以激发员工的积极性。例如，"为事业而工作，而不是为了谋生"。这一点我们在很多长寿企业的成功经验中都能看到。
- **即时反馈**。当人们了解工作的每一步进展时，就更容易保持专注。如今，许多公司正在取消年度绩效评估，转而采用由员工及其经理发起的全年持续反馈。绩效评估的是工作表现，而不是员工个人。绩效评估并不是反馈的唯一形式。认可和辅导对于激励和支持员工敬业度同样有效，并且可以通过对等计划为那些不符合公司赞助计划的人员提供奖励和辅导。
- **设立富有挑战性的任务并与员工的工作技能匹配**。无论是沉浸还是心流体验通常需要在特定能力的复杂活动中实现，因此与员工的工作技能相匹配的高难度挑战对于员工至关重要。事实证明，深度工作与高于平均水平的挑战和技能条件呈正相关。正如心流理论所示，当挑战和技能较低时，人们会感到冷漠；而当要求过高、远远超过员工的工作技能时，人们又会感到压力和焦虑。因此，任务与技能的平衡就显得相当重要。

- **行动与意志的结合。**在深度工作的状态下，我们的意识与正在做的事情融为一体，但前提是任务具有足够的挑战性，需要调动个人技能，促进专注和参与。重复性和低技能活动很少与深度工作相关。最佳表现需要一定程度的集中注意力。只有当我们的意识井然有序，我们的思想、意图、感觉和所有感官都集中在同一个目标时，这种完全的专注才有可能，才能激发出内在的工匠精神。《情商》一书的作者戈尔曼认为，注意力的战略分配，可以归结为"脱离欲望的对象并专注于其他事情""抵制干扰"和"继续关注未来目标"。如果我们能够维持长时间的专注，并练习选择性注意力来安抚杏仁核，注意力便能调节情绪。
- **改变时间观念。**改变时间观念意味着要深刻理解时间的真正价值。每个人每天都拥有 24 小时，但只有那些懂得高效利用时间的人，才能在同样的时间内取得更大的成就。深度工作最强烈的指标之一就是对时间的扭曲感知。对于一些人来说，进入深度工作状态后，时间会变慢；还有一些人的时间干脆在他们的意识之外流逝。培养深度工作需要明确区分深度时间和浅度时间。深度时间是指专注于高价值任务、不被打扰的时间段；而浅度时间则是那些花在低价值任务上的时间，如处理电子邮件、浏览社交媒体等。通过重新分配时间，把更多的精力放在深度时间上，可以大大提高工作的质量和效率。

- **激发人们的内在动机和主动性**。许多关于动机的研究表明，当动机源自内在，而非外在因素时，它更直接、更有效。内在动机往往能带来更大的长期成果，因为它满足了我们对自主性和能力的心理需求，进而创造了更积极的心理状态，加强了积极的反馈循环，并增加了重复的可能性。实验表明，来自学习、目标导向、能力发挥、兴趣和参与的正向激励能激发人们为了巅峰体验而努力工作，也有助于激发人们的内在工作动机与工作的主动性。

- **培养乐观的人格**。深度工作最重要的源流是人们的内在动机与自我效能。米哈里在心流理论中将这种源流定义为"自得其乐"或"充分满足"。乐观的人更容易激发内在动机，自我效能感更高。克莱蒙特研究生大学的德怀特·谢发表的一项"自主人格问卷"被欧美企业家广泛地用来评估企业内的人格乐观度。这份包含26项的调查问卷，要求受试者按照1—7的等级对自己进行评分，测量出的企业员工的人格乐观指数，可以帮助企业有针对性地培养员工的乐观人格。

基因三：利他主义

接下来，我们来说一说与工匠精神密切相关的利他精神。

日本企业的利他经营思想，其理论化和行动准则的形成，要追溯到 400 年前的江户时代。铃木正三、石田梅岩、二宫尊德是江户时代三位著名的思想家，他们都对利他精神做了阐释，并深刻影响了日本商业的发展。其中，以石田梅岩的思想最为重要。石田梅岩以中国传统思想为根基提出了"石门心学"，这对近现代日本的商业发展产生了极为重要的影响。石田梅岩主张正直、诚实获利和俭约的经商之道，为日本企业提供了经济伦理的根本规范。石田梅岩最著名的一句话是，"诚实之商人应奉彼立我立之原则"。这句话也被日本当代著名的企业思想家稻盛和夫频繁引用。稻盛和夫提倡"利他"经营的理念和石田梅岩主张的"彼立我立"的原则是一致的，稻盛和夫经营思想可以说正是来源于石田梅岩的经商之道。

利他的经营哲学

利他，不仅是经营方法，而且是经营哲学，更是积极心理学大力提倡的一种积极的品格优势与美德。从心理学角度分析，利他精神是人类互惠互利的本能、恻隐之心和愉快心情相互促进的结果。

利他是互惠互利的本能。 英国皇家科学院院士、牛津大学教授理查德·道金斯在《自私的基因》一书中解释道，基因是自私的，希望自己繁殖得越多越好；但是，人要想让自己的基因繁殖下去，就不能自私。真正让基因无限繁殖的，是人类拥有的无私的、利他的天性。换句话说，正是因为基因的自私，人类反而要利他。我们可以设想，在遥远的古代，人类祖先狩猎时需要相互配合。但是，大家都很有"默契"——不会搭救或帮助那些自私自利的人。于是，自私自利的人死得比别人早，他们的基因就消失了。直到今天，这一机制仍然在起作用。很多证据表明，只为自己活的人通常会被他人瞧不起，会被孤立；他们很可能找不到伴侣，也没有孩子。相反，愿意帮助他人的人在社会中得以繁衍生息的可能性更大。因此，古今的道理一样，即自私自利的人容易被淘汰，活下来的大都是懂得互惠互利的人。人类在进化过程中，拥有了"互惠互利"的本能和天性。本质上，它是一个很好的生存策略。从这个角度说，"利他"包含了"期待未来利己"这一事实因果。所以，利他有时候看似是付出，其实是在用另外一种更好的方式获得。

利他是恻隐之心的结果。恻隐之心，人皆有之。在他人受困时施以援手，不仅能够得到对方的感谢和赞许，还能减轻自己内心的痛苦。1995 年，意大利帕尔马大学的神经生理学教授贾科莫·里佐拉蒂及其团队发现，人的大脑里有一组镜像神经元，它使我们有"倒映"别人情绪、欲望和行动的意向。正因为有了这组神经元，我们才能"忧他人之忧，乐他人之乐"，甚至有"感时花溅泪，恨别鸟惊心"的共情能力。这就是人的恻隐之心。在儒家孟子的理论中，恻隐之心也被看作君子四心中的第一位。

利他是心情愉悦的奖赏。积极心理学研究发现，我们在帮助别人时，体内会分泌出多种神经化学物质，从而激发人体产生快乐情绪。这是一种来自大脑的积极奖励，因为这种奖励，我们才有了持续助人的动力。大脑奖励激素的基本原理体现着人类"趋利避害"的本能，这样看来，利他也是人类的本能，是为了获得好处的一种生物生存机制。因此，大家不要认为利他只是一种道德方式，而是应该认识到其对个人福祉的实际益处。那么，了解了利他是人类"趋利的本能"，你还会认为利他不值得吗？如果这样，要么就是违背了自然的规律，要么就是缺乏对科学利益的真正理解。在《帮助别人的隐秘好处》（*The Hidden Gifts of Helping: How the Power of Giving, Compassion, and Hope Can Get Us Through Hard Times*）这本书中，哈佛大学的斯蒂芬·波斯特教授总结了帮助别人的研究结果："那些总爱帮助别人的人，赚的钱更多，心情更愉快，寿命更长……"一项针对老年人身心健康的调查也显示，那些坚持利他行为的老人无论在健康状况、人际关系，还是寿命表现方面，都比自私自利或事不关己的人更优秀。

接下来，我们要给企业家几个建议。

第一，竞争越残酷，我们越要"利他"。企业家要把"利他精神"作为竞争优势来培养。特别是在当前的高感性时代，人们对利他这种能够强烈表达情感的方式有着极大的需求，也愿意为此付出更多的代价。企业家不应停留在"社会达尔文主义"的偏见里，而要抛弃"利益竞争""优胜劣汰""丛林法则"的老套规则，把利益最大化、重视人文关怀、强调合作分享放在企业经营的首位。

第二，世界越纷乱，我们越要"利他"。过去，我们一直认为人类身体里留存着动物的本能和欲望，甚至一百多年来精神分析学派也极力推崇人的本能与欲望的合理性。但是，积极心理学彻底颠覆了精神分析的观点，也解开了哲学中关于人性是善还是恶的困扰。新一代积极心理学家通过大量实验发现，人的本性就是善，而不是恶。善是人之为人的标志，是人类积极天性的杰出代表；恶才是被环境影响并经由后天产生的一种过度甚至变态的最初级的自我存在感——活下来的保护机制。而在活下来之上，还有不同的生命存在感意义追求。因此，世界中存在的恶并不能成为我们随心所欲、为所欲为的借口。我们不是低级的动物，不能把低级的戾气、冷漠、残忍归结为人的本能，团队合作、利他精神、追求远大理想和幸福等积极人性才是人的天性使然。

第三，别人越犯错，我们越要"利他"。我们常说，"不要用别人的错误惩罚自己"，这句话在心理学上也是有依据的。心理学家古德曼发现，当人们陷入仇恨、嫉妒、愤怒等严重的负面情绪中时，虽然报复行为能够释放这种负面情感，但这样做于人于己有百害而无一利。实际上，报复行为往往会加深矛盾和冲突，让我们陷入无休止的纷争中，从而损害我们的心理健康和人际关系。与其让负面情绪控制我们的行为，不如选择宽容和利他。研究表明，宽容和善待他人不仅能够化解冲突，还能带来积极的心理效应。帮助别人可以提升我们的幸福感，增强自我价值感，并改善我们的情绪状态。当我们选择用宽容和利他回应他人的错误时，不仅能让我们更加平静和满足，也能创造一个更和谐和友善的环境。因此，不要用别人的错误惩罚自己，也不要因为别人的错误而放弃利他，因为利他就是利己。

第四，"利他"不是一味妥协。长久以来，企业界的竞争生存理念认为，只有打垮对手，自己才能生存。虽然近些年利他思想在商界越来越受重视，但是由于丛林法则的强大惯性，很多商界人士依然相信："我既然给别人留活路，别人也应该给我留条路。如果别人非要跟我竞争，我必然以牙还牙。"这种观念和做法对不对？我们从两个角度分析一下。

首先，对于别人的恶，要批判。在法律上，"有意伤人"和"无意伤人"有明显区别，动机不一样，量刑标准也不一样。生活中，是否要"以牙还牙"也取决于一个标准：对方的意图。如果对方无意间伤害了我们，那么我们可以选择宽恕，否则对方的"无意"被我们解读成了"有意"，我们就变成"行恶的人"了。如果对方有意伤害了我们，那么我们绝不能容忍、妥协或宽恕。我们一定要采取行动，制止和批判对方的"恶"，否则对方会伤害更多的人。坏人得逞一次，就会得逞无数次，我们需要有功德心和正义感。

其次，对于黑暗人格，一定要警惕。有些企业家在公众面前不太注重个人形象，其行为举止极其怪异，甚至到了"不可理喻"的程度，我们应该警惕这类人，更不能因为这类人暂时成功就盲目地效仿他们。此外，我们要保持清醒的认识：这类人有比较明显的"黑暗三人格"，具体表现为自恋、情绪极度不稳定和马基雅维利主义（权谋主义）。"黑暗人格"是走向毁灭的诱因。拥有这种人格的人，即使由于偶然的原因暂时成功，也不会长久。

今天，很多企业家都在谈"社会责任感"的问题，如果深入剖析，其实他们讨论的就是"利他精神"。中国古代士人的人生追求是"穷则独善其身，达则兼济天下"，这一思想也应该被今天的企业家接受。凡是局限在某些人、某些地方、某个时间的事情，都只是一时环境使然。但如果一件事情，古今中外的人都崇尚，也愿意遵循，那么我们可以相信，它背后是一条符合人性的"大道"。

第五，利他精神决定企业的经营高度与时长。 松下幸之助将"为了使人们的生活变得更加丰富、更加舒适，并为了世界文化的发展做出贡献"作为松下电器的企业使命。稻盛和夫临危受命，不要工资出任即将破产的日本航空董事长，用3年的时间让日本航空摆脱困境。对于很多真正有大成就的日本企业家来说，经营企业的目的就是为社会创造价值，盈利只是做这些事情的过程和结果。这就是利他精神的真实写照。

当企业因内外部出现问题面临经营危机时，大多数国家和地区的企业会选择裁员，以保证公司的生存，但日本企业通常不这样做。"二战"战败后的日本，经济萧条、社会混乱，重视现金流的丰田汽车公司也面临资金难题。1949年底，丰田需要2亿日元周转金，如果得不到银行的贷款，公司将面临倒闭的危险。

丰田喜一郎与银行交涉的结果是，银行答应贷款，但附加条件是剥离销售公司和裁员。对于第一个条件，喜一郎忍痛接受，但是裁员对喜一郎来说无法接受。他想救公司，又不想放弃员工。经过讨论，公司决定募集1600名辞职志愿者。喜一郎一边找工会协商合作，一边承担自己作为领导的责任，最后喜一郎决定带头离职。在喜一郎的带动下，1700名员工主动请辞，以帮公司渡过难关。可丰田并没有放弃这些员工，而是帮他们找到了新的工作。

2020年的新冠肺炎疫情，波及所有行业，旅游业更是受到严重影响，日本没有一家酒店能正常营业。始建于1428年的日本汤主一条酒店，在疫情蔓延期间同样没有客源，当然也就没有任何收益。但是，汤主一条酒店的经营者没有为了节省开支把员工裁掉，而是选择在疫情期间投入精力给员工做培训。汤主一条酒店的经营者为了帮助员工消除没有活干的焦虑，始终与员工保持沟通。恢复营业后，更是控制酒店入住预约量，以保证员工休息时间和服务质量。这家已有595年历史的酒店，现在的掌舵人已经是第20代了，利他正是这家企业基业长青的根本原因。

培养人人利他的氛围

员工的态度，是一家公司是否真正"利他"的晴雨表。今天，社会上出现了职场"PUA"的现象。比如，有些公司的管理者或老板异常挑剔、刻薄，不断向员工灌输"你做得特别差劲""你就是不如别人""你没有存在的价值"等观念,从而达到思想控制的目的。本质上,他们把员工当作听话的工具、机器或奴隶,这是相当自私与无能的表现——这种做法体现的不是人的积极天性或者所谓权威领导力,而是阴暗的自卑心理。自卑的极致就是自负,而一个真正自信的人是谦虚、低调且道德高尚的。所以,一个利他的企业,应该坚决禁止管理层有任何扼杀员工自尊心、自信心和自豪感的行为。20世纪50年代,社会心理学奠基人、心理学教授勒温做过一个实验,他发现强制性的权威管理方法,最初的效果可能特别好,但是长期使用会带来非常严重甚至毁灭性的后果。在商界,一些公司的破产,正是来自员工的"叛变"。员工在公司积累了很多不满和怨恨,离职后会想方设法摧毁曾经压制他的老板。所以,利他精神、善待员工,要时时刻刻装在企业家心里,因为善心具有不可估量的价值,恶念也有不可估量的破坏力。

现实生活中,总有些人爱占便宜,而利他的人正好给了他们钻空子的机会。因此,我们不主张无原则地"利他",而是"理性的利他"。因为虽然利他从学术研究上是人类的积极天性,但毕竟每个人后天的环境、所受到教育、接触的人和生活的情境不一样,"利他觉悟"自然也不一样。纪律、制度和法律法规的作用就是尽量不让坏人得逞,不让好人吃亏。否则,利他型社会是无法建立起来的。我们可以分三步走培养企业内部人人利他的氛围。

第一步,显性措施。通过规章制度、标语口号等文化建设,再加上人文环境的硬件建设等方式，把企业从内到外打造成一个充满爱意的、温馨的环境，员工身处其中，会感到身心舒畅。今天，很多制造业的工厂，不再是厂房与烟囱林立，而是环境优美、绿植丰富。员工每天上下班，就像逛公园一样，那么他们会自觉地爱护环境，而且更加与人为善，因为愉悦的环境有利于产生利他行为。发挥利他精神，其实关键在于他本人是否想做这件事。我们只需提供一个场景、故事或引导，让他意识到"利他是好的"，他就会自觉实践。

第二步，隐性措施。企业通过聘用员工的条件、言行奖励等形式，间接体现"利他思想"所提倡的价值观念、行为标准。

第三步，愿景激励。通过树立远大的企业目标、愿景来激励员工。人是唯一会被愿景、目标激励的生物。为社会做什么，为国家做什么，为人类做什么，这听起来很抽象，但确实能产生激励作用。这是有科学依据的——人人都有向往远大目标之心，都有高尚之心，这是进化选择出来的人性。我将企业的这种愿景称为"暖实力"，就是想表达一个观点：能够打动、感染、召唤和激励人心，令人相信并追求的东西，才是具有实力的东西。

基因四：创新不竭

根据韦氏英语辞典，"innovation"（创新）一词最早使用于 15 世纪。在过去几百年间，这个词汇的发展史也揭示了人类的创造史。

在过去500年里,人类的创新有几个高峰阶段。第一个高峰期从16世纪到17世纪末,以数个小波峰此起彼伏为特征。第二个高峰是从18世纪中叶到19世纪末,此阶段有一个相对平缓的波峰。第三个阶段是从20世纪中叶到今天,此阶段是一个陡峭的波峰,目前还在继续攀升。这三个时期,我们并不陌生了,在前面的章节中我们已经介绍了这几个时期人类社会的重大标志性事情——地理大发现、文艺复兴、工业革命、信息革命把人类的生活从农业社会,经由工业社会推向了数字社会。启蒙时代倡导的理性、科学、人文、进步塑造了近500年人类社会的总体格局。

在这几个不同的时期里,创新呈现出不同的特点。在第一个波峰阶段,人类见证了水力、纺织、炼铁产业长达60年的发展,接下来是持续了55年的蒸汽动力、铁路、炼钢发展;在第二个波峰,电力、内燃机、汽车在大约50年里成为主导,石油化工、电子、航空又持续了40年;第三个波峰,前30年是计算机、软件、新媒体的繁荣,之后则是人工智能、物联网、机器人、无人机、清洁能源技术、数字网络消费与社交的正当时。

在不同的时期里,地球上诞生了数不清的企业,在各行各业内为人们提供产品与服务。人类在这个过程中创造出了比之前几百万年都多得多的物质财富。纵观半个纪元的人类创造史,创新的形式与概念也几经变化。

早期的创新主要来自大量的发明,创造出这个地球上从来没有过的东西才算是创新。所以,爱迪生、瓦特、莱特兄弟等名字至今依然被人们熟悉。之后，经济学与管理学的发展使人们意识到，除了创造具体的物品外，组织、市场、技术、业务模式等也可以成为创新的内容。再之后，信息时代的到来，使得金融交易、信息交互、数字网络、虚拟事物与虚拟情境这些软性甚至无形的内容也可以创新。创新产出物的价值表现也从具体的实物价值向数字价值与虚拟价值变迁。这个过程中，记录下来了包括发明创造、产品创新、市场创新、人才创新、服务创新、组织创新、金融创新、模式创新、文化创新、颠覆式创新、开辟式创新、赋能式创新、数字化创新等诸多创新形式。

跟随时代的创新

时代造就传奇。对于长寿企业来说，存在时间越久的企业，所经历的时代波折越多，所经历的创新挑战也越多。而能让他们屹立不倒的一个关键能力，就是不竭的创新。否则，时代变迁的巨大力量不可能容纳下一个与时代不符的企业，还能让它活得很滋润，因为这不符合逻辑。接下来，我们来看一个长寿企业的案例。

案例：锅屋

锅屋，是在日本战国时代1560年成立的家族企业。东京都葛饰区的柴又帝释天（题经寺）内的梵钟由其负责铸造。

"锅屋"这个称号是古代皇室赏赐的，起源要追溯到皇宫内用来辟邪的吊灯铸造物。当时有108家同行，但守业至今的，包括该公司在内只剩20家左右。该企业的创立者冈本太右卫门是从铸造业起家的。1923年，公司从个人变为法人公司，名称依然叫锅屋，意指不忘创业精神，坚持铸造祖业。

创造适应时代的产品是锅屋经营的制胜法宝。公司董事长阐述了企业持续发展的心得："说起来其实是很朴素的道理，同样的产品完全一样地去生产制造是不可以的，必须不断创造适应时代的产品。

"企业的核心产品是施工作业用的固定工具、施工器械以及周边机器等。我们开发的是独家产品，并且努力做到了标准化，这是我们公司产品的特征和强项。我们一直投入精力和财力积极研究新材料，尤其是像具有耐热性的铝和瓷这样的复合材料，不容易热膨胀并且较轻、较结实，这样就能让我们企业传承的强项在新产品中得到发挥。"

冈本董事长在1962年就任社长，1998年从冈本知彦手中接过了经营权，至今经营这家企业已经有36年了。让我们觉得特别有意思的是，冈本董事长的前任和后任都是养子。冈本董事长有三个子女，现任社长是从女婿中选出的，将企业经营权交给养子继承的家族企业在日本有很多例子，这也算是一种传承创新吧。

第五章 长寿企业的生存基因

类似锅屋这样的企业在日本还有不少家。调查发现,很多长寿企业都是在 1805 年前创立的,大多数都是生产密集型的传统业务,后来不间断地进行技术革新、产品创新,开发出顺应时代的新产品并不断发展,直到今天走上了现代化之路。如今,中国制造业已经相当发达,众多中国企业也从事劳动密集型与生产密集型的工作。曾经,中国的制造企业只是按照订单的要求进行浅制造。但今天,中国的企业已经自主研发出了众多产品与技术,包括生产模式、供应链模式与服务模式。在很多领域已经超过了日本的传统制造企业。

不过,创新永无止境,越是走向深海,对制造企业的创新要求就越高,企业面临的持续创新压力与挑战也越大。在日本,老铺企业几乎都是历经艰辛,九死一生,最少要经历 3 次生死存亡的危机。例如,兵库县西宫市的百年老铺长岗实业,它的第六代经营者长岗良幸社长在公司成立 200 年的纪念册上留言,称这家企业走过了"戏剧性的 200 年"。在无数风浪中存活下来,长岗良幸认为很多方面都值得总结。其中,不竭的创新起到了相当关键的作用。这一点也希望分享给中国的企业家。

上面提到的长岗实业是做药材生意的。1869 年,刚刚 24 岁的长岗佐介作为上门女婿接手了这份事业,除了中成药以外,他还拓展了西药业务,把眼光瞄向砂糖和洋酒,积极地扩大事业规模。早在 1881 年,日本中草药已经有 344 家。当时,长岗实业的发展规模位居日本第三。第一次危机发生在 1885 年,物价飞涨和通货紧缩的冲击,让公司经营摇摇欲坠,当时的第三代经营者不得不立字据贷款经营。为了打破僵局,经营者破釜沉舟,在东京再次创业。他偶然在横滨看到了薄荷,于是在1892年开始生产薄荷产品,这一举措使企业在新的业务下转危为安。第四代掌门人佐介推动全球化时,日本发生了关东大地震(1923年)。为了求生存,长冈实业选择将业务搬迁回创业的起源地,这一举措极大地增强了家族成员和员工的归属感,大家团结一心,共渡难关。第三次危机发生在1945年,"二战"刚结束,当时的日本一片荒芜。第五代经营者决定将业态从出口转为进口。回顾这段漫长的创业史,现任社长长冈良幸认为,200年来,长冈实业在风雨中不断主动寻找各种创新与变革。创新与变革需要企业领导者具有十足的勇气,更需要拥有坚定的信念。没有人能够打包票说创新与变革一定会成功,但不创新、不变革就肯定不会获得持续成功的机会。在这里,我们通过全世界寿命最长的旅馆案例,看一看老铺企业在面对变化和挑战时,如何依靠核心价值观和不断革新实现持续发展。

> **案例:法师旅馆**
>
> 日本石川县小松市的法师旅馆是被载入吉尼斯纪录的"世界上最古老的旅馆",它始建于718年,至今已有1300年的历史。旅馆的传承采取世袭制,由家族长子继承家业,由家族长子继承家业。现在的经营者法师善五郎就任于1970年,已是第46代传人。法师旅馆的家训是"自己学习"和"积累功德",并将这个理念代代相传。

第五章 长寿企业的生存基因

2001年，法师善五郎的长子法师一宽制定了现代化转型计划，并为此忙碌不已。遗憾的是，这个有望成为新一代掌门人的优秀青年，数年前因病离世。这对于现任家主法师善五郎来说，是无尽的悲伤。

在采访中，我们得知，法师善五郎与长子一宽共同经营时，善五郎偏向维护传统，一宽则偏向革新。父子二人出生的年代不同，接受的教育不同，接触的环境不同，势必造成他们在各种观念上产生冲突与矛盾。双方各不相让，相持不下。善五郎认为，对于一家已经存活了1000多年的老铺来说，哪怕最小的变革，一旦出错就可能是致命的。

在过去漫长的岁月里，法师旅馆经历了无数次时代变迁的考验，正因如此，善五郎才对于变革采取了更谨慎的态度。然而，儿子一宽的骤然离世，对善五郎的打击是近乎毁灭性的。在很长的一段时间里，善五郎意志消沉，一蹶不振，不知道这家旅馆该如何延续下去。他说，法师旅馆走到今天，已经经历了各种艰辛和不易，但是他无论如何也想不到接近暮年还要遭受"白发人送黑发人"的致命打击。但他深知，旅馆的传承和经营不能停滞不前。于是他重新振作起来，开始认真思考一宽生前提出的变革主张。

经过判断，善五郎接纳了长子一宽生前提出的很多建议，并坚定地付诸行动。善五郎认真履行了"对外体现家族经营，但实际经营时经营体制绝不家族化"的理念。善

企业的品格

> 五郎还明确向企业传递出这样的信息：新旧观念的冲突是必然存在的，有纠葛也是正常的，但相通之处是"不断革新才是我们的传统"，其中最主要的理念是把"顾客第一"的精神放在首位。
>
> 实际上法师旅馆作为引领时代的先驱，在30多年前就修建了豪华舞厅和小孩子也可以用的游泳池，几年后又把游泳池改成了能剧舞台。十几年前为了纪念公司的开山鼻祖，他们在这个舞台上举办了能剧表演，吸引了不少回头客。

颠覆式创新

美国哈佛商学院教授克莱顿·克里斯坦森曾提出过一个著名的颠覆式创新理论。这一理论是对早期的经济学家约瑟夫·熊彼特相关观点的拓展。1995年，克里斯坦森首次在《哈佛商业评论》上发表了颠覆式创新的文章，因此获得了"颠覆大师"的美誉，他的创新理论给企业界带来了一轮强力冲击波。

在我（后藤俊夫）早年出版的《继承者：日本长寿企业基因》一书中，我专门用了一章的篇幅介绍了日本老铺的颠覆式创新。但是，多年过去，克里斯坦森已经修正了他理论中的不足之处，相继提出了"开辟式创新"与"赋能式创新"。因此，今天重新审视日本老铺的创新，我当年在《继承者：日本长寿企业基因》中列举出那些颠覆式创新的企业案例可能已经较为陈旧了。实际上，日本老铺几乎在每种类型的创新上都有典型范例。

颠覆式创新经常会牺牲现有客户看重的某些性能，并提供一种尚未被客户认可的迥异属性组合。比如，廉价手机便满足该理论所定义的"从低端市场切入"，在占据一个新的细分市场后持续向上改进，最终形成一个新的大市场，再来颠覆掉原来龙头企业的市场地位。同时，颠覆式创新不仅适用于产品与技术，还适用于组织管理，其核心是创建新生组织，破坏传统组织的沉重与拖沓的流程，快速打破精益，以效率为第一要务。

> **案例：日产汽车**
>
> 1933年12月，日产成立，名称来自股东"日本产业"的缩写。日产是日本的一家汽车制造商，目前，在全球20个国家和地区都有日产的汽车制造基地，并在全球160多个国家和地区销售产品与提供服务。2022财年，日产的净收入达到10.6万亿日元；2023年在《财富》500强榜单中排名第160位。
>
> 二十几年前，日产公司陷入困难，连续亏损6年，连续26年业绩下滑，还欠下了巨额债务。1999年，就在日产破产在即，公司上下都看不到任何希望的时候，巴西出生的黎巴嫩裔法国籍企业家卡洛斯·戈恩的人接手了日产，他之前担任雷诺公司董事长兼首席执行官。
>
> 从卡洛斯·戈恩复杂的身份背景就知道他是一个全球化的商业人士。因此，他能否让这家日本企业起死回生，当时的日产员工都不清楚。在卡洛斯·戈恩的领导下，两年后，日产公司不仅稳定了局面，而且营业毛利达到了

10.8%，一时间成为一个被广泛传播的商业神话。

戈恩是怎么做到的呢？原来，他一上任就提出了一项名为"日产复兴计划"的战略。第一步，戈恩重新组建了一个由200多人组成，包含9个跨职能的团队。他按照公司的业务范围，列出了其中最为重要的9个环节，包括产品生产平台、经销商、供应商等。这9个跨职能团队分别对应这9个环节，实行了一种非常高效的集成中心内部协调系统。

第二步，戈恩把各部门人员打乱编排，使每个团队的人员都来自不同的岗位，甚至不同的国家和地区。用戈恩自己的话说，这种混合编排可以"让每一个团队充满新鲜感，也更加多元化"。这种跨部门打乱人员结构的做法在今天的大型企业中并不多见，但是对于日产来说，却起到了出人意料的好效果。它鼓励团队用不同岗位的思考方式去思考，而且还给各部门了解其他部门的机会。当大家都走出自己的封闭区，了解并体验其他部门的工作内容后，才会真正懂得什么叫换位思考，从而更好地理解并配合其他部门的工作。这对于习惯于奉自己部门为皋，保守封闭的日本公司文化来说，是相当重大的改变。

那么这9个团队是如何工作的呢？他们采用自上而下和自下而上两种途径进行调研，搜集来自各方的意见。首席执行官戈恩更是事必躬亲，对日产进行全方位巡视。他和9个团队一起来到生产车间、职工食堂、代销商、每个分部，听取每一位职员对日产复兴计划的建议，前后采纳了2000多条改进建议。在访谈调研结束后，戈恩给这9个团队3个月的时间来编写企业改革的建议书，这份建议书就成为日产的"复兴计划"。

日产的问题在哪里呢？第一，缺乏清晰的目标；第二，只关注与对手的竞争，忽略了对客户的关注；第三，没有跨部门、跨市场及跨级别的合作文化；第四，公司没有紧迫感，员工没有共同的愿景和长期计划。

发现问题后，戈恩着手开始解决问题，分别从目标、市场、产品构成、公司的内部等级制度、激励机制等方面进行改革，用了不到两年的时间，就迅速扭转了日产的糟糕境遇，并且建立起全球化的企业文化，打破了原来的保守与封闭。所以，在戈恩看来，日产公司的长年经营乏力并不是产品或技艺出现了重大问题，也不是市场对日产的排斥，而是公司内部的活力与文化未能支持其适应时代要求的跨国经营开放性。

戈恩在日产公司所做的工作，就是克里斯坦森定义的颠覆式创新中的一种类型——组织上的颠覆式创新。领导人大胆地改变组织结构，重组公司，再造工作流程的过程，这是一种管理体系与管理结构性的破坏与重建过程。这种创新方式，最适合在组织体系过于陈旧和传统时进行。

无论是在哪个方面发力，颠覆式创新的本质是对长期的习惯做出改变，方法就是彻底重构，打破认知边界与习惯边界，构造一个新的认知与习惯。

开辟式创新

2016年，克里斯坦森在《创新者的任务》一书中承认了颠覆式创新理论的局限性——颠覆式创新理论并不能告诉我们该从哪里寻找新的机遇。它无法预测和详细解释企业该如何创新才能动摇根基牢靠的霸主地位，或是该在哪里开辟新的市场；它无法告诉你该如何规避撞大运式的创新，也就是如何避免把自己的命运交给运气；也不会教你如何创造用户愿意购买的产品和服务，以及如何预测哪些新产品会成功。

2019年，克里斯坦森进一步完善了他的创新理论，提出了"开辟式创新"。克里斯坦森认为，开辟式创新有能力找到看似没有受众的机会，创造一种颠覆以往的商业模式；它是社会发展的途径，帮助我们发展基础设施和制度，甚至能减少腐败现象。

> **案例：福田金属**
>
> 在远离京都市中心的山科区一角有一家叫福田金属的工厂，其前身是1700年成立的井筒屋。井筒屋最初只是一家生产工艺美术用途的金银箔粉的小店。300年来，井筒屋不断进行开辟式创新，从传统的工艺制造发展到今天，成为纳米微观高科技领域中至关重要的家族产业商业巨头。

第五章　长寿企业的生存基因

> 自1868年日本明治维新后，随着社会经济的发展，产业化扩大，粉末冶金的需求量也增大了。作为与日本人生活有密切关系的材料，金银箔粉的应用领域十分广泛。这也使得福田金属得到了很多商业机会。福田金属的产品基本上还是箔和粉这两样传统产品。但已不是当初单纯的金箔概念，而是升级为用于高密度涂料板的极薄电解箔等高性能高附加值的应用材料。自从发现了箔粉里潜在的无限可能性以后，公司便不断挑战，其技术力量已经进入了纳米技术领域。福田金属的产品除了用于人工关节、电磁波板的金属粉以外，还有1000种以上应用于其他领域的各种薄箔和细粉、圆粉（真球粉）。其产品涵盖汽车配件与信息材料，成为日本先进产业原材料的重要供应商。福田金属在日本举办的"制作产品日本大奖"曾获得"总理大臣奖"，彰显了其在生产加工、设计制造上出类拔萃的创新能力。

通过福田金属的案例，我们可以看到，这家公司在经营上有两条主线，一是立足传统行业不动摇，二是在此基础上持续进行开辟式创新。福田金属从其基础产品和技术出发，不断进行产品延伸和技术延伸的开辟式创新。它并没有因为积累了大量的财富与技术，而从事其他产业（指如房地产，酒店等服务业），也没有投资进入互联网、人工智能、社交媒体等新兴领域。但是，这家公司从来都不拒绝新兴产业的信息与资源，并有所取舍地合理应用于自己坚持并擅长的行业中。这也验证了克里斯坦森的观点，即企业创新并非必须颠覆，也可以在原核心基础上开辟新的市场与新的客户需求。

从克里斯坦森提出"颠覆式创新"到"开辟式创新"，一共经历了 24 年，期间无数商业企业用实际行动证明了这两个理论都有其适用性，也都可以在某种程度上引领企业走向新的成功。克里斯坦森个人认为，"颠覆"一词虽然极端，但他从来不以"教企业如何成为行业霸主"或"赚钱"为目的，而是要落地于社会整体的福祉。他曾在采访中说："有趣的是，虽然我们很喜欢钱，但是钱并不喜欢我们——它就这样溜走了，完全不会以任何形式影响我们的幸福感。"

为人类谋福祉，这应该也是克里斯坦森"颠覆式创新"的重要条件，却被很多企业忽略了。幸运的是，我们看到很多百年传承的企业，一直坚持着克里斯坦森的期待。这些老铺的成功，尽管远远早于克里斯坦森提出理论的时间，但是这些人类共同的高价值的精神追求是不受时代影响的，它们体现的是一种长久的人类精神意义。

多元化创新

事实上，在克里斯坦森提出开辟式创新前后，他经过对大量企业的调研，又与其他学者一起相继提出了持续型创新、市场创造型创新和效率型创新等一系列新的创新理论与创新模式，也有人将这些创新统称为赋能式创新。这些新的创新理论是对具有里程碑意义的颠覆式创新的完善与修正。

市场创造型创新，是从根本上降低产品的价格或改变商品复杂的功能属性，革新现有产品和服务，从而创造新的消费者阶层或新市场，为企业创造增长的创新。市场创造型创新能够创造就业机会，因为这类创新需要更多的人来制造、分销、销售这些产品。同时，市场创造型创新还涉及利用资本扩大生产规模，为应收账款和存货提供融资，这些是企业增长的来源。

持续型创新，是克里斯坦森的另外一个理论。这种创新旨在改善现有产品，用新的更好的产品替换旧产品，因此，它并不执着于创造新的市场，而在于开发拥有更高价值和更多机会的现有市场。克里斯坦森认为，持续型创新的目标群体是要求更高、性能比以前更好的高端客户。有些持续型创新体现了公司在逐步改进产品的性能和服务质量；还有一些持续型创新是突破性的，超越了竞争产品，它们在经济中的作用是使"好的产品更好"。因此，持续型创新在经济中非常重要，因为它们提高了利润率，使市场保持竞争力和活力。

效率型创新，是克里斯坦森近年来一再强调的理念。他曾多次表示："我们在早期的破坏性理论中忽略了效率型创新。"简而言之，效率型创新就是以更低的成本提供更完备、更成熟的产品或服务，即用更少的资源做更多的事。效率型创新降低了生产和销售产品和服务的成本，使得高质量产品的价格更加亲民，这对于数字时代的企业管理非常重要。但效率型创新并不侧重于经济增长，它是一种比较微观的创新模式，重点是提升效率，它可以使自由现金流最大化，但它有可能使增长速度变慢，甚至减少就业机会。

赋能式创新改变了创新仅仅关于企业业绩成长的局限，开始将组织心理与组织行为的效率、意义与价值观纳入创新管理的重要任务中。从发明创造到技术与产品革新，再到商业模式创新，再到系统化的颠覆式创新，再到赋能式创新，创新理论与实践在过去100年中经历了巨大的范式转变。创新的内容也从纯粹的物化向软性、智力性与心理性转变。

创新心理学家研究了创新心理的益处，他们发现，一个多元化、公平和包容性的创新战略中的一系列价值观和实践，能够在推动工作环境的公平公正和员工归属感方面发挥积极的作用。心理学家把"多元化（Diversity）、公平（Equity）、包容性（Inclusion）"合称为"DEI"。2022年，克劳斯的研究表明，DEI可以为业务单元的绩效成果和员工的福祉带来丰硕的成果。同时，DEI也是实现工作场所福祉和最佳绩效的重要基础。许多组织在推动DEI创新后，发现多元化和包容性的领导团队在盈利能力上比同行高出21%，并且由于创新的增加，收入也能高出19%。企业通过DEI获得的不仅是利润最大化，其社会价值与声誉价值也得到了极大的提升。这些企业在金融市场上的高光表现有力地证明了这一点。

雷诺德和李维斯在其2017年的研究中指出，多元化团队通过提供更多的创新想法和创造性解决方案，能够比同质化团队更快速地应对挑战。他们的研究为日产公司等企业的转型和复兴提供了科学支持，证明了多元化团队在以下几个方面的积极作用。

- **增强决策能力**。多元化团队能够对决策产生积极影响。包容不同的声音有助于避免群体思维，鼓励批判性分析，并促进持续学习和改进的文化。
- **提高员工绩效、敬业度并减少人员流动**。多元化和包容性的环境可以培养员工归属感和价值感，这将对其工作满意度、保留率和敬业度产生积极影响。
- **能够更好地了解全球市场**。多元化的员工队伍反映了多元化的客户群，提供了对不同市场和文化差异的洞察。这种理解对于寻求全球扩张或满足不同客户需求的组织来说非常有价值。
- **提升声誉和品牌形象**。优先考虑多元化的公司通常被视为具有社会责任感和进步精神。工作场所多元化和包容性的积极声誉可以吸引重视这些原则的顾客、客户和投资者。

显然，无论是从多元创新企业的实践角度，还是管理学与心理学的科研角度，建立一支能够反映我们所生活的世界的多元化劳动力队伍，对个人和企业都能产生积极且重大的影响。广泛实施工作场所 DEI 多元创新战略，还可以为社会带来溢出效益，如促进对平等社会的接受和追求，以及提升社会和全球福祉等。

基因五：文化坚守

日本商业的启蒙时期，经济一度发展非常快，部分商人过上了花天酒地的奢靡生活。幕府为了惩罚这种行为，没收了那些生活奢靡的商人的全部财产，杀鸡儆猴。元禄泡沫破裂后，经济下滑，商人开始反思自己的行为，思考如何实现家业永续。最终，他们发现，像武士一样，通过家训传承思想、理念、经验和戒律给下一代，是最好的方法。中国思想家老子也说："有道无术，术尚可求也；有术无道，止于术。"早期的生意人开始痛定思痛，如果仅仅是把经商的方法和钱财传给下一代，那么家业很快就会消失。也正是从那时起，日本家族企业种下了"传术不如传道"的文化基因。

迄今为止，日本拥有几万家百年企业，分析背后的原因，我们可以看到，商业模式、业务范围、产品、企业组织形式，甚至所有权都会随着市场和时代的变化而不断演变，但真正让企业经久不衰的，还是深植于企业内部的文化基因。对于日本的企业来说，江户时代的三位思想家对日本企业、职场的影响，至今在日本企业里还能看见其踪影。

日本长寿企业特别遵从道与术的关系，"道"来源于中国的儒教文化、佛教文化以及日本本土的神道教文化，提倡仁、义、礼、智、信、忠、孝、和、爱，讲究伦理道德与利他精神。而"术"除了企业自身积累起来的技艺与经验，很多来自明治时期政府鼓励企业吸收的西洋技术。

第五章 长寿企业的生存基因

"为公之欲"的石门心学

日本企业文化另一个显著特征是家族化。这里的家族化不仅指在家族内部完成企业传承，而且要将家族的伦理道德贯穿到企业集团，以家训转化为社训的方式转移到企业，并贯彻落实。

前面我们提到，支撑日本长寿企业最重要的思想精髓，是石田梅岩倡导的"石门心学"。石田梅岩出生在第八代将军吉宗时代，当时日本经历了第一次泡沫经济破灭，陷入通货紧缩。正是在这个时期，石田梅岩提出了"心学"。"为一己私利的事业是不行的，应该经营为公之欲的事业"的主张，结合当时的社会背景看是顺应时代的答案。石门心学不久就在全日本流传开来，各家在此基础上制定了适合自己家族的"家训"。三井、住友这些百年老企业正是从那时开始依此建立起传世百年的经营准则。

住友家族是日本最具代表性的三大财阀之一，住友从一开始就有两位创始人，一位是住友家的"家祖"住友政友，出生在一个武士家庭，12岁时进京，皈依涅槃宗的开山鼻祖空源。另一位苏我理右卫门是住友事业的"业祖"，也是政友的姐夫。苏我理右卫门是当时有名的炼铜师，19岁便在京都寺町五条开设了炼铜厂"泉屋"。成立"泉屋"后不久，他听欧洲人讲铅可以将银和铜分离的原理，经过反复试验和试错，在庆长年间（1596年—1615年），开发出了名为"南蛮吹"的划时代冶炼技术，即在精炼时添加熔融温度不同的铅来分离银。当时的日本，铜冶炼技术还不成熟，出口的铜仍然含有大量的金银（银1.8%，金0.02%）因此影响了收益。

南蛮吹技术的使用,让银的回收成为可能,泉屋也靠着这个技术很快繁荣起来。据《祖闻传书》或《先祖传书》记载,苏我理右卫门开发的这一划时代的技术,被儿子住友友以带到了大阪,并与同行共享了这个技术。泉屋赢得了同行们的尊敬,大阪也成为日本精炼铜的中心地,友以的泉屋业务扩展到贸易商、兑换商、铜矿经营等领域,其繁荣程度在大阪"无人能与之匹敌",同时,日本的铜产业也得到了加速发展。

1690年,一名矿工在爱媛县新居滨市发现了一个露头(矿床露出地表的部分),也就是后来的别子铜山。但该地区是天领之地,采矿需要幕府批准,于是住友家族向幕府提交了许可申请,并在第二年得到了开采批准后,立即开启了开采和冶炼事业。这项事业也是顺应了当时幕府的要求。早在江户初期,日本已经是世界上屈指可数的铜产量出口国,铜在当时是日本出口的第一大商品,其增产成为幕府的重要政策课题。但在17世纪末,铜产量出现持续减少的趋势,幕府必须采取稳定且有计划的产铜政策。别子铜山的出现让住友家族开始思考什么是国家利益。

别子铜山是当时世界上产铜量最大的矿山,是日本重要的出口产品来源,也是住友近280年间的重要业务支柱。可以说,今天住友家集团是在别子铜山的基础上建立起来的。从1691年到1973年的282年间,别子铜山产出了约70万吨铜,为日本的贸易和近代化做出了巨大贡献。别子铜山参与了住友重机械工业、住友林业、住友化学、住友共同电力等多个主营业务的发展与建设,无论是在国家层面还是在企业层面一直扮演着重要的角色。

尽管如此，别子铜山的经营并非一帆风顺，现实中遭遇了被接管、被出售等种种考验。庆应元年（1865年），时年38岁的广濑宰平出任别子铜山第一任总经理，他以其智慧和勇气，成功对抗并化解了种种危机。广濑宰平被称为"铜山近代化的推动者"，1877年就任住友总店的首任总理事，之后成为大阪财界的核心人物。

因财政困难，当时住友内部有高管提议"以10万日元卖掉别子铜山"，但广濑坚决反对，保住了别子铜山。庆应4年（1868年）2月，明治新政府要接手别子铜山，广濑强调说："别子铜山虽是幕府领地的矿山，但幕府没有直接经营，是住友自力更生经营矿山，矿山为国家服务，如果把矿山交给没有经验的人经营，这将对国家造成巨大的损失。"他从国家的利益出发，说服政府将矿山继续交给住友经营。

根据住友的发展历程，可以将住友集团经营思想的源泉概括为三个方面。

第一，"家祖"住友政友离开僧籍后，依然有很多人仰慕信仰深厚的政友，这些人也都是政友事业上的支持者。政友给门徒和家人留下了《文殊院旨意书》《遗戒》等许多书信。《文殊院旨意书》是住友政友晚年写给二掌柜勘十郎的一封书信，被认为是住友家第一份家规，信的开头就写到"万事入精""做生意自不必说，凡事都不要粗枝大叶，凡事都要用心仔细谨慎地努力"。他认为，人不要单纯奔着发财去做事，在成为生意人之前，要诚实守信，好好努力，磨炼做人的人格。

紧接着，他提出了五条训诫。

- 便宜的商品如同赃物。
- 不能借宿给任何人，不能替任何人寄存物品。
- 不可做中介担保人。
- 不可先交货后收钱（不做赊账的买卖）。
- 与人交谈不着急争辩，要反复详细解释清楚。

从这个《文殊院旨意书》中可以看到住友踏实的事业观和柔软的协调精神。政友主张以"正直、慈悲、善良"为本，敬神佛，处世以慎重务实为宗旨，牢记勤俭节约。这个精神也是今天住友精神的基础。

第二，第五代住友友昌为了加强家业的管理和运营，制定了"别子铜山家训书"和"长崎出店家训书"等。此后，为了应对事业经营的多元化，还规定了连二掌柜都需要到精炼所等现场实习的义务，并制定了《总管事勤务方法须知》和《铜吹所勤务方法觉书》等各项规定，努力实现近代化经营。

值得注意的是，在同一时期，其他许多富商都制定了家训。比如元文元年（1736 年），大丸创始人下村彦右卫门提出"先义后利"的经营理念，标榜"顾客至上"，把公共福利放在第一位，把获取利益放在第二位。享保 8 年（1723 年），鸿池家从酿酒行业起家后不久，便开始发展海运业和货币兑换，他们排除独断经营，制定了代表合议制经营手法的《家定记录记》。三井家族的三代高平在同年发表了《宗竺遗书》，在加入了同族的处世法、经营心得和组织规定的同时，将江户、京都、大阪的兑换部门改革为相当于现在事业本部制的"大元方"管理方式。家训热的态势是一次回归原点的反思和自律，是基于各家族企业规模扩大和复杂化带来的经营管理方法高度化的需要。

住友家法值得重点关注，住友家法于明治15年（1882年）制定，由19项120页构成。这个家法将家祖住友政友以来的传统精神形成文化。《家法》的第1项是由7条内容组成的家训。第一条强调家长应"恪守家训"，避免专断。第二条规定别子铜山为住友的"财本"，并规定了其组织运作办法。第三条明确规定："住友的经营以务实为宗旨，顺应时势变迁，财物运用得当，张弛有度。创业也有关门之时，但绝对不能只顾眼前利益，轻举妄动。"第四条提出祭祀祖先，要求对住友家族有归属感和忠诚。第五条规定继承方针。第六条规定用人单位应重视管理和沟通。第七条规定家长对分家、末家的爱护。其中，第三条是住友精神的核心。

第三，还有几句话传递住友的事业精神。

首先，"自利利他，公私一如"。这与住友商事集团所追求的企业形象是相通的，"住友的事业，在有利于自己的同时，也必须是有利于国家、有利于社会的事业"。

其次，"事业规划的远大性"。住友公司成立时是以铜矿经营为基础业务，铜矿经营需要长期和持续的努力。住友秉持着高瞻远瞩的视角，不仅关注当下的经营活动，更着眼于未来的发展，同时兼顾国家和社会的长远利益。这种长远性的事业规划观念被历任管理人员继承，并成为住友企业文化的重要组成部分。

最后，"事业就是人"。回顾住友的历史，无论在什么时代，挖掘和培养人才都是管理的重中之重。

住友商事集团有着 400 年来一脉相承的"住友事业精神"：无论在哪个时代，都不被眼前的变化所迷惑，在注重"信用可靠""不追逐浮利""公利公益"的同时，以"进取精神"引领变化。

在淀屋、三井、住友的时代，日本还处于封建时代，也有学者认为这是日本资本主义萌芽时期，这些豪商的商业实践，与西方资本主义原始积累时期以追求个人成功和短期金钱利益为目的的巧取豪夺有着显著区别。从幕府以骄淫奢华为由没收淀屋事件开始，日本商人开始重新思考商业的目的，反思自己的行为，从豪商的家法中可以看出，"家""事业"不仅属于家主的个人财产，还属于所有利害相关人，是自然界和社会的馈赠。

"知行合一"的阳明心学

我们用上面这么长的篇幅介绍住友的发展历程，是为了全面展示以住友为代表的大量日本老铺企业的文化基因。其中很值得思考的一件事，就是日本商业的"心学"传统。我们知道，"心学"是中国明代著名思想家王阳明的思想。16 岁时，王阳明读到朱熹的"格物致知"论述，他花七天七夜的时间去体验"格竹子",求竹子之理,结果发现这个方法不是通往"圣人"境界的路径,还因此生了病,开始怀疑朱熹之说。朱熹是比王阳明早出生342年的宋代理学大家。这场跨越时空的对"格物致知"学术分歧,造就了王阳明震古烁今的"心学"的诞生。

明正德元年(1506年),王阳明在朝廷政争中得罪了司礼掌印太监刘瑾,被贬谪为龙场驿丞(今贵州省修文县),他在那里遭遇了极为恶劣的自然环境和极端的物资匮乏,生活陷入绝境。然而,正是在这样的逆境中,王阳明于某一夜突然顿悟,对《大学》的主旨有了全新的理解,从而对《大学》进行了深刻的诠释,最终完成了心学的思想体系。

王阳明的主要主张是"心即是理"与"致良知"。简单来说,"心即是理"就是认识论高于本体论,外部客观世界是内心世界的投射,强调心灵与道德的超然地位。"致良知"指无论善恶之人,本性中都有良知,也就是知道什么是对,什么是错。

今天,大量心理学研究表明,善良是人类的天性,也就是王阳明所说的良知。因此,从进化论角度,良知是几千万年人类不断进化而选择的人性。我们现在至少能提炼出九个良知,如审美——这一点阳明先生没说,在他那个时代还没有这个概念;还有人追求高尚的升华之心。但阳明先生的路径是对的,结论是对的,就是一定要挖掘人的特性——它不应该仅仅是道德,还应该把人不同于动物性的其他方面都挖掘出来。这种挖掘本身就是"做",要知行合一,光知道不够,一定要行动。

当然,真正要把王阳明的知行合一思想应用到企业经营实践中，是需要大智慧的，需要跳出企业看企业，跳出经营看经营。真正的企业家总是以社会为己任，他们要挑战生命的广度，他们要完成自己的使命，并最终找到心中的良知。他们是靠什么路径完成这些目标的呢？与王阳明一样，靠行动、靠实践。王阳明在讲学中、在军事斗争中，一步一步接近良知，完成他知行合一的心学体系构建。企业家是在商业实践中，追求知行合一的人生路径。这也就解释了为什么企业家功成名就后，还要兢兢业业、孜孜不倦，因为他们经营的目的早就跳出了商业范畴，他们追求的是生命理想。

日本的稻盛和夫先生，在别人看来，他是冒着身败名裂的风险，去拯救破产的企业。可对他个人来说，他是在完成自己的人生责任，从而获得生命的温暖体验。对他来说，任何冒险和艰难险阻都不是问题，他不想看到自己的生命有残缺，他要坚定地寻找内心的"良知"。可以想象，如果他的肉体生命延续得久一点儿，他的人生也许会更充盈。这就是企业家必须追求知行合一的原因。

阳明先生的心学思想不但能使企业家在经营哲学和经营智慧上达到前所未有的高度和广度，还能让企业家在商业实践中获得完满的人生。

某种意义上，王阳明就是中国积极心理学的先驱，也可以说，积极心理学就是21世纪科学的"阳明心学"。有一个心理学概念叫作"具身认知"，是加州大学圣迭戈分校的心理学家劳伦斯·巴塞罗于1999年提出的。具身认知是指个体的运动系统、感觉系统与环境互动的经验等因素,会在个体无意识的情况下影响个体的高级思维及行动。所有知识信息通过感官进入大脑后,都会变成神经元连接,成为一种网络。神经科学的研究发现,人类有丰富的感觉神经元,但是神经元集合之间的"连接"很少。例如,我们大约有一亿个视神经,但只有100万个"连接"来连通视网膜和大脑。这就意味着不同物体产生的不同神经激活信息必须共享同一个神经"连接",也就是说我们始终在对物体和概念进行归类。而我们的感知经验,如看到什么、摸到什么,决定了我们意识层面的归类选择和归类结构。

加州大学伯克利分校著名的认知科学家乔治·莱考夫认为,知识都是肉体的。当我们理解一个汉字时,是一个神经网络在发生作用,产生生物电、生物化学的一些反应,而放电产生的影响波及全身。因此,我们会发现,当一个人高兴时,会抬头挺胸、面带微笑;一个人悲伤时,会垂头丧气、愁眉泪眼。此外,诸如戴墨镜更容易欺骗他人、穿黑色衣服会让球员容易犯规等相关心理学试验,也都证明了具身认知的作用。

知识存在于行为中,表现在身体上,蕴藏在体验里,所以知和行是一回事。长寿企业用其历史、思想与行动证明,积极的文化坚守虽然有时候看似与商场中的刀光剑影、你争我夺,甚至尔虞我诈完全不同,但是真正长久的商业都是阳光、积极、温暖且利于他人的"生意"(生命意向)的。所以,生意不应该成为英文中的business(busy的名词形式)"忙"的代名词。"心""亡"则"忙",这不应该成为企业家的人生背景。

生意应该是生生不息的生命意向，这种生命意向，就是面向人类美好生活的知行合一。

基因六：领袖精神

社会学家与心理学家共同发现了人类社会进步的一个文化基因，也是一个规律性的现象，那就是人类社会的进步和发展不是靠阶级斗争来实现的，也不是靠战争和掠夺来实现的，靠的是人们善意的互动来实现的。什么叫善意的互动？就是我们要和其他人合作、交往、交流。大规模的文化交流、技术交换、货物流通、财富更替都是人类社会发展重要的密码。

在越来越多元、越来越复杂的现代社会，如何持续不断地创造财富、创造文明？历史已经给出了一个个可供参考的答案，从西方世界到东方世界，从亚当·斯密、弗雷德里克·温斯洛·泰勒、亨利·法约尔、彼得·德鲁克到铃木正三、石田梅岩、二宫尊德、稻盛和夫。在今天的人们看来，他们既是密码的破译者，又是密码的创建者。一代代企业家更是密码的实践者，他们身上展现出来的超人智慧，正是基业长青所需要的领袖精神。

结合后藤俊夫教授20多年来对百年长寿企业的研究，我们发现，无论是制造业还是服务行业或任何其他一个行业，那些持续经营百年的企业的核心是思想，即"道"，而"道"的具体体现正是智慧。可以说，任何一家长寿企业，任何一件有历史故事的产品背后，都是对人间世界的洞悉，都是一种思想、理念、使命引导的结果。思想决定了企业应该做什么、不应该做什么，如果没有思想，只是跟着风跑，追着流行跑，很快就会随着风口的结束而消失。

我们也发现，百年老字号企业极少随着流行跑，因为老铺能坚守百年，本身就是最珍贵的流行，它非常奢侈，千金难买。老铺企业无论大小，它们始终带着自己的理念和对一个行业的理解，要么引领一个行业，要么自始至终坚守自己的传统。这种引领或者坚守我们称之为"跨时代的智慧"。在这一节中，我将这种跨时代的智慧总结为六点：意志、正直、洞见、谨逊、乐观、坚毅。

意志：追求持续经营

意志力是心理学中的一个概念，通常指一个人自觉确定其目标，并根据目标来支配及调节自己的行动，勇于克服种种困难，从而实现目标的品质。意志力越强，实现目标的可能性越大。凯利·麦格尼格尔在《自控力》一书中，将意志力定义为"控制自己的注意力、情绪和欲望的能力"。意志力是一种鼓励人们为实现目标而行动的思维的强度。

在汉字文化思想中，最能体现人的意志智慧的就是"道"字。甲骨文中的"道"，是一个"首"字置于一个三岔路口，表示一个人处于多个选择之中，而能够根据自己的情形做出选择的能力，则代表了一个人极高的思想境界与行动能力。《说文解字》上对"道"的解释是"所行道也。从辵，从首。"，而非所行之路的象形。凡是自主上路的，做"蹈"解；如果是引人上路，则称为"导"。意志的智慧，存在于自我成长的渴望与得遇引路人的良善之间。

然而，我们必须注意的是，无论是个人生活还是企业经营，意志力和体力一样容易被消耗，我们应耐心等待意志力的恢复。为什么有"三天打鱼两天晒网"的说法？就是因为我们对一件事情热情两三天很容易，但是能持续几年甚至几十年的，并不多见。

正如稻盛和夫总结的一样，经营是经营者意志的表现，经营目标由经营者意志决定。对于百年老铺的经营者来说，一旦确定目标，无论如何也要实现；从上一代手上接过来的企业，无论如何不能在自己手上失败，无论如何要在自己手上做得更好并传承下去。正是这种意志力，让他们年复一年、日复一日地在一件事情上不断深挖、不断创新。

与现代刚创业的企业相比，老铺企业确实有一个先天的优势，他们有事业基础和明确的目标，他们知道自己应该做什么。但是，他们当年也是从无到有开始的，甚至不是在一个良好的商业环境中创立、成长起来的，支撑着他们持续经营的智慧之一就是意志力。

正直：做艰难但正确的事

正直是个体的一种品质，其特征是表现出一系列人格属性，如尊严、谦逊、正义、宁静等。正直的人往往言行一致，他们的言行来源于自身的所感、所想、所惑。尽管这个世界上有许多无德的商人，但是我们发现那些成功的商人都拥有一个共同的品质，那就是正直。这是一个人人都懂的道理，任何人都愿意追随正直而真诚的领导。在企业经营中，投机取巧、欺上瞒下是容易的，这会营造出一种虚假且短暂的繁荣。但企业发展是一件长期主义的事，经营者必须走那条更艰难的路，做那些不容易但正确的选择。企业家在经营中正直才有底气，做事正派才会硬气。

正直表现在语言和行动的一致上，是一种为人处世的态度，也是一种生活方式。当有人开始撒谎、欺骗，做出不正直的行为时，他的精神会产生冲突、内心失衡，这是因为撒谎、欺骗并不容易隐瞒，也不容易与他人产生信任。当一个人有着正直诚实的口碑时，做任何事情都容易得到大家的认可，这种信任就会变成一种有价值的力量，这也是百年长寿企业的生存之道。

在积极心理学之父马丁·塞利格曼教授的24项品格优势与美德中，正直的内容被分别列入"正义"与"勇气"之中。真诚、勇敢、坚持、热情、公平、领导力、团队精神——这些都是正直品格的具体体现。正直是一种善意，是存在于人类积极天性中的极为重要的积极因子。如同"进化选择的是善良而不是邪恶"一样，正直也是人类进化选择的伟大成就。并不是因为我们善良才懂得正直，而是因为我们正直才使人类掌握了一个善良的秘密。哈佛大学教授罗伯特·特沃斯发现，善良是写在人类基因里的密码。正直是人们获得平安、健康与丰盛的一个重要品格保障。

从前文中许多老铺企业的案例中,我们能看到,老铺企业在执行其每一个计划时,都会秉持着正直的精神,充分考虑所在区域的利益,尊重所在区域的规则。

洞见:走在变化之前

经营一家企业,重要的是知道应该如何定位自己的产品,知道在什么时间生产什么产品。这听起来是非常简单的问题,但是我们发现,在当前这个时代,创新企业的平均寿命不到三年,成功概率不到千分之一,是因为资金不够吗?事实上,有不少企业拿到了投资。是市场不够吗?理论上,我们有足够大的全球市场。是创业者知识不够吗?许多创业者来自世界各地的名校。那么这些创新企业,究竟缺少什么导致了失败呢?

我们在分析长寿企业时发现,在漫长的历史积累中,长寿企业构建了自己的经营哲学,他们了解自己的企业在不同时代的价值,他们能够随着时代的变化及时调整企业定位,优化商品的样式,研发新的产品。经年累月的训练,让他们洞察社会变化的能力越来越强,逐渐形成自己的实力——一种能够认知社会并维系供应商渠道、销售渠道以及忠实的消费者群体的实力。

心理学中有一个重要的概念叫"预见力",它是指一种提前感知事物的能力,拥有预见力的人能够在事件发生之前就对事件全局和走向做出大致判断。预见力也是理解能力的一种升华,对事物的理解越深,预见力就越强。彼得·德鲁克曾说:"没有人能够左右变化,唯有走在变化之前。"事实的确如此——那些卓越的企业家在做战略、产品时是预见了未来市场可能发生的变化。

另外,企业传承过程中,一代代传承下来的技术有很多,经验教训也有很多。那么,是不是所有上一代的技术、经验等都要分毫不差地继承下来?事实并非如此。那些分毫不差地沿袭前人做法的继承者,在遇到技术变革的大变化时期往往惨遭淘汰;而成功的继承者经常做的一件事情是,确认传统中一定不能变的是哪些内容,而创新也在这个过程中产生。总结下来,企业家的实力就是洞察时代变化、洞察需求变化,并进行甄别取舍。

谨逊:时常清空自己

在东方文化心理中,有一个特质明显区别于西方,那就是"谨逊"与"内敛"。与西方人强调个体活力中的能量释放、欲望达成的倾向相比,东方文化特别重视隐忍与节制的品格。因此我们常常能听到这类表述:"舍得舍得,先舍后得,是君子;嘚瑟,嘚瑟,先得后舍,是小人""君子坦荡荡,小人长戚戚""君子游刃有余、建功立业;小人绞尽脑汁、争名夺利"……儒家学说中,关于君子的十个品质里(仁、义、礼、智、信、温、良、恭、俭、让),与谨逊、内敛相关的更是占了一半之多。

积极心理学的研究发现,隐忍与节制是人类积极天性中的重要部分,体现了人们一种十分强大的自我效能感。谦逊不是小心翼翼、畏手畏脚、委屈顺从,而是一种更为强大的自信。

谨逊与实力实则息息相关。中国有句老话——满罐子不响，半罐子晃荡。大家可能注意到，有实力的企业家很少张扬，他们会时刻保持谦虚谨慎的态度，在自己的领域深耕。

稻盛和夫先生曾说："要时常认识到大家在，自己才能存在，保持谦虚的姿态非常重要。"现代社会，随着教育水平的提高，物质生活的丰富，以自我为中心的价值观开始蔓延。自我意识强的人越来越多，一些人自恃有才华或因着微不足道的成功而傲慢不逊，自觉高人一等，对周围人不能以礼相待。这样的状态容易让人迷失自己，无法做出正确的判断和决策。

老铺企业的经营者之所以能做到谦虚谨慎，是因为他们在足够长的历史中总结了相关的训诫，一代一代传承下来。保持空杯心态才能谦虚谨慎，永不自满才能始终向前，不断地将自己重视的东西、曾取得的成果从内心清空，才能接纳新的事物，勇敢地面对那些能促进成长的挑战。

在日本，皇室、传统大家族、老铺企业都有许多常人无法接受的细节和规则，不少日本年轻人认为这些细节和规则陈旧保守，应该摒弃，去追求现代人应有的自由和态度。事实上，这些细节规则能内化为一种谦虚谨慎的处世态度，让这些家族保持基业长青的状态。这也是当代日本年轻人需要不断学习与反思的。对于全世界的年轻人来说，谦虚谨慎都是值得学习的品质。

乐观：不拘泥于失败

最近网上流行一句话，"悲观者往往正确，乐观者往往成功"，真的是这样吗？这句话有一定科学道理，但并不全对。心理学研究表明，悲观者往往从最坏的角度考虑事情失败的后果，为避免失败选择远离风险。而乐观者总是对未来充满希望，他们更容易看到事情积极的一面并付出行动，获得成功的可能性也大大增加。人类在战胜"趋利避害"本能的过程中，最终的选择往往是乐观的策略，因为它更有助于生存。悲观者的观点往往不正确，因为情绪的主要功能是让人们感受到"舒适或不舒适"，这是情绪心理学中提到的情绪的效价；但舒服并不代表着正确，舒服往往会产生慵懒与逃避。所以，悲观者的观点是否真的正确，我们其实无法求证，但乐观者确实常常与成功相伴。我们在前面提到的大量积极心理学研究中都提到过这一点。

在企业经营中，失败是无法避免的事情。就算是丰田、奔驰、苹果、微软等这些超级企业，也有失败的产品。老铺企业在长期经营中也有失败的产品、被淘汰的服务，重要的是，它们会对失败和错误进行反省，总结经验教训并代代相传，而不是陷入失败的自责中不能自拔。老铺企业能够克服痛苦，关键在于它们能够正确地看待和处理这些不利的局面，迎难而上，克服危机，这就是企业家的乐观精神。在老铺企业中，企业经营者和家族密不可分，因此，家族的乐观氛围和归属感能够在很大程度上缓解企业的痛苦，并引领企业朝着健康的方向发展。

乐观的人能从过去的失败中汲取经验，而不拘泥于过去，他们相信现在所做的每一件事都是为未来积累的。因为能够理解这一点，所以他们会认真地完成当下的每件事情，并相信这样的积累就是为了前途光明。另外，乐观的人不容易受他人影响，对自己的人生方式有独特的定义，这也决定了他们的创新精神。许多老铺企业都不是追随型企业，无论是深耕自己的领域，还是不断进行创新，它们都不会简单地复制流行的产品，而是根据市场需求的变化灵活调整。

乐观的品格，让企业家更容易发现别人的长处和优势，也让他们能宽容别人的短处和过错。而这个特质，也决定了他的大局观。对企业家来说，大局观是决定一家企业高度和长度的重要因素之一。

坚毅：强化自我效能

近年来，"坚毅"这个词反反复复在我们生活中出现。其很大程度上是宾夕法尼亚大学心理学系教授安杰拉·达克沃思出版的《坚毅》一书的巨大影响力使然。安杰拉·达克沃思在TED上所做的关于"坚毅"的视频演讲，全球累计播放量已过亿。

为什么坚毅这个话题这么受欢迎呢？安杰拉·达克沃思认为，坚毅是激情与坚持相结合的力量。安杰拉·达克沃思是一名华裔，和很多中国父母一样，安杰拉的父亲很在意自己的孩子是否足够聪明、足够有天赋，因为人们常常认为一个人的智力和他们最终能取得的成就直接相关。在安杰拉成长的过程中，她的父亲经常对她说："你知道的，你不是一个天才。"就是这样一个从小被父亲否定的女孩，却在2013年时被授予了美国"麦克阿瑟天才奖"。《坚毅》这本书写的也是作者本人的逆袭之路。

第五章 长寿企业的生存基因

安杰拉·达克沃思通过对西点军校学生的深度调研发现，在相同的情况下，一个人能取得多大的成就只取决于两件事——天赋和努力。美国人会说，当你踏进西点军校时，你就已经是一个人生赢家了。因为这所学校的招生条件十分苛刻，除了要符合身高、体能、学习成绩的要求，还要获得政府高官的推荐。每年有超过14 000多人申请进入西点军校，但最终只有1200人会被录取。即便如此，每5个学生中就有1个会选择退学，很多人甚至在第一个学期就离开了。

为什么会出现这样的结果？大部分是因为他们没有通过西点军校野兽营的考验。野兽营的训练从凌晨5点开始，5点30分集合列队，然后让学员跑步、做操、课堂学习、进行武器训练等，一直到晚上10点才能休息。每天重复这种枯燥又辛苦的训练，目的是让学员变得更强悍，更坚毅。但很多看上去很有天赋的学员都熬不到最后，他们在训练开始时就选择退学了。

这些被淘汰的人并非天赋不够，也不是能力不够，而是他们缺少了一种永不放弃的态度，并且这种态度跟天赋一点儿关系也没有。也就是说，一个有天赋的人并不一定坚毅，只有坚毅的人才能走到最后。换句话说，就算是一个天赋一般的人，如果足够坚毅、足够努力，他也会有所成就。

达克沃思建议，培养坚毅有4个步骤，分别是追随内在的激情、刻意练习、与帮助他人的目标相结合、拥有成长心态——这4个步骤能让我们更好地面对生活中的挫折和困难，长时间地坚持下去。

把"坚毅"这个概念放在长寿企业里，更容易理解。通常长寿企业至少有 100 年以上的历史。在这 100 多年里，企业至少传承了 3 代或 4 代。家业传承并非一件简单的事情，但这些传承人非常清楚自己的目标——平稳继承家业，将家业发扬光大。这种目标感能让他们找到工作的意义，保持顽强坚毅的状态。调查表明，长寿企业的领导者比其他人群更具坚毅的品质。

坚毅也体现为我们之前所提到的"心理韧性"。另外，培养坚毅也是强化自我效能的一个过程。自我效能感是斯坦福著名心理学家班杜拉提出的概念。班杜拉认为，人一般有两种信念，第一个信念叫作"结果预期"，即相信"我可以做到"，这是一种自我实现的预言；第二个信念叫作"效能预期"，认为"我能做到不是因为运气好或环境好，而是因为我的能力"，因此，"我要展现我的能力，为即将到来的结果做好准备"。效能预期，不仅可以让人抵御各种压力和打击，甚至会把这些压力和打击当作证明自我效能的机会。表现出成功的状态、被成功者接纳、与积极的人同行、向榜样学习、获得社会支持、模拟实战，这都是提升自我效能感的好办法。

心理学中有一个"意念想象"的方法，就是闭上眼睛，在头脑里把自己要做的事情或要达成的目标演练一遍。这类似我们说的"心想事成"，其实是自我效能感的促进作用使然。对于企业家来说，这个方法能将坚毅转化为一种充满愉悦感的习惯，特别有正向激励与缓解压力的作用。通过意念想象，领导者可以在心理上预演成功的场景，这有助于他们在实际操作中更加坚定地追求目标，并且在遇到逆境时保持积极的心态。

最后，我们想要告诉大家的是，一个人不可能解决所有困难。你之所以优秀，是因为你能够让其他人与你一起优秀。企业家自身一定要有一种积极的能量，能够召唤、感染、激励他人。当你作为一种积极的能量出现时，就很容易得到更多的支持。其实很多管理者都发现了，积极的管理比消极的批评更好。我们学习了西方的工具理性、绩效主义、关键绩效指标，这些都有其价值，但它们容易让人忘掉真正的人性是什么。所以我们认为，心法比干法更重要。当你自己拥有了稳定积极的心态时，就能带领更多人以同样的状态一起往前走。

附录

你应该了解的 50 多个积极心理学网站

想寻找有关积极心理学主题的更多信息吗？我们向你推荐一些非常棒的积极心理学网站，希望这些资源对你了解积极心理学，学习积极心学与应用积极心理学有所帮助。

1. 宾夕法尼亚大学积极心理学中心 https://ppc.sas.upenn.edu/
   这是宾夕法尼亚大学积极心理学中心的官方网站。积极心理学创始人之一马丁·塞利格曼是该中心的主任。
2. 国际积极心理学协会 https://www.ippanetwork.org/
   国际积极心理学协会（IPPA）主办并推动了大量的会议。在他们的网站上，会员可以访问虚拟学习图书馆、阅读出版物、以折扣价参加 IPPA 会议、参加网络研讨会，并了解有关积极心理学教育机会的更多信息。在该网站上，会员还可以找到更多本地或其他区域积极心理学协会的链接，浏览论坛和文章。
3. 悉尼积极性研究所 https://www.thepositivityinstitute.com.au

如果你正在寻找学校、组织和个人的资源，可以在这个网站上找到很多资源。该网站定期提供会议、课程和认证机会，有大量文章、播客、推荐读物以及由研究所提供的繁荣量表。

4. 埃德·迪纳网站 https: //eddiener.com/

   作为伊利诺伊大学杰出心理学教授（荣誉退休），埃德·迪纳为幸福感及其他积极心理学主题的研究做出了巨大贡献。他的网站上，提供了已建立的、经验证的积极心理学测量量表和拓展阅读，其中最著名的可能是生活满意度量表（SWLS）。他的网站上还有专注于主观幸福感的研究文章。

5. 悉尼大学教练心理学组 https: //www.psych.usyd.edu.au/coach

   悉尼大学的教练心理学部门提供了他们在自我反思、组织教练和领导力发展等领域的研究出版物列表。此页面还包含大学的课程，如教练心理学。

6. 国际教练心理学会 https: //www.isfcp.info/

   国际教练心理学会是由经过认可或认证的教练心理学家、主管、培训师、顾问组成。该网站有一个研究中心和该协会期刊的链接；由于国际教练心理学会经常举办全球性的积极心理学会议，因此它是了解相关活动的好平台。

7. 威盛性格优势研究所 https: //www.viacharacter.org/

   威盛性格优势研究所是一家非营利性的研究所，该研究所提供性格优势列表以及关于如何解释评估结果的信息。这里有许多专业从业者和相当丰富的研究成果，包括调查数据、文章、情况说明书和每周更新的博客。

8. 积极心理学项目：性格优势 https: //posproject.org/character-strengths/

   这是克里斯托弗·彼得森和马丁·塞利格曼确定的24项积极心理学优势的研究和资源的官方网站。该项目的使命是培训和帮助教育工作者和学校，让儿童通过自身优势成为最好的自己。资源包括剧本、视频、角色优势、演示文稿和课程计划，供用户下载。

9. 品格实验室 https: //characterlab.org/

   品格实验室是一个以积极教育为中心的非营利组织，由宾夕法尼亚大学克里斯托弗·H.布朗、杰出心理学教授安杰拉·达克沃思和两位教育家戴夫·莱文和多米尼克·兰道夫共同创立。品格实验室为学校和教育工作者提供大量资源。

10. 品格与美德研究中心 https: //www.jubileecentre.ac.uk/

    英国伯明翰大学的品格与美德研究中心参与了旨在了解性格、价值观和美德如何促进人类繁荣的研究项目。在该网站上，用户能找到更多项目信息、用于学习的多媒体资源以及关于美德的精彩博客。在图书馆部分，还有一个包含大量开放获取选项的文章数据库。

11. 慷慨的科学 https: //generosityresearch.nd.edu/

    美国圣母大学的这个网站有一个研究资源部分，其中包括调查数据、慷慨研究中使用的相关问卷项目。不希望深入研究硬数据的用户也可以在同一部分找到报告、文献和工作论文。该网站还包括慷慨思维科学倡议背景及其当前项目的概述。

12. 斯坦福大学医学院同情与利他主义研究与教育中心 https: //ccare.stanford.edu/

    斯坦福大学医学院同情与利他主义研究与教育中心致力于研究"人类心灵的积极品质"如何造福社会和个人。其中包括培养同情心及其在学校和机构中推广的技术和方法。该中心在此网站上展示了自己的一些研究，以及其他精选学术文章等资源。

13. 同情实验室 https: //www.compassionlab.com/

    同情实验室由组织研究人员运营，目标是鼓励在领导力和员工敬业度等专业环境中运用同情心。该网站包括演示文稿、期刊文章、书籍以及积极组织的其他理论和实践相关网站的链接。

14. 耶鲁大学情绪智力中心 http: //ei.yale.edu

    耶鲁大学情绪智力中心是著名的学术信息、研究和工具来源。它是开发 RULER 方法的幕后推手，RULER 方法是一种社交和情感学习框架，在专业发展和教育方面具有潜力并已得到证实。因此，该中心网站为教育工作者、教练和治疗师等提供了关于情商的背景信息。在这里，你可以访问该中心基于科学的 RULER 方法的研究。它还提供了大量的 RULER 文档和情商案例研究。

15. 组织情商研究联盟 http: //www.eiconsortium.org

    组织情商研究联盟致力于推进情绪智力的研究和实际应用。该网站提供了大量关于情商在商业环境和领导力中应用的出版物和新闻，以及有关论文、书籍和情商调查问卷。对于任何想要密切研究组织情商研究联盟的人来说，它都是一个全面的资源。

16. 6 秒钟情商 https: //www.6seconds.org

    如果你正在参加活动和认证培训，"6 秒钟情商"是一个不错的起点。该组织成立于 1997 年，是一家非营利性组织，目前在全球拥有相当大的影响力，并完全专注于在全球范围内拓展情商实践。如果你想了解有关情商的更多信息，该网站是组织案例研究等内容的良好来源。

17. 宾夕法尼亚大学积极心理学研究中心 https: //www.authentichappiness.sas.upenn.edu

    宾夕法尼亚大学积极心理学研究中心中有丰富的内容，用户可以查阅书籍、调查问卷、项目和倡议、学术研究、博客文章和关于幸福作为积极心理学主题的新闻。它充满了对教师、治疗师和研究人员有用的资源，包括视频、学习机会和培训。

18. 人类繁荣研究所 https: //www.ou.edu/flourish

    俄克拉何马大学人类繁荣研究所的创建是为了推进对人类繁荣的研究，以及进一步对美德的科学研究，并与社区合作以促进繁荣。在这里，用户可以轻松找到在线和可下载的资源，包括适合家长的课程和相关链接。

19. 国际幸福社会研究协会 http: //www.happysociety.org/

    国际幸福社会研究协会是一个非营利性的独立组织，它成立于 1995 年，旨在为对幸福和社会福祉感兴趣的个人和组织提供一个交流平台。该网站本身是英文的，但也包含泰语和英语出版物的链接。在这里，用户可以找到有关国际幸福社会研究协会过去活动的新闻以及相关网站的链接。

20. 国际生活质量研究学会 http://www.isqols.org/
国际生活质量研究学会成立于 1995 年，目标是推进对幸福、福祉和生活质量的研究。国际生活质量研究学会主办了有关生活质量的年度会议，并出版了该会议的官方期刊《生活质量应用研究》。他们的官方页面包括一系列视频、网络研讨会、书目数据库的访问以及有关活动的信息。

21. 剑桥大学：幸福研究所 https://www.cambridgewellbeing.org/
幸福研究所是剑桥大学的一个致力于基础研究、行动研究和促进人类繁荣发展的知识传播的研究所。在出版物页面上，用户会找到专有研究。该网站提供了研究所进行的大量研究，包括纵向人口研究和英国的幸福感积极心理学研究。

22. 世界幸福数据库 https://worlddatabaseofhappiness.eur.nl/
这对全球的研究人员来说是一个相当有用的数据库，其中包含关于幸福的实证研究、评估、研究方法资源、相关发现、国家和文化趋势的数据。它由鹿特丹伊拉斯姆斯大学的鲁特·维恩霍芬（Ruut Veenhoven）指导，内容非常广泛。借助参考书目工具，可以通过搜索功能（按关键字、作者、标题或来源进行导航）轻松找到关于幸福的文章和发现。并且有多种不同的语言可供选择。

23. 伊拉斯谟幸福经济学研究组织 https://www.eur.nl/en/ehero/
伊拉斯谟幸福经济研究组织是上述世界幸福数据库研究背后

的科学研究机构。在该机构的页面上，你可以找到其研究活动的概述、课程信息以及幸福经济学项目的背景。该网站包括工作论文以及积极心理学期刊出版物和幸福领域的从业课程。

24. 福祉促进中心 https://wellbeing.gmu.edu/
乔治梅森大学的福祉促进中心是一个跨学科研究中心，致力于研究主观幸福感、繁荣和组织幸福感以及其他积极心理学主题。如果你正在寻找研究，你可以轻松找到正在进行和过去项目的信息，以及包含乔治梅森大学弹性模型的资源。通过福祉促进中心，还可以浏览有关积极领导力和相关资格的课程。

25. 幸福研究所 https://www.happinessresearchinstitute.com/
这是一家丹麦研究所，对幸福和福祉进行实证研究。研究所的研究涵盖了幸福、认知和情感维度，相关出版物可以在其网站上找到。

26. 澳大利亚生活质量研究中心 http://www.acqol.com.au/
澳大利亚生活质量研究中心，专注于生活质量和幸福感的研究，因与澳大利亚团结协会联合开发了澳大利亚联合幸福指数（Australian Unity Wellbeing Index）而闻名。

27. 全球幸福理事会 http://www.happinessscouncil.org/
全球幸福理事会编制了《全球幸福与福祉政策报告》，旨在为积极教育举措、幸福城市、社会福利干预措施等方面的政策提供信息。该网站还包括在世界治理峰会上展示的视频和报告，旨在通过基于科学的发现来塑造法律和政府框架。全球幸福理事会还对个人幸福和积极组织进行研究。

28. 幸福经济学与人际关系中心 http://www.heirs.it/

    幸福经济学与人际关系中心在其研究中结合了经济学和积极心理学，其重点是了解个人关系如何与社会幸福和主观幸福感相关。该团队将经济理论应用于积极心理学领域，如主观幸福感和人际关系，并举办研讨会。

29. 经济合作与发展组织的美好生活指数网站 http://www.oedbetterlifeindex.org/

    2013年，经济合作与发展组织发布了主观幸福感衡量指南，鼓励采用更全面的方法来研究主观幸福感。这些主观指标包括生活满意度、工作与生活平衡等概念，经济合作与发展组织将它们与各成员国福祉的客观衡量标准一起考虑。该网站将带你访问迄今为止存在的国家和地区的数据。据经济合作与发展组织称，随着不同国家和地区对主观幸福感进行更多评估，这些统计数据正在不断更新。

30. 马萨诸塞大学医学院正念中心 https://www.umassmed.edu/cfm/

    马萨诸塞大学医学院因正念减压发源地而闻名，他们的网站也以正念减压计划和专业教育为特色。通过上面的链接，你可以阅读有关正念减压和正念认知疗法的更多信息，并了解其应用。马萨诸塞大学为从业者、学生和公众提供正念减压课程。

31. 美国正念研究协会 https://goamra.org/

    美国正念研究协会促进科学研究，以开发和增强围绕正念练习和干预的证据。该网站是美国正念研究协会的官方页面，其中包含一个资源库，涵盖测量工具、评论、新闻和每月更新的公告。

32. 加州大学洛杉矶分校正念意识研究中心 https: //www.uclahealth.org/marc/

    加州大学洛杉矶分校正念意识研究中心开展教育和研究，以鼓励对福祉的正念意识。该中心为公众提供研讨会、工具和课程，并在其网站上发布研究成果。这些内容涵盖了正念主题，如正念减压、教育和老年人的正念意识实践，并且还提供了即将出版的出版物的一些背景知识。

33. 国际积极教育联盟 https: //www.ipen-network.com/

    国际积极教育联盟为学校和教育工作者提供了丰富的在线学习资源库。你将找到文章、活动、讲义、工作表、课程计划、案例研究和可其他下载的内容，如课堂上使用的海报。在网站上，你会看到国际积极教育联盟在世界各地的分社区，并且还有大量有关积极教育的背景材料。

34. 积极教育学校协会 https: //www.pesa.edu.au/

    积极教育学校协会是澳大利亚的一个顶级机构，致力于基于证据的福祉方法。积极教育学校协会网站是活动信息的来源，其中包含峰会和会议的日历。从业者和教育工作者可以了解有关积极教育学校协会各州分会的更多信息，以获得为教师和学校提供的支持和资源。

35. 积极情绪与心理生理学实验室 http: //peplab.web.unc.

edu/research/

北卡罗来纳大学的积极情绪与心理生理学实验室致力于研究积极情绪如何影响健康、社会行为、思维和生理。其研究页面提供了实验室出版物的链接，并概述了各种积极的情绪心理学理论。

36. 积极组织中心 https://www.bus.umich.edu/positive

    在这里，你将找到有关积极组织的研究和学术成果，以及面向专业人士的教学资源、研究和工具，以及该中心演讲者系列讲座和活动链接。

37. 大卫·L.库珀瑞德鉴赏探究中心 https://www.champlain.edu/appreciativeinquiry

    这家研究中心隶属香普兰学院，主要涉及有关赏识教育、理论应用实践的部分，当然还有人工智能的背景资源。该网站还提供了在线课程和教育机会。

38. 本笃会大学价值观驱动领导力中心 https://cvdl.ben.edu/

    该网站提供了与积极领导力相关的免费下载资源和在线资源。在这里，经理、领导者、教练、雇主和员工都可以访问有关欣赏性探究、价值观和相关积极组织方法的白皮书、工具和电子书。这里还有有关价值驱动文化和领导力的视频和博客。

39. 复原力研究中心 http://www.resilienceresearch.org/

    该网站上提供的资源包括工具、方法、视频、出版物和方法。复原力研究中心还提供案例研究、研讨会和评估——后者是将复原力措施整合到行动中的一些举措。

40. 复原力训练技巧训练中心 https://www.usar.army.mil/MRT/
    该网站提供了美国陆军高级复原力训练技能和能力的官方概述。这提供了美国陆军高级复原力训练中用于培养士兵及其家人复原力的方法，如能量管理、问题解决和实时复原力。

41. 哈佛大学复原力联盟 https://resilienceconsortium.bsc.harvard.edu/
    该网站为学生、教育工作者和个人提供了大量的研究资源。你可以按类型或主题浏览资源，以查找有关复原力的评估、框架、干预措施、讲义和研究。或者，你可以观看视频、阅读博客、收听播客或了解联盟支持的活动。

42. 美好生活（克里斯托弗·彼得森的积极心理学博客）https://www.psychologytoday.com/us/blog/the-good-life
    克里斯托弗·彼得森是美国密歇根大学的心理学教授，积极心理学的创始人之一，并以其在乐观、健康、幸福等领域的研究而享誉世界。他的美好生活博客不经常更新，但充满了关于幸福、生活满意度和值得阅读的书籍等主题的分享。

43. 《至善杂志》(*Greater Good Magazine*) https://greatergood.berkeley.edu/
    这是加州大学伯克利分校的数字杂志，提供有关幸福、感恩、幸福等方面的科学见解。在这里，你可以找到播客、视频、练习、资源和测验，以及时事中涵盖积极心理学主题的文章。

44. 积极心理学新闻 https://positivepsychologynews.com/
    这是由应用积极心理学硕士课程的校友或学生以及受邀的客

座作者撰写。该网站包含丰富的课程和资源信息。它定期更新书评、网络研讨会、会议信息，也是通过文章和一些不错的框架查找更多积极心理学背景的好平台。

45. 幸福的方法（索尼娅·柳博米尔斯基的积极心理学博客）https://www.psychologytoday.com/intl/blog/how-happiness

   索尼娅·柳博米尔斯基是加利福尼亚大学心理学教授，她的研究成果获得多项世界级赞誉，曾获"2002年坦普顿积极心理学大奖"。

46. 积极心理学杂志 https://taylorandfrancis.com/

47. 幸福研究杂志 https://link.springer.com/journal/10902

48. 情感杂志 https://www.apa.org/pubs/journals/emo/

49. 积极心理学与幸福杂志 https://journalppw.com/index.php/jppw/

50. 国际应用积极心理学杂志 https://link.springer.com/journal/41042

51. 健康评估杂志 https://link.springer.com/journal/41543/volumes-and-issues

52. 应用积极心理学杂志 https://www.nationalwellbeingservice.org/

53. 生活质量的应用研究 https://link.springer.com/journal/11482